THE *PHILOSOPHES*
AND
POST-REVOLUTIONARY FRANCE

THE *PHILOSOPHES*
AND
POST-REVOLUTIONARY
FRANCE

by
JOHN LOUGH

CLARENDON PRESS · OXFORD
1982

Oxford University Press, Walton Street, Oxford OX2 6DP

London   Glasgow   New York   Toronto
Delhi   Bombay   Calcutta   Madras   Karachi
Kuala Lumpur   Singapore   Hong Kong   Tokyo
Nairobi   Dar es Salaam   Cape Town
Melbourne   Auckland

and associate companies in
Beirut   Berlin   Ibadan   Mexico City

Published in the United States by
Oxford University Press, New York

Library of Congress Cataloging in Publication Data
Lough, John.
   The Philosophes and post-revolutionary France.
   Bibliography: p.
   Includes index.
   1. Political science—France—History.
   2. Social sciences—France—History.
   I. Title.
   JA84. F8L65   320'.01'0944   81–18673
   ISBN   0–19–821921–0   AACR2

Typeset by DMB (Typesetting)
Printed in Great Britain
at the University Press, Oxford
by Eric Buckley
Printer to the University

Preface

If this book which had been in preparation for several years before my retirement has been completed, this is due in large measure to the award of an Emeritus Fellowship by the Leverhulme Trust. For this assistance due thanks are hereby returned.

While visits to the Bibliothèque Nationale and to what we now have to call the British Library (Reference Division) had to be made before the book could be finished, it owes most to two libraries in the North-East of England—the Durham University Library which, in addition to the use of its own resources, provided many books and articles through interlibrary loans, and the Newcastle upon Tyne University Library which most generously lent me certain indispensable works from its own collection.

The debt of this work to innumerable books and articles on the *Philosophes* and on French history from the Ancien Régime to more modern times cannot be adequately acknowledged in a bibliography which is restricted to those referred to in the text. Mention must be made of one work which proved invaluable, Jacques Godechot's *Les Institutions de la France sous la Révolution et l'Empire*; while not an absolutely infallible guide, it is certainly a very good one.

Durham   J.L.
July 1980

Contents

Abbreviations

Diderot, *MC*: *Mémoires pour Catherine II*, ed. P. Vernière, Paris, 1966.

    OC (AT): *Œuvres complètes*, eds J. Assézat and M. Tourneux, 20 vols., Paris, 1875-7.

    OP: *Œuvres politiques*, ed. P. Vernière, Paris, 1963.

    Roth-Varloot: *Correspondance*, eds G. Roth and J. Varloot, 16 vols., Paris, 1955-70.

Duvergier: Duvergier, J. B. (ed.), *Collection complète des lois, décrets, ordonnances, règlements et avis du Conseil d'État depuis 1788*, 148 vols., Paris, 1824-1949.

SVEC: *Studies on Voltaire and the Eighteenth Century*, Geneva, Banbury, and Oxford, 1955-.

Voltaire, *CW*: *Complete Works*, Geneva, Banbury, and Oxford, 1968-.

    OC: *Œuvres complètes*, ed. L. Moland, 52 vols., Paris, 1877-85.

Introduction

The title of this book no doubt calls for some explanation. It is obviously not concerned with the more or less insoluble problem of assessing the influence of the *Philosophes* in bringing about the French Revolution or the effect which their ideas had on the course which it took.

It attempts to deal with a quite different problem. Studies of what became of the ideals of the *Philosophes* during that revolution generally reach the melancholy conclusion that most of them would have been horrified by this upheaval and shocked at the destruction of everything they stood for.

This has always seemed to me too narrow an attitude to adopt in view of the constant twists and turns in French history which began in 1789 and were to continue until relative stability was achieved under the Third Republic from 1879 onwards. Given the very different phases through which the Revolution passed between 1789 and 1799, given too the extraordinary succession of conflicting regimes from Napoleon's Consulate and Empire down to the gradual establishment of the 'République des Républicains' at the end of the 1870s, a very long-term view of the problem has to be taken. It has, first, to be borne in mind that some of the changes sought by the *Philosophes* began to be carried out, though in a timid and hesitant way, even before the final collapse of the Ancien Régime. Whatever some of the *Philosophes* might have thought of the tumultuous events of the Revolution if they had lived to witness them, one may well wonder whether many of its laws and its long-term political, social and economic consequences might not have met with their approval; and, if one follows through all the ups and downs of French history from the Consulate to the early years of the Third Republic, one might find on investigation that quite a number of the changes which they had advocated were gradually carried out in these years.

That there are many difficulties in the way of such an inquiry is obvious. The study of ideas in eighteenth-century France is made extremely confusing by the unsatisfactory terminology employed in discussing them. The now fashionable term 'Enlightenment' suffers from the grievous disadvantage of quite extraordinary vagueness, while 'Encyclopedists', which should clearly be reserved for the very mixed collection of men who are known to have contributed to the *Encyclopédie* of Diderot and d'Alembert, is often loosely applied to any vaguely progressive thinker of the middle of the century. Uncertain as its precise meaning may be, the term 'philosophe' has its advantages.

An attempt made some years ago to produce a working definition of the term and to determine which writers of the period could be said to conform to that definition gave rise to a very lively and useful discussion at a conference. Yet when the paper, modified in the light of this discussion, appeared later in print,[1] it was somewhat coolly received by reviewers,[2] as if the question 'Who were the *Philosophes?*' were of no great importance. Yet it would seem an obvious obligation on anyone writing or speaking about the *Philosophes* to state how he defines the term and to which writers of the period he would apply it.

It must be said that further researches into this question have not made the position much clearer. It is, of course, obvious that from about the middle of the century onwards this special sense of the term was applied not only to certain writers, but also to a number of men and women who shared roughly the same outlook on the world. Yet it is disconcerting to find how loosely Voltaire, surely the *philosophe par excellence*, used the term in his correspondence. In April 1764, for instance, we see him trying to persuade d'Alembert that people in high places such as Choiseul 'sont philosophes, sont tolérants, et détestent les intolérants avec lesquels ils sont obligés de vivre'.[3] In the following month we even find him assuring d'Alembert that the death of Madame de Pompadour was a great loss to the *Philosophes* 'car dans le fond de son cœur elle était des nôtres', and he then goes on to use the very term in 'Elle était philosophe' in letters to both Madame Du Deffand and his fellow-*philosophe*, Marmontel.[4] Indeed in 1773 one of his numerous pseudonymous pamphlets, his *Discours de Mr. Belleguier, ancien avocat, sur le texte proposé par l'Université de la ville de Paris, pour le sujet du prix de l'année 1773*, ends with an apostrophe to Louis XV: 'Tu es un vrai philosophe ...'[5] and in a letter to Gabriel Cramer he actually writes, no doubt tongue in cheek: 'Ce M. Belleguier est un grand formaliste. Il prétend qu'après une apostrophe à Louis XIV, l'étiquette de la cour exige qu'on en fasse une à Louis XV. Il prétend que

[1] 'Who were the *Philosophes?*' in *Studies in Eighteenth-Century French Literature presented to Robert Niklaus*, Exeter, 1975, pp. 139-50.

[2] One described the author as 'tamely lining up contenders and then conferring the accolade on the basis of woolly criteria'.

[3] *CW*, vol. 110, p. 329.

[4] Ibid., pp. 364, 367, 385.

[5] *OC*, vol. XXIX, p. 18.

Louis XV est le premier philosophe de son royaume, et je suis entièrement de son avis.'[6]

If we start from the writings (including the letters) of such well-known *Philosophes* as Voltaire, Diderot, d'Alembert, d'Holbach, and Helvétius, it is, however, possible to compile a list of men (and also some women), both writers and other members of the upper and middle classes of society who merely shared their outlook, and to see them as forming a loose sort of group. On the other hand not only the dictionaries of the time, but even the prominent writers of that group failed to provide a satisfactory definition of the term. One might have expected that Voltaire would somewhere have produced a definition of what he and other members of the group understood by it; there is indeed an article PHILOSOPHE in his *Dictionnaire philosophique*, but it offers nothing of interest from our point of view. One might also have thought that in the *Encyclopédie* Diderot would have supplied a helpful article, but under PHILOSOPHE all one finds is an abridged version of an essay which was probably written some years before 1743 when it first appeared in print in the *Nouvelles libertés de penser*. This essay was almost certainly the work of a much older man, Dumarsais (born in 1676), and, although it continues to be taken as offering a good account of the special sense taken on by the word from about the middle of the century onwards, this is surely far from being the case. While the author does eventually produce a definition of the term, it is one which can scarcely be said to cover adequately the special meaning which the word had taken on by 1765 when the relevant volume of the *Encyclopédie* appeared. 'Le *philosophe*', we are merely told, 'est un honnête homme qui agit en tout par raison, et qui joint à un esprit de réflexion et de justesse les mœurs et les qualités sociables.'[7]

Although as late as 1773 Voltaire reproduced an abridged version of this essay along with his tragedy, *Les Lois de Minos*, such a definition of the *philosophe* is surely far too narrow to fit either him or other writers who were active from about the middle of the century onwards. There is an interesting passage in one of his letters, written in 1767, which brings out the inadequacy of this definition. Writing of the recent death of a Genevan acquaintance, he makes the obvious point that a *philosophe* cannot be content to keep his ideas to himself, that he must be concerned with making converts who will join with him in enlightening men and in bringing about changes for the better in the world in which they live: 'Oui, c'était

---

[6] *CW*, vol. 123, p. 239.
[7] H. Dieckmann, '*Le Philosophe*'. *Texts and Interpretation*, Saint Louis, 1948, p. 58.

un philosophe; mais il était philosophe pour lui, et il me faut des gens qui le soient pour les autres, des philosophes qui en fassent, des esprits qui répandent la lumière, qui rendent le fanatisme exécrable.' And he adds:

'C'est n'être bon à rien de n'être bon qu'à soi.'[8]

It is to a much younger *philosophe*—Condorcet, born forty-nine years after Voltaire—that we must turn for really helpful definitions of what contemporaries understood by this special sense of the word. Writing, some years before the Revolution, notes for a revised version of the *discours de réception* which he had delivered at the Académie Française in 1782, he endeavours to differentiate between the rival groups of the *Philosophes* and the *Économistes*. The former, he declares, 'se sont occupés surtout d'attaquer les préjugés, de prêcher la tolérance, l'humanité, de défendre les droits des hommes. Les autres ont cherché surtout à bien connaître ces droits et à trouver les moyens de perfectionner la société.' While both groups stood for 'la liberté de penser, l'humanité, le droit des citoyens de parler de ce qui intéresse la nation', the *Philosophes*, he continues, 'qui attaquaient les préjugés, l'intolérance, les lois tyranniques ou bizarres, les distinctions frivoles de la vanité, les prétentions plus dangereuses des différents états, la dureté de certains usages fiscaux avaient contre eux les prêtres, la cour, la magistrature et la finance.'[9]

His ideas are developed further in his *Esquisse d'un tableau historique des progrès de l'esprit humain*, written a decade or so later while he was in hiding during the Terror. Although he does not actually use the term *philosophe*, this is clearly the group which he is describing in the well-known passage beginning:

Il se forma bientôt en Europe une classe d'hommes moins occupés de découvrir ou d'approfondir la vérité, que de la répandre; qui, se dévouant à poursuivre les préjugés dans les asiles où le clergé, les écoles, les gouvernements, les corporations anciennes les avaient recueillis et protégés, mirent leur gloire à détruire les erreurs populaires, plutôt qu'à reculer les limites des connaissances humaines ...

These men and their disciples, he goes on,

combattirent en faveur de la vérité, employant tour à tour toutes les armes que l'érudition, la philosophie, l'esprit, le talent d'écrire peuvent fournir à la raison; prenant tous les tons, employant toutes les formes, depuis la plaisanterie jusqu'au pathétique, depuis la compilation la plus savante et la plus vaste, jusqu'au roman,

---

[8] *CW*, vol. 115, p. 279.
[9] K. M. Baker, 'Condorcet's notes for a revised edition of his reception speech to the Académie Francaise', *SVEC*, vol. 169, 1977, pp. 63, 65.

ou au pamphlet du jour; couvrant la vérité d'un voile qui ménageait les yeux trop faibles, et laissait le plaisir de la deviner; caressant les préjugés avec adresse, pour leur porter des coups plus certains; n'en menaçant presque jamais, ni plusieurs à la fois, ni même un seul tout entier; consolant quelquefois les ennemis de la raison, en paraissant ne vouloir dans la religion qu'une demi-tolérance, dans la politique qu'une demi-liberté; ménageant le despotisme quand ils combattaient les absurdités religieuses, et le culte quant ils s'élevaient contre la tyrannie; attaquant ces deux fléaux dans leur principe, quand même ils paraissaient n'en vouloir qu'à des abus révoltants ou ridicules, et frappant ces arbres funestes dans leurs racines, quand ils semblaient se borner à élaguer quelques branches égarées; tantôt apprenant aux amis de la liberté que la superstition, qui couvre le despotisme d'un bouclier impénétrable, est la première victime qu'ils doivent immoler, la première chaîne qu'ils doivent briser; tantôt, au contraire, la dénonçant aux despotes comme la véritable ennemie de leur pouvoir, et les effrayant du tableau de ses hypocrites complots et de ses fureurs sanguinaires; mais ne se lassant jamais de réclamer l'indépendance de la raison, la liberté d'écrire comme le droit, comme le salut du genre humain; s'élevant, avec une infatigable énergie, contre tous les crimes du fanatisme et de la tyrannie; poursuivant dans la religion, dans l'administration, dans les moeurs, dans les lois, tout ce qui portait le caractère de l'oppression, de la dureté, de la barbarie; ordonnant, au nom de la nature, aux rois, aux guerriers, aux magistrats, aux prêtres, de respecter le sang des hommes; leur reprochant, avec une énergique sévérité, celui que leur politique ou leur indifférence prodiguait encore dans les combats ou dans les supplices; prenant enfin, pour cri de guerre, *raison, tolérance, humanité.*[10]

This passage comes much closer to offering a clear idea of the outlook and activities of the *Philosophes* than does Dumarsais's essay, written as it was at least fifty years earlier, before the movement had really got under way.

It is clear that for Condorcet the 'esprit philosophique' embraced a wide area of thought and feeling. The whole outlook of a *philosophe* will be based on reason; thanks to this guide he can think matters out for himself, discard all prejudices and reject completely authority and tradition. In religion this is bound to lead him to abandon orthodox Catholic beliefs, but whatever his final attitude may be—whether he be deist, agnostic, or atheist—he will proclaim the virtues of toleration and denounce fanaticism and intolerance wherever they appear. The *philosophe* will examine critically the society in which he lives and the government of the day, attacking all forms of tyranny and unnecessary restrictions on freedom, particularly that on freedom of the press. He will denounce all forms of inhumanity such as war, miscarriages of justice, barbarous punishments, the slave trade, and negro slavery. If Condorcet cannot enlist the support of the main body of the *Philosophes* for his fervent belief in the indefinite perfectibility of the human race, it

[10] Ed. O. H. Prior, Paris, 1933, pp. 159-61.

could be said that they saw at least the possibility of some degree of future progress if only men would use their reason to the full, discard harmful prejudices, and cultivate the virtues of toleration and humanity.

Fortunately in dealing with the subject of this book there is no need to refer, except in passing, to those *Philosophes* who were merely supporters of the movement and not active as writers. Even among the latter we shall confine ourselves to those who put on paper for their contemporaries or for posterity their views as to the practical changes which they wished to see brought about in France. This work is obviously not concerned with such matters as the famous 'guerre civile philosophique' which raged around 1770 between those who, like d'Holbach or Diderot, were committed to a belief in materialism and atheism, and those who stood by Voltaire and his adherence to deism. In actual practice, the *Philosophes* who come into the following pages are mainly the half dozen already mentioned—Voltaire, Diderot, d'Alembert, Helvétius, d'Holbach, and Condorcet. To these must be added a writer already active in the 1730s, the Marquis d'Argens, and two of his contemporaries who were contributors to the *Encyclopédie*— Faiguet de Villeneuve and the indefatigable Chevalier de Jaucourt. Raynal must obviously figure in these pages even if it is by no means certain that any of the passages quoted from the *Histoire des Deux Indes* actually came from his pen. Damilaville,—the link for a period between Ferney and the *Philosophes* in Paris,—Boulanger, Marmontel, and Morellet all contributed to the *Encyclopédie*, though it is not necessarily in this capacity that they appear here. Two rather younger *Philosophes*, Chastellux and Naigeon, along with the *Parlementaires*, Servan and Dupaty, complete the list of those included.

There is another difficulty facing anyone following the present line of inquiry. Although the *Philosophes* are often described as a party,[11] this term has a somewhat anachronistic ring. It is true that from the 1750s onwards the *Philosophes* succeeded in forming a kind of 'cell' in the Académie Française; yet the term 'party' implies a too closely knit relationship for it to be appropriate here. Undoubtedly there were some topics on which the *Philosophes* were virtually unanimous, for instance in their desire for religious toleration or for freedom of the press. Yet there were several on which they put forward divergent views—on politics, for example,

---

[11] As, for instance, in R. Shackleton, 'When did the French *Philosophes* become a Party?', *Bulletin of the John Rylands University Library of Manchester*, vol. 60, 1977, pp. 181-99.

or education. This is hardly surprising in view of the great differences between them in age (with dates of birth stretching from
the 1690s to the 1740s), in social position (there was a great gulf
between the 'seigneur de Ferney et autres lieux' and, say, Diderot)
and also in degree of commitment to the cause. These differences
of opinion will obviously have to be taken into account; though
they may complicate the exposition of their views, the reader will
at least be offered a faithful picture of what they actually stood for
in the controversies which raged in France in the decades before
the Revolution.

Yet another difficulty is presented by the different views put
forward by the same writer on any given topic, not only at different stages in his career (there is, for instance, no doubt that
Diderot's attitude to politics became much more radical with the
passing of the years), but also according to the different aims which
they had in mind in expounding their ideas or the different audi-
ences they were addressing. The degree to which tactical consider-
ations dictated the way in which they expressed their views is well
brought out in the passage from Condorcet quoted above. Not only
did they often express themselves more bluntly in their letters
than in their published writings; special circumstances made them
either tone down or exaggerate their views. Extreme examples of
the latter process are to be found in some of the passages of violent
rhetoric which Diderot poured into successive editions of Raynal's
Histoire des Deux Indes.[12] One cannot help feeling that some of the
purple passages for which he was responsible somewhat exaggerate
the ideas of a man who was in practice a very prudent bourgeois.
This is only one example of how the ideas of a *philosophe* may be
overstated; we shall also find instances in which prudence compelled a writer to understate his views. All this adds to the difficulties of the task ahead, but any serious study of the ideas of the
Philosophes must take into account the complexities and even the
contradictions in their outlook on the world.

Finally it should be added that, in discussing the changes which
the *Philosophes* sought to bring about in many different aspects of
French life, there is no suggestion that they were alone in proposing
many of these changes. Their contemporaries often attacked some
of the same abuses and suggested similar remedies, but to take in
all their varied writings would have required a different and a
much longer book.

[12] When passages which are quoted from this work are known to be by Diderot, this
will be specifically stated.

I   Government

Living as they did in a society in which the great mass of the population was still illiterate, the *Philosophes* addressed their message primarily to a social élite. This point is repeatedly made clear by Voltaire in his correspondence. Thus, writing after Damiens's attempt on the life of Louis XV in 1757, he exclaims: 'Les temps éclairés n'éclaireront qu'un petit nombre d'honnêtes gens. Le vulgaire sera toujours fanatique',[1] and three years later we find him writing to Helvétius: 'Nous ne nous soucions pas que nos laboureurs et nos manoeuvres soient éclairés, mais nous voulons que les gens du monde le soient, et ils le seront; c'est le plus grand bien que nous puissions faire à la société, c'est le seul moyen d'adoucir les mœurs que la superstition rend toujours atroces.'[2] Writing later to the same correspondent he reveals considerable optimism as to the amount of progress the *Philosophes* were making in enlightening this somewhat narrow section of the community:

On a beau faire, il arrivera en France chez les honnêtes gens ce qui est arrivé en Angleterre. Nous avons pris des Anglais les annuités, les rentes tournantes, les fonds d'amortissement, la construction et la manœuvre des vaisseaux, l'attraction, le calcul différentiel, les sept couleurs primitives, l'inoculation. Nous prenons insensiblement leur noble liberté de penser, et leur profond mépris pour les fadaises de l'école. Les jeunes gens se forment; ceux qui sont destinés aux plus grandes places sont défaits des infâmes préjugés qui avilissent une nation. Il y aura toujours un grand peuple de sots, et une foule de fripons. Mais le petit nombre des penseurs se fera respecter ... Qu'importe encore une fois que notre tailleur et notre sellier soient gouvernés par frère Croust et par frère Berthier? Le grand point est que ceux avec qui vous vivez soient éclairés, et que le janséniste et le moliniste soient forcés de baisser les yeux devant le philosophe. C'est l'intérêt du roi, c'est celui de l'État que les philosophes gouvernent la société. Ils inspirent l'amour de la patrie et les fanatiques y apportent le trouble.[3]

Yet even Voltaire had moments when he felt that the ideas of the *Philosophes* were penetrating to a broader section of the community. In 1768 he wrote to another correspondent: 'Le peuple est bien sot, et cependant la lumière pénètre jusqu'à lui. Soyez bien sûr, par exemple, qu'il n'y a pas vingt personnes dans Genève qui n'abjurent Calvin autant que le pape, et qu'il y a des philosophes jusque dans les boutiques de Paris.'[4]

[1] *CW*, vol. 101, p. 420.
[2] Ibid., vol. 106, p. 48.
[3] Ibid., vol. 110, pp. 403-4.
[4] Ibid., vol. 118, p. 191.

Even in their more optimistic moments, however, the *Philosophes* were convinced that the progress of Reason must inevitably be only slow and gradual and that a considerable period of time must elapse before any substantial proportion of the population could be enlightened. And it was clearly to the progress of Reason and not to some violent upheaval that they looked for the decisive changes which they sought. At first sight this appears to be contradicted by a well-known passage which Voltaire penned in a letter of 1764: 'Tout ce que je vois jette les semences d'une révolution qui arrivera immanquablement, et dont je n'aurai pas le plaisir d'être témoin. Les Français arrivent tard à tout, mais enfin ils arrivent; la lumière s'est tellement répandue de proche en proche qu'on éclatera à la première occasion et alors ce sera un beau tapage; les jeunes gens sont bien heureux, ils verront de belles choses.'[5] Nothing in the mass of Voltaire's writings would justify the view that he was here predicting (and indeed looking forward to) the turmoil of the Revolution; what he had in mind was clearly an intellectual revolution. Much more characteristic of Voltaire's outlook is the conclusion of his pamphlet, *La Voix du sage et du peuple*, written fourteen years earlier during the controversy stirred up by Machault's attempt to make the clergy pay the *vingtième* in its permanent form:

C'est un très grand bonheur pour le prince et pour l'État qu'il y ait beaucoup de philosophes qui impriment ces maximes dans la tête des hommes.
Les philosophes, n'ayant aucun intérêt particulier, ne peuvent parler qu'en faveur de la raison et de l'intérêt public.
Les philosophes rendent service au prince en détruisant la superstition, qui est toujours l'ennemie des princes ...
Il n'y a pas sur la terre un seul exemple de philosophes qui se soient opposés aux lois du prince: il n'y a pas un seul siècle où la superstition et l'enthousiasme n'aient causé des troubles qui font horreur.
Ce qui peut arriver de plus heureux aux hommes, c'est que le prince soit philosophe.
Le prince philosophe sait que plus la raison fera de progrès dans ses états, moins les disputes, les querelles théologiques, la superstition feront de mal: il encouragera donc les progrès de la raison.[6]

From end to end of his *Politique naturelle* d'Holbach stresses that political change can only come from the progress of reason and that this will require a long period of time. In the preface, for instance, he declares:

Il faut de la raison, du sang-froid, des lumières et du temps pour réformer un état; la passion, toujours imprudente, détruit sans rien améliorer. Les nations

[5] Ibid., vol. 111, p. 315.   [6] *OC*, vol. XXXIII, pp. 469-70.

doivent supporter avec longanimité les peines qu'elles ne peuvent écarter sans se rendre plus misérables. Le perfectionnement de la politique ne peut être que le fruit lent de l'expérience des siècles: elle mûrira peu à peu les institutions des hommes, les rendra plus sages, et dès lors même plus heureux.

'Espérons tout du temps et du progrès des lumières,' he exclaims, and he goes on to denounce in strong terms the folly of revolutionary upheavals:

Dans les révolutions les hommes guidés par la fureur ne consultent jamais la raison; leur imagination exaltée fait qu'ils portent tout à l'excès et n'envisagent que le moment. Aveuglés par des ambitieux, par des fanatiques ou par des charlatans politiques, pour guérir un mal léger que la raison eût montré nécessaire ou que le temps eût aisément fait disparaître, les peuples se font souvent des plaies profondes qui finissent par entraîner la ruine du corps politique ou par l'affaiblir sans fruit.[7]

However much he might declaim against despotism and tyranny, d'Holbach clearly did not see in a revolution a solution to the problem of getting rid of them.

Even in works published on the very eve of the Revolution we find Condorcet seeing in the slow progress of enlightenment the only means of solving France's social and political problems. In his *Vie de Voltaire* he maintains that 'c'est en éclairant les hommes, c'est en les adoucissant qu'on peut espérer de les conduire à la liberté par un chemin sûr et facile ...'. He quotes Voltaire's 'Plus les hommes seront éclairés, plus ils seront libres' and adds 'et il leur en coûtera moins pour y parvenir'.[8] In his *Essai sur les Assemblées provinciales* he stresses once again his gradualist approach to politics and his rejection of a revolutionary solution to France's problems when he writes: 'Que les sociétés fassent quelques pas vers le bonheur, mais qu'elles y parviennent paisiblement par la seule force irrésistible de la vérité généralement reconnue, sans ces crises, sans ces agitations, qui ne font que substituer des abus à des abus, et fatiguer une génération pour laisser aux générations suivantes d'autres désordres à combattre, et d'autres maux à détruire ...' Although as a member of the Legislative Assembly and the Convention Condorcet was to go very far in his support of the Revolution, it is clear that he greeted the summoning of the États Généraux not with enthusiasm, but with distinct forebodings. In a postscript to this work, dated 1789, he wrote: 'Aujourd'hui à peine reste-t-il quelques mois pour dissiper cette nuée d'erreurs

[7] *La Politique naturelle, ou discours sur les vrais principes du gouvernement,* London, 1774, 2 vols., vol. I, pp. vi, 83, 113.

[8] *Œuvres,* eds. A. C. O'Connor and F. Arago, Paris 1847-9, 12 vols., vol. IV, p. 78.

que l'ignorance, les habitudes, les préjugés de plusieurs siècles ont amassées, pour détruire les sophismes sur lesquels les passions et les intérêts particuliers ont appuyé les erreurs, et après ce court espace ...'[9] And there significantly the sentence breaks off.

It is in the strictly political sphere that the ideas of the *Philosophes* are most difficult to define with any precision. Not only are there distinct differences in emphasis between different writers, but the same writer is often found to express conflicting and often very vague views on the political problems facing France in the closing decades of the Ancien Régime. Their ideas are rooted in the political realities of the Europe of their day and tend to be much less forward-looking than their views on most other questions.

The *Philosophes* were undoubtedly extremely critical of the political institutions of the France of their day, but the more cautious among them—one thinks particularly of Voltaire and d'Alembert—were anxious not to antagonize both Church and State at once. They were distinctly annoyed with d'Holbach, the anonymous author of the *Essai sur les préjugés* and the *Système de la nature*, when he aroused the ire of Frederick the Great, who was moved to compose short pamphlets to refute both works.[10] In the *Essai sur les préjugés* d'Holbach had not hesitated to attribute the wrongs from which humanity suffered to the Throne as well as to the Altar: 'Si l'on considère avec attention la funeste chaîne des erreurs et des vices qui affligent l'humanité, on verra qu'elle part de l'Autel et du Trône',[11] while in the *Système de la nature*, after maintaining that unless a government is founded on the free consent of society, 'il n'est qu'une violence, une usurpation, un brigandage', he penned a furious diatribe against all existing rulers:

Nous ne voyons sur la surface de ce globe que des souverains injustes, incapables, amollis par le luxe, corrompus par la flatterie, dépravés par la licence et l'impunité, dépourvus de talents, de mœurs et de vertus; indifférents sur leurs devoirs que souvent ils ignorent, ils ne sont guère occupés du bien-être de leurs peuples; leur attention est absorbée par des guerres inutiles ou par le désir de trouver à chaque instant des moyens de satisfaire leur insatiable avidité; leur esprit ne se porte point sur les objets les plus importants au bonheur de leurs états. Intéressés à maintenir les préjugés reçus, ils n'ont garde de songer aux moyens de les guérir; enfin, privés eux-mêmes des lumières qui font connaître à l'homme que son

[9] Ibid. vol. VIII, pp. 554, 656.
[10] See *Œuvres*, ed. J. D. E. Preuss, Berlin, 1846-57, 31 vols., vol. XI, pp. 131-52 and 153-68.
[11] *Essai sur les préjugés, ou de l'influence des opinions sur les mœurs et sur le bonheur des hommes*, London, 1770, p. 61.

intérêt est d'être bon, juste, vertueux, ils ne récompensent pour l'ordinaire que les vices qui leur sont utiles, et punissent les vertus qui contrarient leurs passions imprudentes. Sous de tels maîtres est-il donc surprenant que les sociétés soient ravagées par des hommes pervers qui oppriment à l'envi les faibles qui voudraient les imiter ? L'état de société est un état de guerre du souverain contre tous, et de chacun des membres les uns contre les autres.[12]

Before the appearance of either of these works, on the occasion of the posthumous publication of Boulanger's *Despotisme oriental*, Voltaire had complained about the tactical folly of taking on both the Throne and the Altar. In January 1762 he wrote to Damilaville: 'Il semble que l'auteur ait tâché de réunir les princes et les prêtres contre lui; il faut tâcher de faire voir au contraire que les prêtres ont toujours été les ennemis des rois. Les prêtres, il est vrai, sont odieux dans ce livre, mais les rois le sont aussi. Ce n'est pas le but de l'auteur, mais c'est malheureusement le résultat de son ouvrage. Rien n'est plus dangereux ni plus maladroit.'[13] The publication of the *Système de la nature* angered Voltaire, not only because of the way it preached materialism and atheism, but also because it attacked monarchy. 'Vous avez sans doute l'écrit du roi de Prusse contre le *Système de la nature*', he wrote to d'Alembert, 'Vous voyez qu'il prend toujours le parti de son tripot et qu'il est fâché que les philosophes ne soient pas royalistes. Je ne trouve pas ces messieurs adroits. Ils attaquent à la fois Dieu, le diable, les grands et les prêtres. Que leur restera-t-il ?'[14] In the very last letter which d'Alembert wrote to Voltaire, in January 1778, we see how much he continued to disapprove of the line taken by the *Système de la nature*. He writes of Frederick's hostility to 'la philosophie': 'Il ne lui a pas pardonné le *Système de la nature*, dont l'auteur en effet a fait une grande sottise de réunir contre la philosophie les princes et les prêtres, en leur persuadant, très mal à propos selon moi, qu'ils font bourse et cause commune. Il y a partout des gâte-métier, et cet écrivain en est un.'[15] If we turn to d'Alembert's correspondence with Frederick we find that, not only in 1770, but long afterwards he repeatedly agrees with the king's attack on d'Holbach's works and particularly the *Système de la nature*. In 1783, only a few months before his death, he declared once again to Frederick: 'J'ai été aussi affligé qu'indigné de l'incroyable démence et sottise de l'auteur du *Système de la nature*, qui, bien loin de montrer les

---

[12] *Système de la nature, ou des lois du monde physique et du monde moral*, London, 1775, 2 vols., vol. I, pp. 153, 316-17.
[13] *CW*, vol. 108, p. 255.
[14] Ibid., vol. 120, p. 354.
[15] Ibid., vol. 129, pp. 179-80.

prêtres pour ce qu'ils sont, les véritables, les seuls, les plus redoutables ennemis des princes, les représente au contraire comme les appuis et les alliés de la royauté. Jamais peut-être la philosophie n'a dit une absurdité plus bête, ni une fausseté plus notoire.'[16]

Helvétius encountered severe criticism from Condorcet as well as from Turgot for his declamation against despotism. In an exchange of letters with Turgot in 1773 Condorcet defends *De l'esprit*, but he concedes: 'Sa plus grande faute me paraît d'avoir déclamé contre le despotisme de manière à faire croire, non pas aux despotes qui ne lisent guère, ni à leurs vizirs qui lisent encore moins, mais aux sous-vizirs ou à leurs espions, que tous les gens d'esprit sont leurs plus implacables ennemis, ce qui peut exciter une persécution contre les gens d'esprit.' In reply to a diatribe from Turgot who, among many other criticisms of Helvétius, speaks sarcastically of his praise of Catherine and Frederick, Condorcet adds in another letter:

Je trouve avec vous que ce livre peut faire beaucoup de tort à ce qu'on appelle les *philosophes*, parce qu'on regardera toujours ses opinions comme les principes secrets de tous les gens qui pensent avec liberté sur la religion et sur le gouvernement.

Je n'aime pas aussi qu'un homme qui écrit si fortement contre le despotisme, prodigue l'encens à des despotes qui n'ont fait que du mal à l'humanité, et dont tout le mérite est d'avoir loué l'auteur et ses ouvrages.[17]

Condorcet was, of course, later to argue at some length in his *Vie de Voltaire* that the objection to direct attacks on the Throne as well as the Altar was essentially a matter of tactics. Voltaire, he claimed, 'pouvait se croire sûr d'éviter la persécution, en cachant son nom, et en ayant soin de ménager les gouvernements, de diriger tous ses coups contre la religion, d'intéresser même la puissance civile à en affaiblir l'empire.'[18] It is true that Voltaire, like many other *Philosophes*, constantly stressed with an abundance of historical examples the dangers which the spiritual power presented for secular governments; but this does not necessarily mean that he took a very hostile view of the French monarchy which it would have been merely impolitic to reveal. One cannot help feeling that the long passage which Condorcet devotes to Voltaire's tactics in sparing the monarchy and concentrating his

[16] Frederick, *Œuvres*, vol. XXV, p. 249.
[17] *Correspondance inédite de Condorcet et de Turgot, 1770-1779*, ed. C. Henry, Paris, 1883, pp. 141, 148.
[18] *Œuvres*, vol. IV, p. 116.

attacks on the Church applied rather to his own efforts as a propa-
gandist in the last two decades before the Revolution, when he
writes, for instance, of the duties of a *philosophe*:

Au lieu de montrer que la superstition est l'appui du despotisme, s'il écrit pour
des peuples soumis au gouvernement arbitraire, il prouvera qu'elle est l'ennemie
des rois; et entre ces deux vérités, il insistera sur celle qui peut servir la cause de
l'humanité, et non sur celle qui peut y nuire, parce qu'elle peut être mal entendue.

Au lieu de déclarer la guerre au despotisme, avant que la raison ait rassemblé
assez de force, et d'appeler à la liberté des peuples qui ne savent encore ni la
connaître, ni l'aimer, il dénoncera aux nations et à leurs chefs toutes ces
oppressions de détail, communes à toutes les constitutions, et que dans toutes
ceux qui commandent, comme ceux qui obéissent, ont également intérêt de
détruire.[19]

Unquestionably there were considerable differences in the degree
of hostility felt by the *Philosophes* towards the existing regime.

It has often been argued, not without reason, that what the
Philosophes wanted was an enlightened despot—'un roi philosophe'.
This certainly would appear to be true of Helvétius, who seems
to have looked forward to the day when an enlightened ruler
would put into practice the ideas of the *Philosophes*. In his posthumous *De l'homme* he quotes with approval Frederick's saying 'Rien
de meilleur que le gouvernement arbitraire, mais sous des princes
justes, humains et vertueux; rien de pis sous le commun des
rois'[20]—a piece of praise which displeased Diderot as well as
Condorcet. Although in this work he speaks in the gloomiest
terms of the future of France, he none the less shows a glimmer
of hope when he writes: 'L'on vante sans cesse la puissance de la
vérité et cependant cette puissance tant vantée est stérile si l'intérêt
du prince ne la féconde. Que de vérités encore enterrées dans les
ouvrages des Gordon, des Sidney, des Machiavel n'en seront
retirées que par la volonté efficace d'un souverain éclairé et
vertueux! Ce prince, dit-on, naîtra tôt ou tard.'[21] Yet most of the
Philosophes can be quoted for and against enlightened despotism.
It could not be held that Voltaire was completely opposed to
absolute monarchy. The *Leningrad Notebooks* which date, very
roughly, from the period 1735-50 contain an interesting defence
of French absolutism against its English critics:

Les Anglais qui n'ont pas voyagé croient que le roi de France est le maître des
biens et de la vie de ses sujets et qu'avec un 'Tel est notre bon plaisir' il ôte les

[19] Ibid., pp. 181-2.
[20] London, 1773, 2 vols., vol. I, p. 283.
[21] Ibid., vol. II, p. 348.

rentes à un sujet pour les donner à un autre. Il n'y a point de tel gouvernement sur la terre. Les lois sont observées, personne n'est opprimé, un homme à qui un intendant ferait injustice a droit de s'en plaindre au Conseil. On ne force personne à servir, comme en Angleterre, et si les ministres abusent trop de leur pouvoir, le cri public leur est funeste. C'est quand les rois n'étaient pas absolus que les peuples étaient malheureux. Ils étaient la proie de cent tyrans.

Il est certain qu'un bon roi peut faire en France plus de bien qu'en Angleterre parce qu'il n'est pas contredit. Il peut faire aussi beaucoup plus de mal, mais il n'est pas dans la nature humaine d'être méchant quand il n'y a rien à gagner à l'être.[22]

We have already seen that in 1750 he wrote the characteristic words: 'Ce qui peut arriver de plus heureux aux hommes, c'est que le prince soit philosophe.'[23] Yet in another entry in his *Notebooks* he stresses in the strongest terms how extremely rare good kings are: 'Il y a toujours à parier qu'un roi sera un homme médiocre; car sur cent hommes quatre-vingt-dix sots; sur vingt millions un roi; donc dix-huit millions à parier contre deux qu'un roi sera un pauvre homme.'[24] To rely on such an extremely remote chance of securing a good king as a solution to France's political problems would obviously have been a counsel of despair.

At moments d'Holbach would seem to have looked to 'un roi philosophe' to carry out desirable reforms. Despite the onslaught on bad rulers in the *Essai sur les préjugés* which so riled Frederick, in the same work he appears to look forward to the appearance of enlightened kings when he writes: 'C'est lorsque des souverains éclairés gouvernent les nations que la vérité produit les fruits que l'on est en droit d'en attendre.'[25] The possibility of finding such an enlightened ruler is by no means excluded in *La Politique naturelle* when, in the chapter entitled 'Remèdes au fanatisme', he writes: 'Un souverain éclairé ne peut se proposer de guérir tout d'un coup ses sujets de leurs folies.'[26] Yet in the *Système social* we find him stressing at least as strongly as Voltaire the extreme improbability of actually finding an enlightened king: 'A peine en mille ans rencontre-t-on dans l'histoire un souverain qui ait le mérite, les talents, les vertus de l'homme le plus ordinaire.'[27]

If one leaves aside the first half of the article AUTORITÉ POLITIQUE which Diderot contributed to the first volume of the *Encyclopédie*

[22] *CW*, vol. 82, pp. 445-6.
[23] See above, p. 9.
[24] *CW*, vol. 82, pp. 508-9.
[25] p. 46.
[26] Vol. II, p. 179.
[27] *Système social, ou principes naturels de la morale et de la politique. Avec un examen de l'influence du gouvernement sur les mœurs*, London, 1774, 3 vols., vol. II, p. 92.

where he maintains that the only legitimate form of government is government by consent, and if one concentrates on the second half with its praise of Henry IV, then one might see in him a believer in enlightened despotism. Yet no one rejected the whole notion more firmly and more often than did Diderot in his mature period, some twenty years later. He even told Catherine to her face how completely he rejected the whole notion:

Tout gouvernement arbitraire est mauvais; je n'en excepte pas le gouvernement arbitraire d'un maître bon, ferme, juste et éclairé.

Ce maître accoutume à respecter et à chérir un maître, quel qu'il soit.

Il enlève à la nation le droit de délibérer, de vouloir ou de ne pas vouloir, de s'opposer, de s'opposer même au bien.

Le droit d'opposition me semble, dans une société d'hommes, un droit naturel, inaliénable et sacré.

Un despote, fût-il le meilleur des hommes, en gouvernant selon son bon plaisir, commet un forfait. C'est un bon pâtre qui réduit ses sujets à la condition des animaux; en leur faisant oublier le sentiment de la liberté, sentiment si difficile à recouvrer quand on l'a perdu, il leur procure un bonheur de dix ans qu'ils payeront de vingt siècles de misère.

Un des plus grands malheurs qui pût arriver à une nation libre, ce seraient deux ou trois règnes consécutifs d'un despotisme juste et éclairé. Trois souveraines de suite telles qu'Élisabeth, et les Anglais étaient conduits imperceptiblement à un esclavage dont on ne peut déterminer la durée.

Malheur aux sujets dont le monarque transmettrait à ses enfants cette infaillible et redoutable politique!

Malheur au peuple en qui il ne reste aucun ombrage, même mal fondé, sur sa liberté!

Cette nation tombe dans un sommeil doux, mais c'est un sommeil de mort.

Dans la famille, dans l'empire, le bon père, le bon souverain est séparé d'un bon père, d'un bon souverain par une longue suite d'imbéciles ou de méchants; c'est la malheureuse condition de toutes les familles et de tous les états héréditaires.

Calculons les chances.

Le souverain peut être éclairé et bon, mais faible; éclairé et bon, mais paresseux; bon, mais sans lumières; éclairé, mais méchant.

Sur cinq cas, le seul favorable est celui où il est éclairé, bon, laborieux et ferme, et dont Sa Majesté Impériale puisse espérer la durée du bien qu'elle aura fait et la suite de ses grandes vues.

Si ces qualités prises séparément sont rares, combien leur réunion dans un même homme ne l'est-elle pas davantage![28]

The same clear rejection of enlightened despotism is to be found in his refutation of Helvétius's *De l'homme*, where the author is severely criticized for his praise of Frederick the Great's remarks on the subject: 'Et c'est vous, Helvétius, qui citez en éloge cette maxime d'un tyran! Le gouvernement arbitraire d'un prince juste et éclairé est toujours mauvais,' and his denunciation of

[28] *MC*, pp. 117-18.

enlightened despotism continues for another page or so.[29] The condemnation is repeated in his *Observations sur le Nakaz* which reached Catherine only after his death along with his other manuscripts and was far from giving pleasure to the recipient.[30]

If none of these attacks on enlightened despotism appeared in print during Diderot's lifetime, he did express the idea briefly but very clearly in his last published work, the *Essai sur les règnes de Claude et de Néron*: 'Celui qui pourrait nous contraindre au bien, pourrait aussi nous contraindre au mal. Un premier despote, juste, ferme et éclairé, est un fléau; un second despote, juste, ferme et éclairé, est un fléau plus grand; un troisième qui ressemblerait aux deux premiers, en faisant oublier aux peuples leur privilège, consommerait leur esclavage.'[31] The message also appeared in print at considerable length in two of the purple passages which Diderot contributed to Raynal's *Histoire des Deux Indes*.[32]

That a country of the size and population of France could not conceivably be a republic was taken for granted on all sides before the Revolution. Hostile as they might be to various aspects of the absolutism under which they lived, the *Philosophes* were united in their acceptance of monarchy. While in the article DÉMOCRATIE in his *Questions sur l'Encyclopédie* Voltaire defends the republic against Bayle, he adds: 'La democratie ne semble convenir qu'à un très petit pays.'[33] Though in *L'A.B.C.* one of the three speakers is allowed to put the case for democracy,[34] Voltaire's true feelings are expressed somewhat brutally in a letter written later to Frederick: 'Je n'aime pas le gouvernement de la canaille.'[35]

Younger *Philosophes*, such as Diderot, Helvétius, and d'Holbach, tend to take a similar line. Despite his theoretical admiration for republics Diderot regards them as necessarily confined to a small area and therefore highly vulnerable: 'Le gouvernement démocratique supposant le concert des volontés, et le concert des volontés supposant les hommes rassemblés dans un espace assez étroit, je crois qu'il ne peut y avoir que de petites républiques, et que la sûreté de la seule espèce de société qui puisse être heureuse

[29] *OC (AT)*, vol. II, pp. 381-2.
[30] *OP*, pp. 354-5.
[31] *OC (AT)*, vol. III, p. 265.
[32] *Histoire philosophique et politique des établissements et du commerce des Européens dans les deux Indes*, Geneva, 1780, 4 vols., vol. I, p. 269, vol. IV, pp. 481-2.
[33] *OC*, vol. XVIII, p. 333.
[34] Ibid., vol. XXVII, pp. 347-8.
[35] *CW*, vol. 124, p. 160.

sera toujours précaire.'[36] While even in his later, more radical
years Diderot takes the continued existence of a monarchy for
granted whether he is speaking of France or Russia, he stresses
in all his writings of this period that it must be a limited monarchy.
His *Observations sur le Nakaz* opens with a blunt affirmation of the
sovereignty of the people: 'Il n'y a point de vrai souverain que la
nation; il ne peut y avoir de vrai législateur que le peuple.'[37] The
statement in Catherine's *Instruction*, 'Il est plus avantageux d'obéir
aux lois sous un seul maître que de dépendre de plusieurs' produces the outspoken comment: 'J'en conviens, mais à condition
que le maître sera le premier esclave des lois. C'est contre ce
maître, le plus puissant et le plus dangereux des malfaiteurs, que
les lois doivent être principalement dirigées.' Absolutism is then
rejected in the most decisive terms: 'Il ne faut pas demander quel
est l'objet d'un gouvernement absolu [this is precisely what
Catherine had done in her *Instruction*]. Peu importe quel soit son
objet, mais quel est son effet? Son effet est de mettre toute liberté
et toute propriété dans l'absolue dépendance d'un seul.' Casting
an eye on the evolution of contemporary monarchies, Diderot
draws this conclusion: 'Le roi d'Angleterre fait tout ce qu'il peut
pour instituer le gouvernement français; et le roi de France tout
ce qu'il peut pour amener le gouvernement asiatique.' His final
remarks on Catherine's *Instruction* put his views on the whole
matter in the clearest possible terms: 'J'y vois le nom de despote
abdiqué; mais la chose conservée, mais le despotisme appelé
monarchie.'[38]

Helvétius too takes the existence of a monarchy for granted,
but despite his praise of Catherine and Frederick for him also it
must be a limited monarchy:

Le pouvoir arbitraire, cette calamité des nations, n'assure donc ni la félicité, ni
la vie des monarques. Leur bonheur n'est donc pas essentiellement lié au malheur
de leurs sujets. Pourquoi taire aux princes cette vérité et leur laisser ignorer que
la monarchie modérée est la monarchie la plus désirable; que le souverain n'est
grand que de la grandeur de ses peuples, n'est fort que de leur force, riche que
de leurs richesses; que son intérêt bien entendu est essentiellement lié au leur,
et qu'enfin son devoir est de les rendre heureux?[39]

From his *Essai sur les préjugés* onwards d'Holbach argues the same
point. In this work he speaks of sovereigns who wield arbitrary
power doing so only because 'des nations, subjuguées par la

---

[36] *OC (AT)*, vol. II, p. 390.　　[37] *OP*, p. 343.
[38] Ibid., pp. 353-4, 356, 457.　　[39] *De l'homme*, vol. II, p. 317.

violence ou séduites par la ruse, ont oublié de limiter leur pouvoir et de les soumettre à l'équité'. Carried away by his own eloquence, he even goes so far as to suggest an appeal to the people if the *Philosophes*' message is ignored by their rulers: 'Si la philosophie trouve l'oreille des souverains fermée à ses conseils, qu'elle s'adresse au peuple. La vérité a deux moyens de triompher de l'erreur; soit en descendant des chefs aux nations, soit en remontant des nations à leurs chefs.'[40] It is, however, difficult to see that this suggestion has any real meaning. In *La Politique naturelle*, while insisting that the only legitimate form of government is one based on the consent of the people, he also has recourse to the essentially vague notion, so frequently invoked under the Ancien Régime, of certain fundamental laws which limit the power of the monarchy: 'Ces limites, connues sous le nom de *lois fondamentales*, obligent le souverain à gouverner d'une manière déterminée, à observer des formes ou règles invariables dans l'administration de l'État, dans la législation, dans l'exécution des lois, dans l'emploi des forces de l'État; elles fixent l'ordre de la succession des souverains, les droits des différentes classes des citoyens, le culte religieux, etc.'[41] The *Système social* offers some curious echoes of Rousseau's *Contrat social* even though d'Holbach was no admirer of its author. Nevertheless the principle of monarchy is maintained even when he writes: 'Le souverain n'est que le gardien et le dépositaire du contrat social; il en est l'exécuteur; il ne peut point acquérir le droit de l'anéantir ou de le violer' or 'Un souverain n'est pas le maître, mais le ministre de la société, chargé de remplir ses engagements envers les citoyens et muni du pouvoir nécessaire pour obliger ceux-ci à remplir les leurs.'[42]

Raynal's *Histoire des Deux Indes* makes a strong attack (from Diderot's pen) on the Divine Right of kings:

Cette maxime, imaginée par le clergé, qui ne met les rois au-dessus des peuples que pour commander aux rois mêmes au nom de la divinité, n'est donc qu'une chaîne de fer, qui tient une nation entière sous les pieds d'un seul homme? Ce n'est donc plus un lien réciproque d'amour et de vertu, d'intérêt et de fidélité, qui fait régner une famille au milieu d'une société? ... Les rois, en s'appuyant des textes de la Bible, se remettent dès lors sous la tutelle des ministres de l'évangile ...[43]

The same work contains a moderate passage (of uncertain origin) on the importance of fundamental laws in a monarchy,[44] and a

[40] pp. 114, 170.   [41] Vol. I, pp. 92-3.   [42] Vol. II, pp. 9-10.
[43] Vol. IV, pp. 116-17.   [44] Vol. I, pp. 436-7.

fairly cautious definition (by Diderot) of political liberty: 'La liberté politique est l'état d'un peuple qui n'a point aliéné sa souveraineté et qui fait ses propres lois ou est associé, en partie, à sa législation.'[45] In the pages of the *Histoire des Deux Indes*, it is true, one also encounters two highly rhetorical passages (the first of them by Diderot), one proclaiming the right of all peoples to change their government whenever they will, the other announcing that the day of liberty is drawing nigh despite the oppression under which men now groan: 'Mais la liberté naîtra du sein de l'oppression. Elle est dans tous les cœurs; elle passera, par les écrits publics, dans les âmes éclairées, et par la tyrannie dans l'âme du peuple. Tous les hommes sentiront, et le jour du réveil n'est pas loin, ils sentiront que la liberté est le premier don du ciel comme le premier germe de la vertu.'[46] One feels, however, that this is little more than hot air.

Condorcet's attitude to monarchy before the Revolution is significant, as he was converted to outspoken republicanism as early as 1791, after Louis XVI's flight to Varennes. In one of the notes which he furnished for the Kehl edition of Voltaire's works we find him expressing a theoretical preference for a republic, but then taking the realistic view that such an ideal was unattainable and in practice accepting monarchy:

Il n'y a qu'un esclave qui puisse dire qu'il préfère la royauté à une république bien constituée, où les hommes seraient vraiment libres, et où, jouissant, sous de bonnes lois, de tous les droits qu'ils tiennent de la nature, ils seraient encore à l'abri de toute oppression étrangère; mais cette république n'existe point et n'a jamais existé. On ne peut choisir qu'entre la monarchie, l'aristocratie et l'anarchie; et, dans ce cas, un homme sage peut très bien donner la préférence à la monarchie...[47]

Even when it came to the elections to the États Généraux in 1789, he continued to express his belief that only a monarchy would suit France's needs. In his *Réflexions sur les pouvoirs et instructions à donner par les provinces à leurs députés aux États généraux* he states categorically: 'La France restera une monarchie, parce que cette forme de gouvernement est la seule peut-être qui convienne à sa richesse, à sa population, à son étendue et au système politique de l'Europe.'[48]

However imprecise their political ideas may often have been, it could be said that all the *Philosophes*, though with varying degrees

---

[45] Vol. III, p. 194.
[46] Vol. IV, pp. 393-4, 552.
[47] *Œuvres*, vol. IV, p. 493.
[48] Ibid., vol. IX, p. 266.

of fervour, were hostile to the arbitrary acts emanating from the absolute monarchy under which they lived. What then of their attitude to the Parlements which in the years between the middle of the century and the outbreak of the Revolution were engaged in a bitter struggle with the Crown and sought to limit its powers? On one point all the *Philosophes* were agreed: they detested the Parlements for their intolerance and hostility to all forms of freedom of thought. It would be a waste of ink and paper to produce quotations from their works to justify this statement. The judicial murder of the Chevalier de La Barre, to take only one example, aroused them to a mixture of indignation and consternation. Yet on the question of the political claims of the Parlements—that they were the custodians of the fundamental laws of the kingdom and that no royal edicts could have the force of law unless they had first been approved by the Parlements and freely registered by them—the *Philosophes* were deeply divided.

When in 1771 Maupeou carried out his *coup d'état* and proceeded to reform the whole system of the administration of justice, Voltaire gave him public support. As he put it in a letter to the Duc de Richelieu when the controversy was at its height: 'J'aimerais mieux, malgré mon goût extrême pour la liberté, vivre sous la patte d'un lion que d'être continuellement exposé aux dents d'un millier de rats mes semblables.'[49] Two years later, in a letter to Mme Du Deffand, in speaking of the notes which he had appended to his latest tragedy, *Les Lois de Minos*, he defended his attitude:

Quelques personnes seront peut-être étonnées qu'on parle dans ces notes du chevalier de La Barre et de ses exécrables assassins, mais je tiens qu'il en faut parler cent fois et faire détester, si l'on peut, la mémoire de ces monstres appelés juges à la dernière postérité. Je sais bien que l'intérêt personnel d'un très grand nombre de familles, l'esprit de parti, la crainte des impôts et du pouvoir arbitraire ont fait regretter dans Paris l'ancien parlement, mais pour moi, Madame, j'avoue que je ne pouvais qu'avoir en horreur des bourgeois tyrans de tous les citoyens, qui étaient à la fois ridicules et sanguinaires. Je me suis déclaré hautement contre eux avant que leur insolence ait forcé le Roi à nous défaire de cette cohue. Je regardais la vénalité des charges comme l'opprobre de la France, et j'ai béni le jour où nous avons été délivrés de cette infamie.[50]

Voltaire was by no means alone among the *Philosophes* in his hostility to the political claims of the Parlements as well as to their intolerance and obscurantism, though none offered public support to Maupeou as he had done. We find d'Alembert writing to

---

[49] *CW*, vol. 121, p. 403.
[50] Ibid., vol. 123, pp. 355-6.

Frederick in 1776 when the reinstated Paris Parlement was offering resistance to Turgot's reforming edicts:

Voilà nos Midas du parlement qui recommencent leurs sottises; les voilà qui font de belles remontrances contre les édits les plus justes, les plus faits pour soulager le peuple. Les voilà qui font brûler de plats ouvrages, oubliés depuis six ans, et à qui ils donnent de la vie par leur condamnation … Enfin les voilà qui commencent à nous faire regretter les faquins, du moins paisibles, à la place desquels on les a mis; car nous aimons encore mieux les crapauds que les aspics.[51]

D'Alembert's protégé, Condorcet, was much more interested in political questions, and we can trace in his correspondence his reactions at the time to Maupeou's *coup d'état* and subsequent reforms. Despite his burning hatred for the intolerance of the Parlements and the frequent miscarriages of justice for which they were responsible, in his letters to Turgot he takes a fairly objective view of events. He even says of a rumour that Voltaire is offering public support to Maupeou: 'Cela serait peu généreux'; he expresses some doubts about the new Parlement set up by Maupeou and praises Malesherbes's remonstrances on behalf of the Cour des Aides.[52] However, somewhat later in the same year, in a letter to Amélie Suard, he justifies Voltaire's intervention; after a long diatribe against all the sins of commission and omission of the Parlements he concludes: 'Cela posé, je crois M. de Voltaire excusable d'avoir juré une haine éternelle au parlement et de regarder sa destruction comme un bien et son rétablissement comme le plus grand des maux.'[53] Despite his low opinion of the new courts set up by Maupeou, he was far from welcoming the recall of the Parlements at the beginning of the reign of Louis XVI; as he explained in a long letter to Turgot, their return would make all reform of the criminal law impossible, would prevent any sensible financial operations by the government, and would also show up its weakness in being unable to establish firmly its new courts as well as bringing back 'cent cinquante gradués, dont plus de la moitié est imbécile, l'autre moitié fanatique et où l'on ne peut pas citer six hommes de bon sens'.[54]

In the light of his later experience of the activities of the Parlements, after their reinstatement in 1774, Condorcet's tone became even more hostile. In 1788, in his *Lettres d'un citoyen des États-Unis à un Français sur les affaires présentes*, he delivered a strong attack:

[51] Frederick, *Œuvres*, vol. XXV, p. 38.
[52] *Correspondance inédite*, pp. 42-3, 47.
[53] Voltaire, *CW*, vol. 121, p. 464.
[54] *Correspondance inédite*, pp. 201-2.

Des corps qui prétendent que leur sanction est nécessaire pour la validité des lois faites par le prince et acceptées par l'assemblée de la nation; qui, à ce droit négatif, joignent l'exercice du pouvoir judiciaire le plus étendu, réunion incompatible avec toute espèce de liberté; qui, dans l'exercice de ce pouvoir, ne se croient pas obligés de s'astreindre strictement à la lettre de la loi; qui, dans le cas où l'on conteste, soit leurs prétentions, soit la justice de leurs arrêts, se permettent de rester juges dans leur propre cause; qui, sous le nom de grande police, se sont arrogé, sur une grande partie des actions des citoyens, un pouvoir législatif, exercé par eux seuls, et dont eux-mêmes, ou des officiers à leurs ordres, vous menaçaient d'une aristocratie tyrannique, d'autant plus dangereuse, que, se recrutant elle-même, elle était devenue presque héréditaire.[55]

Such hostility to the Parlements was not, however, shared by other *Philosophes*. Despite all their hatred of the intolerance and obscurantism of these judges, men like Diderot and d'Holbach saw in Maupeou's *coup d'état* the destruction of the last barrier to despotism in France. Although d'Holbach's immediate reaction to the destruction of the Parlements is unknown, his later writings bear ample testimony to his strong views on the question. In *La Politique naturelle* he accepts the claim of the Parlements to speak for the people of France: 'Dans les pays où la volonté expresse de la société ne s'est point réservé une portion du pouvoir souverain, et où la nation ne s'est point fait représenter par un corps permanent, la magistrature, jouissant de la confiance des peuples, est instruite de leurs besoins et des abus dont ils souffrent. Elle devient, tout naturellement et d'elle-même, un rempart toujours nécessaire entre l'autorité suprême et la liberté des sujets'.[56] In a later work, *La Morale universelle*, d'Holbach expressed his delight at the fall of Maupeou and Terray after the accession of Louis XVI. Of Maupeou he writes: 'L'un, après avoir insolemment anéanti les lois et les tribunaux de son pays et cruellement dispersé les magistrats, s'est vu relégué à son tour dans une retraite isolée, d'où il entend les cris de joie de tout un peuple applaudissant à sa chute.' Fulsome praise is addressed to Malesherbes as 'le dernier des Français' for his resistance to 'le pouvoir odieux d'un ministre cruel' and for having used all his talents 'pour faire entendre jusqu'au trône les cris de la liberté expirante de ta patrie'.[57] This support of the Parlements as the last barrier to despotism is balanced character-istically in another work, published in the very same year, his *Éthocratie*,[58] where he severely criticizes the way in which judges were recruited in France and their lack of any serious legal training.

[55] *Œuvres*, vol. IX, p. 98.   [56] Vol. I, pp. 222-3.
[57] *La Morale universelle, ou les devoirs de l'homme fondés sur sa nature*, Amsterdam, 1776, 3 vols., vol. II, pp. 74n., 138.
[58] *Éthocratie, ou le gouvernement fondé sur la morale*, Amsterdam, 1776, pp. 73-5.

Diderot's violent reaction to Maupeou's *coup d'état* of January 1771 can be traced in the famous letter which he wrote to Princess Daschkoff in the following April and in which he comments on recent events and their effect on public opinion. He sees in Maupeou's reforms merely the destruction of the last obstacle to despotism in France:

Nous touchons à une crise qui aboutira à l'esclavage ou à la liberté; si c'est à l'esclavage, ce sera un esclavage semblable à celui qui existe au Maroc ou à Constantinople. Si tous les parlements sont dissous et la France inondée de petits tribunaux composés de magistrats sans conscience comme sans autorité, et révocables au premier signe de leur maître, adieu tout privilège des états divers formant un principe correctif qui empêche la monarchie de dégénérer en despotisme.[59]

His indignation at Maupeou's actions overflows into his *Mémoires pour Catherine II*. It is not as if Diderot were blind to the short-comings of the Parlements; that he had no illusions in the matter is quite clear:

La nation prenait-elle grand intérêt à ce corps? Aucun. Il était resté gothique dans ses usages, opposé à toute bonne réforme, trop esclave des formes, intolérant, bigot, superstitieux, jaloux du prêtre et ennemi du philosophe, partial, vendu aux grands, dangereux et incommode voisin, et cela au point que la propriété qui touchait à la sienne perdait un quart, un cinquième, un sixième de sa valeur, que même en n'en voulait point; embarrassant tout, brouillant tout, tracassier, petit, tirant à lui les affaires de politique, de guerre, de finance, ne s'entendant à rien hors de sa sphère, et toujours pressé d'en sortir, voyant le désordre partout, excepté dans les lois, dont il n'essaya jamais de débrouiller le chaos, vindicatif, orgueilleux, ingrat, etc.

And yet after this savage indictment Diderot considers it a national calamity that these judges should have been replaced by those of the Parlement Maupeou whom he denounces in the most violent terms. Above all, for Diderot Maupeou's *coup d'état* meant the end, if not of genuine liberty, at least of the illusion of liberty:

Il y avait entre la tête du despote et nos yeux une grande toile d'araignée sur laquelle la multitude adorait une grande image de la liberté. Les clairvoyants avaient regardé depuis longtemps à travers les petits trous de la toile, et savaient bien ce qu'il y avait derrière; on a déchiré la toile, et la tyrannie s'est montrée à face découverte. Quand un peuple n'est pas libre, c'est encore une chose précieuse que l'opinion qu'il a de sa liberté; il avait cette opinion, il fallait la lui laisser; à présent il est esclave, et il le sent et il le voit; aussi n'en attendez plus rien de grand ni à la guerre, ni dans les sciences, ni dans les lettres, ni dans les arts.

And the passage concludes with the mournful words: 'O nation si belle, il n'y a qu'un moment! O malheureuse nation, je ne puis

---

[59] Roth-Varloot, vol. XI, p. 20.

m'empêcher de pleurer sur toi!'[60] It was therefore to be expected that, in rejecting Helvétius's pessimistic view of the future of France, Diderot should welcome the recall of the Parlements after the death of Louis XV: 'Le rétablissement de l'ancienne magistrature a ramené le temps de la liberté.'[61]

The majority in the Constituent Assembly was determined to smash the power of the Parlements. A decree passed on 3 November 1789 virtually put an end to their existence since it laid down that only their vacation courts should continue to sit until such time as a complete reorganization of the administration of justice had been carried through. The Parlements' extra-judicial functions were sharply criticized by the *rapporteur* when he opened the debate on this reorganization on 24 March 1790. He attacked the judicial power's interference in legislation and administration: 'Émule de la puissance législative, il révisait, modifiait ou rejetait les lois; rival du pouvoir administratif, il en troublait les opérations, en arrêtait le mouvement et en inquiétait les agents.' The committee, he explained, had introduced into their bill clauses 'qui établissent l'entière subordination des cours de justice à la puissance législative, et séparent très explicitement le pouvoir judiciaire du pouvoir d'administrer'.[62] This was effected by three clauses passed by the Assembly on 5 July:

X.   Les tribunaux ne pourront prendre directement ou indirectement aucune part à l'exercice du pouvoir législatif, et empêcher ou suspendre l'exécution des décrets du corps législatif, sanctionnés par le roi, à peine de forfaiture.

XI.   Ils seront tenus de faire transcrire purement et simplement sur un registre particulier, et de publier dans la huitaine, les lois qui leur seront envoyées.

XIII.   Les fonctions judiciaires seront distinctes, et demeureront toujours séparées des fonctions administratives. Les juges ne pourront, à peine de forfaiture, troubler, de quelque manière que ce soit, les opérations des corps administratifs, ni citer devant eux les administrateurs pour raison de leurs fonctions.[63]

These clauses contain principles which remain basic to French constitutional law down to our own day. No doubt Condorcet must have rejoiced at the downfall of the Parlements, and no doubt Voltaire would have done likewise if he had lived to witness it. What other *Philosophes* would have thought must remain a

---

[60] pp. 20-1 (see also pp. 26-34, and *OP*, pp. 358, 361-4).
[61] *OC* (*AT*), vol. II, p. 275.
[62] *Moniteur*, vol. IV, p. 36.
[63] Duvergier, vol. I, pp. 311-12. (The complete law was passed on 16-24 August.)

matter for speculation, though now that absolutism had been destroyed, there was no longer any justification for the political claims of the Parlements.

The *Philosophes* were almost as much divided on the subject of the example set by England in limiting the power of the Crown. Once again the same writer may express very different views at different periods of his career, and admiration may later give way to distinct reservations as to how things are ordered in England. Again the series of wars fought by England and France between the 1740s and the 1780s did not contribute to a balanced view of English institutions, while during the American War of Independence this country had a very bad press, the sympathies of the *Philosophes* being wholly on the side of the insurgents. What is more, the much more radical constitutions evolved on the other side of the Atlantic and the establishment of a Republic tended to make English institutions appear almost reactionary in comparison, especially in the eyes of a *philosophe* like Condorcet.

Voltaire was never again to come out so strongly in favour of English parliamentary institutions as he did in his *Lettres philosophiques* in 1734 with such challenging statements as:

La nation anglaise est la seule de la terre qui soit parvenue à régler le pouvoir des rois en leur résistant, et qui, d'efforts en efforts, ait enfin établi ce gouvernement sage où le prince, tout-puissant pour faire du bien, a les mains liées pour faire le mal, où les seigneurs sont grands sans insolence et sans vassaux, et où le peuple partage le gouvernement sans confusion.

Whereas nothing good had come out of civil wars in countries like France, in England, he boldly declared, 'c'est dans des mers de sang qu'on a noyé l'idole du pouvoir despotique, mais les Anglais ne croient point avoir acheté trop cher de bonnes lois'. He even goes so far as to gloss over the execution of Charles I, an act which had so shocked opinion on the Continent, by introducing an argument which would later have justified the execution of Louis XVI: 'Ce qu'on reproche le plus en France aux Anglais, c'est le supplice de Charles Ier, qui fut traité par ses vainqueurs comme il les eût traités s'il eût été heureux.'[64]

Fourteen years after the *Lettres philosophiques* came the famous account of the English constitution in Montesquieu's *Esprit des lois*.[65] Yet neither he nor Voltaire could be said to have advocated

---

[64] *Lettres philosophiques*, ed. G. Lanson, Paris, 1909, 2 vols, vol. I, pp. 89, 90, 92.

[65] Despite his influence on many of the *Philosophes* one thinks of Montesquieu as a precursor of the movement rather than a *philosophe* or, as Professor Shackleton prefers to put it, 'a *philosophe* before the *Philosophes* had formed a party' (*Montesquieu. A Critical Biography*, Oxford, 1961, p. 390).

at any stage transplanting English institutions to France. Voltaire continued to admire many features of English life such as civil liberty, freedom of the press, the administration of justice, the jury system, and religious toleration,[66] but his subsequent observations on English political institutions, both in public and in private, remain distinctly vague. It is interesting to find him writing, somewhat equivocally, in a letter of 1750 to Richard Rolt, the author of a history of the War of the Austrian Succession: ' 'Tis your duty to love and to praise the form of the British government, but do not believe we blame it in France. The situation of our country, the genius of our nation, and many other reasons have submitted us to monarchic power mitigated by the amiable mildness of our manners rather than by our laws. All wise men amongst us live happy under such a government, and admire that of Great Britain.'[67]

At the age of eighty, as we see from an addition which he made in 1774 to the article GOUVERNEMENT in the *Questions sur l'Encyclopédie*, Voltaire still retained a strong admiration for English institutions:

Voici à quoi la législation anglaise est enfin parvenue: à remettre chaque homme dans tous les droits de la nature, dont ils sont dépouillés dans presque toutes les monarchies. Ces droits sont: liberté entière de sa personne, de ses biens; de parler à la nation par l'organe de sa plume; de ne pouvoir être jugé en matière criminelle que par un *jury* formé d'hommes indépendants; de ne pouvoir être jugé en aucun cas que suivant les termes précis de la loi; de professer en paix quelque religion qu'on veuille, en renonçant aux emplois dont les seuls anglicans peuvent être pourvus. Cela s'appelle des prérogatives. Et en effet, c'est une très grande et très heureuse prérogative par-dessus tant de nations, d'être sûr en vous couchant que vous vous réveillerez le lendemain avec la même fortune que vous possédiez la veille; que vous ne serez pas enlevé des bras de votre femme, de vos enfants, au milieu de la nuit, pour être conduit dans un donjon ou dans un désert; que vous aurez, en sortant du sommeil, le pouvoir de publier tout ce que vous pensez; que si vous êtes accusé, soit pour avoir mal agi, ou mal parlé, ou mal écrit, vous ne serez jugé que suivant la loi.

This eulogy is preceded by praise of English political institutions: 'Il est à croire aussi qu'une constitution qui a réglé les droits du roi, des nobles et du peuple et dans laquelle chacun trouve sa sûreté, durera autant que les choses humaines peuvent durer.' Yet even the sentence which follows does not commit the author to a desire to see these institutions transplanted to France: 'Il est à croire

---

[66] See, for instance, *L'A.B.C.* (1768) in *OC*, vol. XXVII, pp. 386-7, and the paragraph added to the 1774 edition of the *Questions sur l'Encyclopédie*, ibid., vol. XIX, p. 296.
[67] *CW*, vol. 95, p. 308.

aussi que tous les états qui ne sont pas fondés sur de tels principes éprouveront des révolutions.'[68] It is possible to consider this sentence, written less than twenty years before 1789, as prophetic, but it must be added that the prophecy is couched in extremely vague terms.

Although ten years younger than Voltaire, the Marquis d'Argens also offered comments in the 1730s on English political institutions in his *Lettres juives*. These comments are decidedly mixed. For instance, d'Argens considers that the English people enjoy too much freedom: 'Les privilèges trop vastes des Anglais les rendent insupportables. Le peuple, toujours maître de ses volontés, accoutumé à voir tout fléchir sous lui, est sujet à causer des changements et des catastrophes semblables à celles que produisent les révoltes des janissaires.'[69] Yet not only does he praise English civil liberty and freedom of speech and of the press;[70] he also praises English parliamentary institutions. 'C'est à cette auguste assemblée que la nation est redevable de son bonheur et de sa liberté. Sans elle, depuis longtemps le pouvoir despotique se fût introduit dans ce royaume; et les souverains, ne trouvant rien qui s'opposât à leurs volontés, auraient sans doute usurpé une autorité absolue. Lorsque je considère les différents gouvernements qui sont établis en Europe, je n'en trouve aucun qui me paraisse aussi parfait que celui d'Angleterre.' This is, however, followed by a rather odd passage in which d'Argens maintains of the king of England that 'dès qu'il est équitable, il est aussi absolu qu'un sultan'.[71] In another passage d'Argens contrasts the selfish divisions at meetings of the États généraux which the French had now lost with the English Parliament's concern for the general good of the nation. Even the party strife in England which troubled many Frenchmen of the time is presented in a favourable light:

Quoique ses membres aient des sentiments très opposés sur bien des sujets, ils se réunissent presque toujours en ce qui regarde l'avantage et la gloire de la nation. Jamais aucun membre de cette illustre assemblée ne proposa de mettre en délibération si la patrie se soumettrait ou non à quelque roi étranger. Quelque opposés que fussent les Tories aux Whigs et quelque bien disposés qu'on les ait vus pout les Français, ils ne furent pourtant point assez lâches pour solliciter Louis XIV de s'emparer de leur royaume.

---

[68] *OC*, vol. XIX, p. 296.
[69] *Lettres juives, ou correspondance philosophique, historique et critique entre un Juif voyageur en différents états de l'Europe et ses correspondants en divers endroits*, The Hague, 1738, 6 vols., vol. I, p. 238.
[70] Ibid., vol. IV, pp. 245-6.
[71] Ibid., vol. V, pp. 354-5.

Here he is contrasting the behaviour of English parties with that of the Ligue which was prepared to submit France to Spanish domination. The English people, d'Argens concludes, deserve their freedom because of their unselfish pursuit of the national interest: 'Après cela, doit-on s'étonner qu'un peuple qui pense si noblement et si généreusement ait une forme de gouvernement beaucoup plus parfaite que celle des autres nations?'[72] Yet, despite some strong criticisms of various French institutions and unfavourable comparisons with the corresponding English ones, d'Argens declares that resistance to a king is always wrong— 'S'il viole les lois, il faut laisser au ciel à juger de la puniton qu'il mérite'— and that 'Si un bon roi doit être le père de ses sujets, ils doivent avoir pour lui la soumission des enfants; les devoirs des uns sont aussi sacrés que ceux des autres.'[73] His fulsome praise of both Louis XV and Cardinal Fleury would scarcely suggest that he wished to see something like the English parliamentary system installed in France.

If we turn now to later writers, we can certainly name Helvétius as a fervent admirer of the English constitution.[74] He was much impressed by his visit to England in 1764. In the course of it he attended some sittings of Parliament as a result of which he wrote to his wife: 'Il suit de cette forme du gouvernement que les affaires de l'État sont beaucoup mieux conduites que chez nous, parce qu'elles sont discutées et les propositions contredites sans ménagement dans le Parlement. Presque tous les Anglais qui ont de l'esprit sont acteurs et non pas comme chez nous, spectateurs dans les affaires de leur gouvernement.' What impressed him perhaps most was the air of freedom which was breathed on this side of the Channel; in another letter to his wife he wrote: 'C'est un pays de liberté; il me semble qu'on y respire plus à son aise, que l'âme et que les poumons ont plus d'élasticité... Les Anglais, en général, estiment assez notre nation, mais ils méprisent notre gouvernement. Il est vrai qu'à certains égards nous leur sommes supérieurs et qu'ils ne doivent qu'à la forme de leur gouvernement

---

[72] Ibid., vol. V, pp. 361-2.

[73] Ibid., vol. I, pp. 49, 240.

[74] One must, of course, disregard the two letters to Montesquieu and Saurin published by Lefebvre de la Roche in Helvétius's *Œuvres complètes*, Paris, 1795, 14 vols., vol. XIV, pp. 61-77, which have been shown to be forgeries (see F. Acomb, *Anglophobia in France 1763-1789. An Essay in the History of Constitutionalism and Nationalism*, Durham N.C., 1950, pp. 124-8, and H. Koebner, 'The Authenticity of the Letters on the *Esprit des lois* attributed to Helvétius', *Bulletin of the Institute of Historical Research*, May 1951, pp. 19-43). As the authenticity of the letter on the English Constitution (*Œuvres complètes*, vol. XIV, pp. 77-96) is uncertain, it too has been left out of account.

les avantages qu'ils ont sur nous.' Living in the freer atmosphere of London inspired in him already gloomy forebodings about the future of France which were to colour his posthumous work, *De l'homme*. In another letter to his wife he writes somewhat sadly: 'Il est étonnant combien il faudrait faire peu de changements pour faire de notre nation une nation aussi respectable que la leur; mais ce qui me fâche, en qualité de bon Français, c'est que je sais que ces changements ne se feront pas et que nous deviendrons de plus en plus le mépris de l'Europe.'[75]

This admiration for English institutions comes out strongly in *De l'homme* alongside, it must be added, his praise of enlightened despots (the work is dedicated to Catherine the Great). He was greatly impressed by the freedom of the press which existed in England and by the opportunity which it offered its people to enlighten other nations: 'L'Anglais est né libre; qu'il profite donc de cette liberté pour éclairer le monde, qu'il contemple dans les hommages rendus encore aujourd'hui aux peuples ingénieux de la Grèce, ceux que lui rendra la postérité, et que ce spectacle l'encourage.'[76]

Somewhat optimistically Helvétius sees in the literacy of the mass of Englishmen a check on the activities of the members of Parliament:

Nul citoyen de la Grande-Bretagne qui ne soit plus ou moins instruit. Point d'Anglais que la forme de son gouvernement ne nécessite à l'étude. Nul ministre qui doive être et qui soit en effet plus sage à certains égards. Aucun que le cri national avertisse plus promptement de ces fautes. Or si dans la science du gouvernement, comme dans toute autre, c'est du choc des opinions contraires que doit jaillir la lumière, point de pays où l'administration puisse être plus éclairée, puisqu'il n'en est aucun où la presse soit plus libre.

To the second sentence of this passage this note is attached:

Il n'est point à Londres d'ouvrier, de porteur de chaise qui ne lise les gazettes, qui ne soupçonne la vénalité de ses représentants et ne croie en conséquence devoir s'instruire de ses droits en qualité de citoyen. Aussi nul membre du parlement n'oserait y proposer une loi directement contraire à la liberté nationale. S'il le faisait, ce membre, cité par le parti de l'opposition et les papiers publics devant le peuple, serait exposé à sa vengeance. Le corps du parlement est donc contenu par la nation. Nul bras maintenant assez fort pour enchaîner un pareil peuple. Son asservissement est donc éloigné.

---

[75] A. Guillois (ed.), 'Correspondance d'Helvétius avec sa femme', *Le Carnet historique*, July-December 1900, pp. 445, 481, 485. See also his letter to Servan in the latter's *Œuvres choisies*, ed. X. de Portets, Paris, 1825, 5 vols., vol. I, p. cxxxiv.

[76] Vol. I, p. 199. For his impressions of the freedom enjoyed by the press in this country, see below, p. 237.

At this point a slight doubt creeps in: 'Est-il impossible?' he asks. 'Je ne l'assurerais point, peut-être ses immenses richesses présagent-elles déjà cet événement futur.'[77]

In a later note Helvétius attributes to a small number of laws the security for liberty and property enjoyed in England:

La première de ces lois est celle qui remet à la Chambre des Communes le pouvoir de fixer les subsides.

La seconde est l'acte de l'*habeas corpus*.

La troisième sont les jugements rendus par jurés.

La quatrième la liberté de la presse.

La cinquième la manière de lever les impôts.

At the end of this note Helvétius does suggest that these taxes might be rather on the heavy side, but he adds: 'S'ils le sont, ils ne fournissent pas du moins au prince de moyens d'opprimer les individus.'[78] In his final comment on England he comes back once more to the freedom enjoyed by its press: 'Qu'apprend à l'étranger', he asks, 'la défense de parler et d'écrire librement? Que le gouvernement qui fait cette défense est injuste et mauvais. L'Angleterre, généralement regardée comme le meilleur [*sic*], est celui où le citoyen à cet égard est le plus libre.'[79] Yet, as in his pessimism Helvétius saw no prospect whatever of certain desirable features of English laws and institutions being introduced into France, his admiration for them was somewhat sterile.

Other Frenchmen who visited England in the 1760s were much impressed by what they saw here. The Chevalier de Chastellux, for instance, who was not to make his mark as a writer until the publication of *De la félicité publique* in 1772, visited England four years earlier and, according to a letter of Mme Riccoboni, was delighted with his visit, in contrast to Galiani who had spent six weeks here in the previous year. 'Le chevalier', she declares, 'a vu des hommes estimables et comme il est un des plus honnêtes gentilshommes de France, il dit son sentiment avec une noble franchise, en dépit de tous les philosophes.' This last remark is interesting; although Mme Riccoboni was on friendly terms with d'Holbach to whom there are a number of references in her correspondence, she was very much opposed to the *Philosophes*. Yet what she says in this letter to Garrick is no doubt significant

[77] Vol. II, pp. 79, 127-8.
[78] Ibid., p. 186.
[79] Ibid., p. 323n.

even if her explanation of their changed outlook is inadequate. 'Ces messieurs', she goes on, 'n'aiment plus les Anglais, parce qu'ils pensent que les Anglais veulent soutenir la religion et la croient utile au gouvernement. *L'honneur suffit*, disent-ils, *L'honneur est le Dieu de la terre.*'[80] Though d'Holbach's reasons for his change in attitude were much more complex than Mme Riccoboni suggests, there is no doubt that he took up a much more critical attitude towards English institutions than Helvétius.

In some famous letters to Sophie Volland Diderot gives a vivid account of d'Holbach's disenchantment with England on his return from a visit there in 1765. According to Diderot this represented a complete turnabout: 'Il est parti pour ce pays, prévenu; il y a reçu l'accueil le plus agréable, il y a joui de la plus belle santé. Cependant il en est revenu mécontent.'[81] He contrasts in striking terms the different reactions of Helvétius and the Baron:

Helvétius est revenu de Londres, fou à lier des Anglais. Le baron en est revenu le bien revenu. Le premier écrivait à celui-ci: 'Mon ami, si, comme je n'en doute pas, vous avez loué une maison à Londres, écrivez-moi bien vite, afin que j'emballe ma femme, mes enfants et que j'aille vous trouver.' Et l'autre répondait: 'Ce pauvre Helvétius, il n'a vu en Angleterre que les persécutions que son livre lui a attirées en France.'

The same letter offers some confirmation of Mme Riccoboni's explanation—partial as it may be—of the change of heart of certain of the *Philosophes*. 'Un peuple qui croit que c'est la croyance d'un Dieu, et non pas les bonnes lois, qui font les honnêtes gens', wrote Diderot, 'ne me semble guère avancé.'[82]

The strictly political criticisms of English affairs made by d'Holbach concerned the power of the Crown to secure its ends by corruption. As reported by Diderot, he would not accept the well-known aphorism of Voltaire in the *Lettres philosophiques*, that in England the king, 'tout-puissant pour faire du bien, a les mains liées pour faire le mal': 'Le monarque paraît avoir les mains libres pour le bien, et liées pour le mal; mais il est autant et plus maître de tout qu'aucun autre souverain. Ailleurs la cour commande et se fait obéir. Là elle corrompt et fait ce qu'il lui plaît, et la corruption des sujets est peut-être pire à la longue que la tyrannie.'

Parliamentary and electoral corruption appear to have particularly shocked d'Holbach; Diderot took from him a number of

[80] *Letters to David Hume, David Garrick and Sir Robert Linton, 1764-1783*, ed. J. C. Nicholls, *SVEC*, vol. 149 (1976), p. 136.
[81] Roth-Varloot, vol. V, p. 125.   [82] Ibid., pp. 136, 134.

anecdotes to illustrate this, in particular the story of a group of electors sent from their constituency to urge their MP to vote against a government bill: 'Un de ces représentants, après avoir fait attendre deux heures dans son salon les députés de sa province, les fit introduire dans son appartement. "Eh bien, messieurs, leur dit-il tout en les recevant, qu'est-ce qu'il y a?" Les députés s'expliquent. Le représentant les écoute. Puis voici la réponse avec laquelle il les renvoie: "Non pas, pardine, messieurs! Il n'en sera pas ainsi. Je vous ai achetés bien cher, et mon dessein est de vous vendre le plus chèrement que je pourrai."' And Diderot concludes: 'Et voilà cet admirable gouvernement anglais dont le président de Montesquieu a tant dit de bien sans le connaître.'[83]

These criticisms were developed further in d'Holbach's published writings, especially in his *Système social* where he declares, with obvious reference to the boastings of the English about their splendid constitution, that those nations 'qui se croient libres et qui nous vantent avec emphase les avantages de leur heureuse constitution, paraissent encore bien éloignées de se faire une juste idée de la liberté'. He criticizes in particular the frequent riots and the absence of security on the roads. 'Les Anglais craignent la police', he maintains, 'parce qu'ils la regardent comme un instrument qui, dans la main du souverain, peut introduire le despotisme. Ils aiment mieux être volés que de confier au monarque le soin de les garder, et celui-ci aime mieux laisser voler et assassiner ses sujets que leur permettre de se garder eux-mêmes et sans lui.'[84]

A whole chapter of this work is devoted to 'Réflexions sur le gouvernement britannique'.[85] While conceding that the English nation is the freest in the whole world at the present time, he maintains that it is the scene of endless faction fights and that its inhabitants are 'mécontents de leur sort et souvent plus malheureux que les esclaves du despotisme même'. It was not enough, he argues, for a people to be free; it must not allow its liberty to degenerate into licence.

The English constitution with its alleged balance of power between King, Lords, and Commons 'dans l'esprit de bien des gens passe pour le plus grand effort de l'esprit humain; on croit jouir par son moyen des avantages de la monarchie, de ceux de l'aristocratie et de la liberté démocratique'; but d'Holbach proceeds to submit this belief to a rigorous examination. The members

[83] Ibid., pp. 172-3.
[84] Vol. II, p. 40.
[85] Ibid., pp. 66-76.

of the House of Lords are bound to be on the side, not of the people but of the King who is the source of all honours, pensions, and favours; to this d'Holbach adds the further criticism that the spiritual lords, appointed by the King, are the last men one would expect to defend the freedom of the people. In any case what is the place of 'la distinction vaine et barbare du *noble* et du *roturier*' in an allegedly free country?

The House of Commons is dealt with even more severely. Its members, once elected, are no longer accountable to their constituents and are therefore free to sell the nation's liberties to the King: 'D'où l'on voit clairement que le souverain et ses ministres sont à portée de se rendre les maîtres absolus des représentants du peuple.' Sir Robert Walpole's 'All these men have their price' is naturally quoted here.

This parliamentary corruption is accompanied by electoral corruption:

Ces représentants sont élus par une populace composée en grande partie de citoyens indigents que leur misère dispose à donner leurs suffrages aux candidats qui voudront les payer. C'est au milieu des rixes, des cabales, des combats sanglants d'une troupe ainsi composée, le plus souvent plongée dans la crapule et l'ivresse, que s'élisent les hommes qui seront chargés de défendre la liberté publique contre les entreprises d'un monarque et d'un ministère en état de corrompre par mille moyens les adversaires qu'on leur oppose. Des représentants de cette trempe lui livreront sans peine les droits d'un peuple qui, pour les choisir, a déjà trafiqué de ses suffrages.

Having failed to restrict the power of its representatives and to punish those who betray their trust, the English people have so far gained only 'le droit de vivre dans des transes continuelles'. With his excessive prerogatives the King is in a position to repress those who cannot be won over by the honours, posts, and favours which he is in a position to confer.

The role of the members of the Opposition in Parliament is also criticized. Their so-called patriotism consists in obstructing the measures of the King and his ministers and wrecking their most sensible proposals with a view to securing for themselves a place in the government and hence a share in the spoils: 'Le patriote anglais n'est communément qu'un ambitieux qui fait des efforts pour se mettre en la place des ministres qu'il décrie, ou bien un homme avide qui a besoin d'argent, ou bien un factieux qui cherche à rétablir une fortune délabrée.' As soon as they attain power, they follow in the footsteps of their predecessors and become in their turn the object of violent attacks while in the eyes of the people their opponents now appear to be the true patriots.

The result is that the English people live in the midst of per-petual faction fights: 'Une nation déchirée par des cabales, des factions, des émeutes populaires; où les droits d'aucun ordre de l'état ne sont clairement fixés; dont les lois d'ailleurs sont multipliées, inintelligibles, contradictoires; une telle nation, dis-je, peut-elle être jamais tranquille ou contente?' Mixed in with these criticisms is a curious streak of nationalist sentiment, no doubt inspired by the Anglo-French wars of the period. Not only does d'Holbach criticize the excessive influence of English merchants who are able to plunge their country into useless and expensive wars which produce crippling debts; he also reads the English·a lecture, attacking among other things their selfish attitude towards other nations: 'Un peuple sans mœurs n'est pas fait pour être libre; un peuple injuste pour les autres, un peuple brûlé de la soif de l'or, un peuple conquérant, un peuple ennemi de la liberté d'autrui, un peuple jaloux même de ses concitoyens ou des sujets d'un même état, a-t-il des idées vraies de liberté?'—clearly a rhetorical question. The chapter ends with a regular sermon the tone of which is given by the following lines:

Jamais l'amour de l'or ne fit de bons citoyens. La liberté ne peut être fermement établie que sur l'équité et courageusement défendue que par la vertu. Laissez à des despotes la gloire folle et destructive de faire des conquêtes et de répandre à grands flots le sang de leurs sujets. Pour vous, contents de jouir en paix des bienfaits de la nature, n'allez pas les anéantir par des guerres insensées qui ne seraient utiles qu'à une poignée de commerçants insatiables et qui seraient ruineuses pour vos vrais citoyens. Cultivez donc, O Britons! la sagesse et la raison; occupez-vous à perfectionner votre gouvernement et vos lois. Liez à jamais les mains cruelles du pouvoir arbitraire ...

Criticism of English political institutions is renewed in what appears to have been the last of his works to be published during his lifetime, *Éthocratie*. While he praises the *Habeas corpus* act, he goes on to deny that the English have any clear notions of what constitutes true liberty:

Ce n'est point être libre que de troubler impunément le repos des citoyens, d'insulter le souverain, de calomnier des ministres, de publier des libelles, d'exciter des émeutes, etc. Ce n'est point être libre que de pouvoir effrontément braver la décence. On n'est pas vraiment libre quand on n'a pas des lois qui préviennent le désordre et les crimes. Il ne peut y avoir de vraie liberté dans une nation injuste, avare, vénale, corrompue. La liberté n'est qu'une arme dangereuse entre les mains de citoyens privés de mœurs et de raison.[86]

Elsewhere in this work he repeats his attack on the insatiable appetite of the English for gold and overseas possessions, and

[86] pp. 20n, 22.

concludes with a sarcastic footnote: 'Les Anglais sont le peuple le plus riche et le plus mélancolique de l'Europe. La liberté même ne peut leur inspirer de la gaieté; ils craignent de la perdre parce que chez eux tout entre dans le commerce.'[87]

Although Diderot passed on to Sophie Volland d'Holbach's criticisms of England after his return from this country, he took a much more balanced view of the whole question. Even though he could be very critical of the workings of English institutions, in his later years he often found much to admire in them. In his *Mémoires pour Catherine II* he maintained that an impartial examination of the clashes between the King and Parliament would almost always show that the King was in the wrong and was attacking the liberties of the people,[88] while in his *Observations sur le Nakaz* there is this striking passage: 'Pourquoi la France est-elle moins bien gouvernée que l'Angleterre? C'est que l'autorité souveraine y est encore grande et que la liberté y est encore trop restreinte. L'Impératrice à qui je faisais ces observations me dit: "Votre avis serait donc que j'eusse un parlement à l'anglaise?" Je lui répondis: "Si Votre Majesté Impériale pouvait le créer d'un coup de baguette, je crois qu'il y existerait demain."'[89]

Diderot repeated in this work d'Holbach's caustic comments on electoral and parliamentary corruption; indeed the stories he has to tell on this subject, including the reference to Sir Robert Walpole, seem to have come from this source. However, he concludes his remarks on the subject with the disillusioned comment: 'Si le droit de représenter s'achète, le plus riche sera toujours le représentant. S'il ne s'achète pas, le représentant sera à meilleur marché. Je suis quelquefois tenté de croire qu'il en est en Angleterre de la vénalité du représentant comme de la vénalité des charges en France: deux maux nécessaires.'[90] In refuting Helvétius's *De l'homme* Diderot comments very critically on the passage: 'A quelle cause attribuer l'extrême puissance de l'Angleterre? A son gouvernement':

Mais à quelle cause attribuer la pauvreté de l'Écosse et de l'Irlande, et l'extravagance de la guerre actuelle contre les colonies? A l'avidité des commerçants de la métropole.

On vante cette nation pour son patriotisme. Je défie qu'on me montre dans l'histoire ancienne ou moderne un exemple de personnalité nationale ou d'anti-patriotisme plus marqué.

Je vois ce peuple sous l'emblème d'un enfant vigoureux qui naît avec quatre bras, mais dont un de ces bras arrache les trois autres.

[87] p. 123.   [88] p. 122.   [89] *OP*, pp. 355-6.
[90] Ibid., pp. 364-5. Cf. the *Réfutation d'Helvétius, OC(AT)*, vol. II, p. 417.

Une autre observation qui tache encore à mes yeux le caractère de cette nation, c'est que ses nègres sont les plus malheureux des nègres. L'Anglais, ennemi de la tyrannie chez lui, est le despote le plus féroce quand il en est dehors.[91]

It will be noticed that by this date the influence of the American War of Independence was already beginning to make itself felt. In 1778 in his *Essai sur la vie de Sénèque* Diderot was to insert an eloquent salute to the American insurgents.[92]

Raynal's *Histoire des Deux Indes* contains a strange medley of views on English political institutions. There is a biting passage on electoral and parliamentary corruption;[93] this is certainly from Diderot's pen. Yet the work also contains passages in high praise of English institutions. One which is undoubtedly by Diderot quotes the example of England in arguing in favour of freedom of the press,[94] but it is not only this particular aspect of English institutions which is set up as a model; the English constitution as a whole comes in for the highest praise in a passage which is once again from Diderot's pen:

C'est là enfin qu'après de longues et violentes secousses s'est formée cette constitution, sinon parfaite, sinon exempte d'inconvénients, du moins la plus heureusement assortie à la situation du pays; la plus favorable à son commerce; la plus propre à développer le génie, l'éloquence, toutes les facultés de l'esprit humain; la seule, peut-être, où, depuis que l'homme vit en société, les lois lui aient assuré sa dignité, sa liberté personnelle, sa liberté de penser; où elles l'aient fait, en un mot, citoyen, c'est-à dire, partie constituante et intégrante de l'état et de la nation.[95]

The last volume of the *Histoire des Deux Indes* contains a long section on the English constitution[96] to which Diderot apparently contributed only two passages; the rest would seem therefore to have come from the pen of either Raynal himself or one of his other collaborators. It is a balanced account, but on the whole very favourable, as can be seen from the opening remarks:

Le gouvernement placé entre la monarchie absolue, qui est une tyrannie, la démocratie, qui penche à l'anarchie, et l'aristocratie, qui, flottant de l'une à l'autre, tombe dans les écueils de toutes les deux; le gouvernement mixte des Anglais, saisissant les avantages de ces trois pouvoirs, qui s'observent, se tempèrent, s'entraident et se répriment, va de lui-même au bien national. Par

[91] *OC (AT)*, vol. II, p. 422.
[92] *OP*, pp. 491-2.
[93] Vol. III, pp. 599-600.
[94] See below, pp. 237-8.
[95] Vol. III, p. 510.
[96] Vol. IV, pp. 499-506.

leur action, par leur réaction, ses différents ressorts forment un équilibre d'où naît la liberté. Cette constitution qui, sans exemple dans l'antiquité, devrait servir de modèle à tous les peuples auxquels leur position géographique la permettrait, durera longtemps parce qu'à son origine ouvrage des troubles, des mœurs et des opinions passagères, elle est devenue celui de la raison et de l'expérience.

Among the advantages of this constitution listed by the author is that it is a monarchy and a hereditary monarchy; executive power is in the hands of the king, but in view of the dangers presented by standing armies 'il n'y a que la nation qui puisse assembler des armées; elle ne les forme jamais que pour un an et les impôts établis pour les soudoyer ne doivent avoir que la même durée'. A powerful safeguard of English liberty lies in the sharing of legislative power: 'Partout où le monarque n'a besoin que de sa volonté pour établir des lois, que de sa volonté pour les abolir, il n'y a point de gouvernement; le prince est despote et le peuple esclave.' The people's share in legislative power is exercised by its elected representatives, but a balance is maintained between king and people by 'un corps intermédiaire', 'l'ordre de la noblesse, destiné à se jeter du côté qui pourrait devenir faible et à maintenir toujours l'équilibre'. If, as the Glorious Revolution had shown, a monarch tried to rule without Parliament, then the people could resist; this resistance is made possible by the unlimited freedom of the press: 'Par cet heureux expédient les actions des dépositaires de l'autorité deviennent publiques. On est rapidement instruit des vexations ou des outrages qu'ils se sont permis contre l'homme le plus obscur.' Of this constitution the author concludes: 'Il n'y en eut jamais d'aussi bien ordonnée sur le globe.'

However, he also points out certain weaknesses, beginning with the king's connection with Hanover. More serious, the balance between the executive and the legislature was necessarily unstable as each was bound to seek to extend its power with the inevitable danger of 'des révoltes, des guerres civiles, des peuples écrasés, des rois égorgés ou chassés, un état d'alarmes et de troubles continuels'. Even when such dire consequences do not follow, is not the continual friction between King, Lords, and Commons a kind of civil war? The need for parliamentary reform is particularly stressed: 'N'est-il pas absurde qu'un pauvre hameau députe autant et plus à l'assemblée des communes que la ville ou la contreé la plus opulente?' Above all, the familiar subject of electoral and parliamentary corruption is vividly treated (by Diderot incidentally). If the passage concludes with an expression of doubt about the ability of such a constitution to endure, the author maintains that its failure to do so would be a calamity not only for this country, but for other nations too, since its existence has led to a decrease in tyranny elsewhere: 'Toutes lui doivent un sort plus doux que celui dont elles jouissaient. L'exemple d'un peuple libre, riche, magnanime et heureux au milieu de l'Europe a frappé tous les esprits ...'

Such a favourable view of the English constitution must have appeared somewhat unfashionable when the final version of the *Histoire des Deux Indes* appeared in 1780. The younger generation of *Philosophes* certainly tended to take a much more critical view of it. We see this in the *Adresse à l'Assemblée nationale sur la liberté des opinions, sur celle de la presse, etc.* which was published in 1790 by Naigeon, the first editor of Diderot's works. In the course of this pamphlet he throws in the remark: 'La constitution de l'Angleterre est certainement bien au-dessous des éloges exagérés que Montesquieu, Delolme et plusieurs écrivains modernes lui ont prodigués dans ces derniers temps.'[97] Much more significant, however, is the attitude of a *philosophe* who was to play an active part in the Revolution—Condorcet.

The beginning of his career as a publicist coincided roughly with the open clash between England and her North American colonies, and he was undoubtedly influenced by the new institutions which were being created in the 1770s and 1780s on the other side of the Atlantic; in contrast, those of this country appeared almost reactionary. In 1786 he produced a work with the significant title, *De l'influence de la révolution d'Amérique sur l'Europe.* It would no doubt be out of place to quote the scathing comments on the English constitution which one finds in the *Esquisse*, written as it was at a time when England had joined in the crusade against the Revolution; there it is described as 'une constitution longtemps admirée par la philosophie et désormais réduite à n'avoir plus pour appui que la superstition nationale et l'hypocrisie politique' and as 'une constitution servile et vénale' which stands in urgent need of reform to make it 'digne d'une nation humaine et généreuse'.[98] Earlier in the Revolution, before the break with England, in his *Sur l'instruction publique* Condorcet had already severely criticized the English constitution:

Voyez la liberté anglaise arrêtée dans sa course par ce respect pour une constitution imposée par la nécessité, mais devenue l'objet d'un culte superstitieux par l'effet de l'éducation, par l'influence royale des places et des pensions sur les écrivains

[97] pp. 65-6.
[98] pp. 146, 207.

politiques. Voyez ce peuple, qui portait une main hardie sur tous les préjugés, lorsque l'Europe entière y était asservie, n'oser, dans un siècle plus éclairé, envisager les honteux abus dont il est la victime.[99]

Earlier still he had been strongly opposed to the Anglophil party which wished to introduce into France certain features of the English constitution, in particular the bicameral system. In his *Lettres d'un gentilhomme à Messieurs du Tiers État*, written early in 1789, among the reasons which he gives for postponing a reform of the system of taxation is the excessive influence of this party in Paris: 'C'est l'excès auquel l'anglomanie est portée dans la capitale, où se forme l'opinion publique; et malheureusement l'administration des finances en Angleterre est calculée uniquement pour asservir et corrompre la nation.'[100] An article written in June 1790 attacks this party in strong terms and through it the English constitution. The enemies of liberty, he declares,

ne cessent de nous exhorter à imiter l'Angleterre, et ses deux chambres, et sa religion exclusive, et son administration des finances, si compliquée, si propre à augmenter l'influence du premier lord de la trésorerie, et ses lois prohibitives du commerce, et son ministère formé de membres du corps législatif qui en deviennent nécessairement les chefs, et ce pouvoir d'entraîner la nation dans des guerres étrangères, etc. Toutes ces institutions, dont l'effet est la corruption, une dette immense, des impôts ruineux, des vexations multipliées, et la perpétuité des abus, sont proposées sans cesse comme le chef-d'oeuvre de la raison humaine; et beaucoup de gens se flattent encore qu'en renonçant à la ridicule prétention d'être plus libres que les Anglais, nous aurons la sagesse de conserver assez d'abus pour que les intrigants puissent encore obtenir des richesses et du pouvoir.[101]

However, Condorcet's criticisms of the English constitution had begun to appear in works published even before the outbreak of the Revolution.

In his *Vie de Turgot*, published in 1786, he was already extremely critical of a variety of the laws of England:

1° Dans ses lois criminelles tout ce qui ne tient pas à la procédure est presque aussi embarrassé, aussi obscur, que chez les autres peuples. 2° Ses lois civiles sont un chef-d'oeuvre de subtilité juriste et prouvent combien est défectueuse cette constitution si vantée qui n'a pas même songé à réformer cet abus. 3° Sa législation du commerce, des manufactures, des finances ne le cède ni en complications, ni en déraison à celle d'aucun autre peuple connu. 4° Sa législation politique n'est pas même exempte de ce défaut; et la dernière querelle sur

---

[99] *Œuvres*, vol. VII, p. 526n.
[100] Ibid., vol. IX, p. 243.
[101] Ibid., vol. X, p. 117.

la légitimité de l'élection de Westminster,[102] c'est-à-dire, sur la question la plus importante pour la liberté du peuple, en est une preuve sensible.[103]

In the following year he published a pamphlet, his *Lettres d'un bourgeois de Newhaven à un citoyen de Virginie*, in which he argues that such liberties as the English people enjoy do not derive from their constitution:

Au lieu d'observer que la liberté de la presse, celle de former des associations particulières, la loi d'*habeas corpus*, la procédure par jurés, la publicité de toutes les instructions pour les causes personnelles, le respect pour la lettre de la loi, que tous ces principes soutenus par l'opinion, heureusement réunie sur ces objets, sont le vrai fondement de l'espèce de liberté dont jouissent les habitants de la Grande-Bretagne, on en a fait honneur à sa constitution; on a cherché en conséquence, non si elle était bonne, mais par quels principes on pouvait prouver qu'elle était la meilleure de toutes; et ces principes, on les a adoptés comme une maxime générale.[104]

A more limited criticism of English institutions is also to be found in the work on provincial assemblies which he published on the very eve of the Revolution. In view of his proposals for a very restricted franchise in France it is not surprising that he should speak slightingly of English parliamentary elections, in which, he maintained, 'les places de représentants de la nation sont données immédiatement par des hommes qui ne peuvent en connaître ni les fonctions ni les devoirs, où l'importance de ces places oblige à les acheter par des bassesses, par des complaisances, par des dépenses extravagantes'.[105]

There was then a distinct cleavage among the *Philosophes* in their attitude to the English constitution, as this ranged from admiration combined either with certainty that there was not the slightest hope of imitating it in France or with the conviction that it simply could not be transplanted there, from a mixture of admiration and criticism, to an outright rejection of it.

One forms the impression that some of the *Philosophes* were sceptical about the very possibility of a change for the better in the political institutions of France and even about whether one form of government was better than any other. In Voltaire's notebooks there is a thought along these lines (one surely inspired by a famous couplet of Pope): 'Le meilleur gouvernement n'est ni le

---

[102] Condorcet is referring to the disputed Westminster result at the general election of 1784; a confused controversy in the House of Commons went on for nearly a year.
[103] *Œuvres*, vol. V, pp. 205-6n.
[104] Ibid., vol. IX, pp. 75-6.
[105] Ibid., vol. VIII, p. 156.

républicain ni le monarchique, mais celui qui est le mieux admini-
stré.'[106] A little more positive, though equally vague, is the thought
put into the mouth of one of the speakers in *L'A.B.C.*: 'L'homme
est né libre; le meilleur gouvernement est celui qui conserve le
plus qu'il est possible à chaque mortel de ce don de la nature.'[107]
Diderot offers an even more striking example of political scepticism
in his final letter to Sophie Volland describing d'Holbach's dis-
illusionment with England after his visit here:

Nos ministres ne sont peut-être pas trop bons; mais tâchons de nous en contenter,
puisqu'ils ne sont pas meilleurs ailleurs. Notre société est peut-être assez mal
administrée; mais c'est la condition commune de toutes les sociétés. Il est certain
que toute puissance qui n'est pas dirigée au bonheur général est illégitime. Il
faut en convenir. Mais qu'on me nomme sur la terre une seule puissance légitime
en ce sens. Serions-nous assez déraisonnables pour exiger qu'il y eût une administration unique, faite tout exprés pour nous?[108]

Clearly these lines, written in 1765, were not Diderot's last word
on political questions. His writings of the 1770s were to offer a
much more radical attitude in political matters as well as a greater
interest in them than at any earlier stage in his career; but he
certainly had moments of decided scepticism.

The search for the views of the *Philosophes* on the future government of France brings very little reward. One does not, however,
come away completely empty-handed. Here one must distinguish
between their ideas for immediate short-term reforms and their
views on what was desirable for France in a perhaps fairly remote
future. Whether it is Diderot expounding to Catherine the views
of 'le philosophe Denis' on immediate reforms,[109] or d'Holbach
apostrophizing Louis XVI,[110] or Condorcet explaining the
methods employed by the *Philosophes* to secure detailed reforms,[111]
it is clear that, if these changes had been carried out, they would
have been the work of an absolute monarch and would not have
supposed any significant reduction in his powers.

On the other hand one already finds in their writings certain
ideas which one associates with 1789 and the new age which it in-
augurated. The Rights of Man is a notion which recurs again and
again in their writings in the last twenty years before the Revolution. Thus already in his *Essai sur les préjugés* we find d'Holbach

[106] *CW*, vol. 82, p. 672.
[107] *OC*, vol. XXVII, p. 388.
[108] Roth-Varloot, vol. V, p. 173.
[109] *MC*, pp. 149-54.
[110] *Morale Universelle*, vol. II, pp. 31-3.
[111] *Œuvres*, vol. IV, pp. 181-2.

speaking of 'les droits de l'homme'[112] and around the same time
Diderot, in reviewing the French translation of an American book
on the state of affairs on that side of the Atlantic, declares: 'Je ne
connais aucun ouvrage plus propre à instruire les peuples de leurs
droits inaliénables et à leur inspirer un amour violent de la liberté.'[113] In a passage on feudal anarchy and serfdom Raynal
writes: 'Rien ne fait mieux l'éloge de la liberté et ne prouve mieux
les droits de l'homme que l'impossibilité de travailler avec succès
pour enrichir des maîtres barbares.'[114] Three years before the
Revolution—significantly in his pamphlet, *De l'influence de Révolution
d'Amérique sur l'Europe*—Condorcet goes far beyond these vague
references to the Rights of Man and attempts to define them. He
lists four altogether: 'Les droits de l'homme sont: 1° la sûreté de sa
personne; 2° la sûreté et la jouissance libre de sa propriété; 3° des
lois générales, s'étendant à la généralité des citoyens; 4° le droit
de contribuer, soit immédiatement, soit par des représentants, à
la confection de ces lois et à tous les actes faits au nom de la société.'[115]
Clearly all these writers look forward to the *Déclaration des droits de
l'homme et du citoyen* produced by the Constituent Assembly in
August 1789. Earlier that year Condorcet had indeed published
his own draft declaration in his pamphlet *Déclaration des droits*, to
urge the assembly to give it the very highest priority.[116]

It is interesting to see how in a work published only three years
before the Revolution Condorcet goes on to argue that not all
these four rights are equally important for the general happiness
of a society: 'Nous les avons placés ici suivant l'ordre dans lequel
nous croyons qu'ils contribuent à ce bonheur, et nous ajouterons
même que, dans une société très nombreuse, il doit arriver presque
nécessairement que le dernier de ces droits se trouve presque nul
pour le plus grand nombre des habitants d'un pays.'[117]

This pamphlet of Condorcet brings us to a point on which, for
all their divergent and often extremely vague views on political
questions, the *Philosophes* were for once agreed and one which in
every respect looked forward to developments in French history
down to the middle of the following century. Not only were they
agreed that some form of representative government was desirable;

---

[112] p. 385.
[113] *OC (AT)*, vol. IV, p. 88.
[114] *Histoire des Deux Indes*, vol. I, pp. 403-4.
[115] *Œuvres*, vol. VIII, pp. 5-6.
[116] Ibid., vol. IX, pp. 177-211.
[117] Ibid., vol. VIII, p. 7.

they also held, like many of the regimes which were to follow from 1789 onwards, that universal male suffrage was quite out of the question and that only property-owners, particularly owners of land, had a stake in the country which gave them the right to elect representatives. No doubt they would have been horrified at the way in which since 1848 France has never gone back on universal male suffrage introduced after the February Revolution and even more taken aback by the giving of votes to women in 1945—not to mention the recent lowering of the voting age to eighteen.

Their writings contain relatively little mention of the existing form of representation in the États généraux. Amusingly in view of the speed with which events were to move, in his *Mémoires pour Catherine II* Diderot speaks of the possibility of the Parlements bringing about a meeting of this body 'avant le milieu du siècle prochain'![118] He speaks again in very vague terms of the necessity for periodical meetings of the États généraux in his *Observations sur le Nakaz*.[119] In an apostrophe to Louis XVI which he wrote for Raynal's *Histoire des Deux Indes* he does go so far as to urge 'l'assemblée des États d'une grande nation',[120] but this view of the matter was not shared by some of the *Philosophes* who lived through the agitation for the summoning of the États Généraux set off by the Paris Parlement's rejection of edicts introducing new taxes. In the summer of 1787 Abbé Morellet wrote to the Marquis of Lansdowne: 'Ils demandent des États généraux, la plus vicieuse et la plus fausse des représentations qu'ait jamais eue aucune nation ... Enfin, mylord, je les tiens dans cette occasion-ci comme de véritables ennemis du bien public et du rétablissement de l'ordre.'[121] The much more radical Condorcet shared these misgivings about the summoning of the États généraux. Both men, however soon their views were to diverge when the Revolution broke out, would have been in broad agreement at this stage on the kind of new representative institutions which should replace this archaic body.

Voltaire, who had praised English parliamentary institutions in the 1730s, makes occasional references to the advantages of representative government in his writings of the 1760s and 1770s. In his *Idées républicaines* he ridicules Rousseau's assertion that the English imagine themselves to be free, but that this is only so during the election of Members of Parliament: 'Il paraît bien étrange que l'auteur du *Contrat social* s'avise de dire que tout le

---

[118] *MC*, p. 19.   [119] *OP*, p. 360.   [120] Vol. I, p. 475.
[121] *Lettres à Lord Shelburne, depuis Marquis de Lansdowne, 1772-1803*, ed. E. Fitzmaurice, Paris, 1898, p. 245.

peuple anglais devrait siéger au parlement, et qu'il cesse d'être libre quand son droit consiste à se faire représenter au parlement par députés. Voudrait-il que trois millions de citoyens vinssent donner leur voix à Westminster? Les paysans en Suède comparaissent-ils autrement que par députés?' More important, a few pages later he makes it clear that for him as for the other *Philosophes* only people with property have a right to a say in public affairs: 'Ceux qui n'ont ni terrain ni maison doivent-ils y avoir leur voix? Ils n'en ont pas plus le droit qu'un commis payé par les marchands n'en aurait à régler leur commerce, mais ils peuvent être associés, soit pour avoir rendu des services, soit pour avoir payé leur association.'[122] In the *Questions sur l'Encyclopédie* he contrasts the state of affairs as regards taxation in an absolute monarchy with that in regimes with a system of representation: 'Dans les républiques et dans les états qui, avec le nom de *royaume*, sont des républiques en effet, chaque particulier est taxé suivant ses forces et suivant les besoins de la société. Dans les royaumes despotiques ou, pour parler plus poliment, dans les états monarchiques, il n'en est pas tout à fait de même. On taxe la nation sans la consulter.'[123]

While it is clear that Voltaire was in favour of some form of representative government, he nowhere goes into the subject in any detail. Nor can it be said that Helvétius does either. Indeed, despite his admiration for English institutions, he gives in *De l'homme* a singularly gloomy account of the way in which representative government is liable to degenerate into tyranny. Describing the unhappy results of the division of interests caused in a society by an increase in population and the consequent increase in the number of men without property, he argues that representatives inevitably profit from this division of a nation into so many different groups with conflicting interests:

Le représentant, favorisant tour à tour telle ou telle classe de citoyens, peut, en semant entre elles la division, se rendre d'autant plus redoutable à toutes qu'en armant une partie de la nation contre l'autre, il se met par ce moyen à l'abri de toute recherche.

L'impunité lui a-t-elle donné plus de considération et de hardiesse, il sent enfin qu'au milieu de l'anarchie des intérêts nationaux, il peut de jour en jour devenir plus indépendant, s'approprier de jour en jour plus d'autorité et de richesses; qu'avec de grandes richesses il peut soudoyer ceux qui sans propriétés se vendent à quiconque veut les acheter, et que l'acquisition de tout nouveau degré d'autorité doit lui fournir de nouveaux moyens d'en usurper une plus grande.[124]

---

[122] *OC*, vol. XXIV, pp. 419, 425.
[123] Ibid., vol. XIX, p. 440.
[124] Vol. II, pp. 100-1.

However, this was an eccentric view so far as the main body of the
Philosophes were concerned, and clearly it contributes nothing
either to the theory of representative government or the practical
details of its working.

For that we must turn to d'Holbach whose important article,
REPRÉSENTANTS, appeared as early as 1765 in the last ten volumes
of the *Encyclopédie*,[125] some years before his political writings of
the 1770s. It is not, of course, as if the author were very explicit as
to the precise part to be played by the representatives in the political
life of the nation, as we see from the opening sentences of the
article:

REPRÉSENTANTS (*Droit politiq, Hist. mod.*) Les *représentants* d'une nation sont des
citoyens choisis, qui dans un gouvernement tempéré sont chargés par la société
de parler en son nom, de stipuler ses intérets, d'empêcher qu'on ne l'opprime,
de concourir à l'administration.

The functions of the assembly are certainly left extremely vague.
After a historical sketch of the development of such assemblies
from feudal times onwards (here the English constitution is
naturally described), d'Holbach proceeds to the question of who
ought to be represented in such assemblies and who ought to be
their representatives. For him, it is clear, the members of such
assemblies must be property-owners—'ceux que leurs possessions
rendent citoyens, et que leur état et leurs lumières mettent à portée
de connaître les intérêts de la nation et les besoins des peuples'.
This is also true of the persons who are to be represented: 'En un
mot, c'est la propriété qui fait le citoyen; tout homme qui possède
dans l'état est intéressé au bien de l'état et, quel que soit le rang
que des conventions particulières lui assignent, c'est toujours
comme propriétaire, c'est en raison de ses possessions qu'il doit
parler ou qu'il acquiert le droit de se faire représenter.'

In addition to the clergy and nobility who had formed the kernel
of such assemblies in feudal times, d'Holbach would also wish to
see judges and merchants represented because of their importance
to the community:

Le magistrat est citoyen en vertu de ses possessions; mais ses fonctions en font
un citoyen plus éclairé à qui l'expérience fait connaître les avantages et les
désavantages de la législation, les abus de la jurisprudence, les moyens d'y
remédier. C'est la loi qui décide du bonheur des états.
    Le commerce est aujourd'hui pour les états une source de force et de richesse;
le négociant s'enrichit en même temps que l'état qui favorise ses entreprises;

[125] Vol. XIV, pp. 243a-246b.

il partage sans cesse ses prospérités et ses revers; il ne peut donc sans injustice être réduit au silence; il est un citoyen utile et capable de donner ses avis dans les conseils d'une nation dont il augmente l'aisance et le pouvoir.

Finally in view of the supreme importance of agriculture in the economic life of the country the peasant must have a voice in affairs—though only, it will be noticed, if he is a landowner:

Enfin, le cultivateur, c'est-à-dire tout citoyen qui possède des terres, dont les travaux contribuent aux besoins de la société, qui fournit à sa subsistance, sur qui tombent les impôts, doit être représenté. Personne n'est plus que lui intéressé au bien public. La terre est la base physique et politique d'un état; c'est sur le possesseur de la terre que retombent directement ou indirectement tous les avantages et tous les maux des nations. C'est en proportion de ses possessions que la voix du citoyen doit avoir du poids dans les assemblées nationales.

When d'Holbach comes to sum up his views on representation, a new figure, that of the factory-owner, appears in his list: 'Le noble ou le guerrier, le prêtre ou le magistrat, le commerçant, le manufacturier et le cultivateur sont des hommes également nécessaires.' In the proposed assembly the Third Estate would certainly be strongly represented.

These representatives, d'Holbach declares, would not be free to speak and vote according to their own judgement or whim; they would simply be the mouthpiece of their constituents, being invested merely with what the French call a *mandat impératif*:

Les représentants supposent des constituants de qui leur pouvoir est émané, auxquels ils sont par conséquent subordonnés et dont ils ne sont que les organes. Quels que soient les usages ou les abus que le temps a pu introduire dans les gouvernements libres et tempérés, un *représentant* ne peut s'arroger le droit de faire parler à ses constituants un langage opposé à leurs intérêts. Les droits des constituants sont les droits de la nation, ils sont imprescriptibles et inaliénables. Pour peu qu'on consulte la raison, elle prouvera que les constituants peuvent en tout temps démentir, désavouer et révoquer les *représentants* qui les trahissent, qui abusent de leurs pleins pouvoirs contre eux-mêmes, ou qui renoncent pour eux à des droits inhérents à leur essence. En un mot, les *représentants* d'un peuple libre ne peuvent point lui imposer un joug qui détruirait sa félicité; nul homme n'acquiert le droit d'en représenter un autre malgré lui.

Already in this article d'Holbach was highly critical of the electoral and parliamentary corruption which prevailed in England. He concludes by insisting that elections must be held at frequent intervals so that the representatives are reminded that it is from the nation that they derive their powers.

If this substantial article remains decidely vague as to what should be the exact functions and powers of an assembly of this kind, it does none the less put forward a definite alternative to absolute monarchy. The historical sketch which it contains gives a clear outline of the development of the different social classes in France; it stresses the growing importance of the Third Estate and consequently its right to adequate representation. The kind of monarchy which it presupposes looks forward to that set up by the constitution of 1791 and the constitutional settlement of 1814-15 which was to be further modified by the July Revolution; if d'Holbach speaks up for the claims of the Third Estate to due representation in a national assembly, it is also clear that for him only the ownership of property and in particular property in land can confer the right to choose one's representative, let alone to be elected to such an assembly.

It cannot be said that his later writings such as *La Politique naturelle* and the *Système social* add a great deal to this article, though both works contain frequent references to representative government and its merits. Allusions to the functions of a national assembly remain somewhat vague. For instance, in the first work he insists that a nation needs an assembly 'qui fasse connaître au souverain les justes demandes de ses sujets et qui, sans jouir de l'autorité suprême, en dirige les mouvements, en tempère les effets, et l'arrête même lorsqu'elle devient nuisible'. Such an assembly, he adds, must have some unspecified share in legislation; laws will be 'l'expression de la volonté publique lorsque la nation aura part à la législation'. He reaffirms that only property, particularly property in land, can confer the right to choose representatives: 'La possession de la terre constitue le vrai citoyen.'[126]

In the *Système social* he not only insists that the representatives must be men of property—'des citoyens liés à l'état par leurs possessions', but also that the right to elect these representatives can only be exercised by true citizens—'des hommes liés à la patrie par des possessions qui lui répondent de leur attachement. Ce droit n'est pas fait pour une populace désœuvrés, pour des vagabonds indigents, pour des âmes viles et mercenaires. Des hommes qui ne tiennent point à l'état ne sont pas faits pour choisir les administrateurs de l'état.'[127] One is reminded here of Thiers's famous reference to 'la vile multitude' in his speech to the Legislative Assembly in 1850 in support of a bill which would have removed some three million men from the electoral roll if the act which resulted from it had ever been applied, 'L'homme riche', d'Holbach

---

[126] *La Politique naturelle*, vol. I, pp. 131, 133, 179.
[127] Vol. II, pp. 52-3.

declared in *La Morale universelle*, 'est, pour ainsi dire, plus citoyen qu'un autre.'[128]

He proceeds to make his meaning even clearer in the following paragraph:

> Par le mot *peuple* on ne désigne point ici une populace imbécile qui, privée de lumières et de bon sens, peut à chaque instant devenir l'instrument et le complice des démagogues turbulents qui voudraient troubler la société. Tout homme qui a de quoi subsister honnêtement du fruit de sa possession, tout père de famille qui a des terres dans un pays doit être regardé comme citoyen. L'artisan, le marchand, le mercenaire doivent être protégés par l'état qu'ils servent utilement à leur manière, mais ils n'en sont de vrais membres que lorsque, par leur travail et leur industrie, ils y ont acquis des bien-fonds. C'est la glèbe qui fait le citoyen.

At this point he puts forward the idea that provincial assemblies should be elected first and that they should then choose their representatives in a national assembly, an idea which, as we shall see, was to be taken up by other *Philosophes*. The representatives chosen by the provinces would not, of course, be free to vote according to their own judgement: 'Ces états particuliers donneraient leurs instructions à leurs députés et leur prescriraient la conduite qu'ils auraient à tenir d'après le voeu du district ou de la province.' Here d'Holbach is a little more precise about the powers of a national assembly; he maintains that its members must have the right to meet when they so decide or else at fixed dates, and that they must be free to end their sessions when they will.[129]

In his later *Éthocratie* one or two further points of interest emerge. Perhaps influenced by the English practice of excluding from the House of Commons men who held offices of profit under the Crown, he touches on a question which was later to give rise to considerable controversy, particularly during the July Monarchy, when he maintains that 'tous ceux que le souverain salarie devraient, comme suspects, être exclus par la loi de parler pour le peuple; personne ne peut servir également deux maîtres'.[130] More important, he even throws a little more light on what he considers should be the powers and functions of a national assembly: 'C'est dans le conseil des représentants de la nation que toutes les lois doivent se faire, se discuter, se corriger, s'abroger. Alors toute la nation concourt à la formation des règles qu'elle doit suivre, des impôts qu'elle doit payer, des guerres qu'elle doit entreprendre

---

[128] Vol. II, p. 157.
[129] *La Politique naturelle*, vol. II, p. 54.
[130] p. 16.

ou terminer, des sacrifices qu'elle doit faire pour sa propre sûreté, des dettes qu'elle doit contracter.'[131] Altogether, considering the amount of repetition and mere verbiage to be found in his voluminous writings, d'Holbach offers some fairly clear notions of what he understood by representative government and, what is more, he was perhaps the earliest writer in France to do so.

It is difficult to find a similar degree of clarity in Diderot's writings on the subject since the observations which he made on representative government in the mid-1770s were addressed to Catherine and thus have to be studied to some extent in the context of conditions in Russia during her reign. In the *Mémoires* which he produced for her during his stay in Russia he argues that the commission which she had summoned to establish a code of laws and which had met from August 1767 until its dismissal at the end of the following year should be made a permanent body. The powers to be given to this assembly of representatives would apparently be very small since Diderot hastens to reassure the Empress: 'Il ne se mêlerait ni de guerre, ni de politique, ni de finances.'[132] However, the *Observations sur le Nakaz* which he composed after he had left Russia is much bolder. After beginning with a clear affirmation of the principle of the sovereignty of the people, Diderot goes on to suggest that the first item in a code of laws should be one by which both people and sovereign would be bound. This would contain the words: '...et s'il nous arrivait, à nous souverain, de les changer ou de les enfreindre, ennemi de notre peuple, il est juste qu'il soit le nôtre, qu'il soit délié du serment de fidélité, qu'il nous poursuive, qu'il nous dépose et même qu'il nous condamne à mort si le cas l'exige'. Representative gouvernment is introduced in the second law of this novel code: 'La seconde loi, c'est que les représentants de la nation se rassembleront tous les cinq ans pour juger si le souverain s'est exactement conformé à une loi qu'il a jurée; statuer sur la peine qu'il mérite, s'il en a été infracteur; le continuer ou le déposer et jurer derechef ces lois, serment dont il sera pris acte.'[133]

It is clear that Diderot thought of the representatives as forming a permanent body, this last function merely calling for a special series of sittings. In his commentary on Catherine's *Nakaz* Diderot rejects her statement that the sovereign is the source of all political and civil power: 'Je n'entends pas cela. Il me semble que c'est le

[131] p. 17.
[132] *MC*, p. 120.
[133] *OP*, pp. 343-4.

consentement de la nation, représentée par des députés ou assemblée en corps, qui est la source de tout pouvoir politique et civil.'[134] He also rejects as too narrow Catherine's definition of political liberty and returns once more to the subject of representative government. For him it is not enough that a citizen should not fear injury from another citizen; he must also be guaranteed security from receiving injury from the ruler and this cannot be achieved unless the ruler renounces part of his authority: 'Mais quelle est cette portion d'autorité qu'il doit abdiquer? En quoi consiste-t-elle? Qui doit en être dépositaire? C'est un corps représentant la nation qui doit en être dépositaire. Quelle doit être la prérogative de ce corps? De réviser, d'approuver ou de désapprouver les volontés du souverain et de les notifier au peuple.'[135] The very limited functions assigned to this body naturally derive from these observations being addressed to a Russian despot as does Diderot's answer to his question of who should be the members of this body: 'Les grands propriétaires.' In his dealings with Catherine he constantly laments the absence of a Third Estate in Russia and urges her to do everything possible to encourage the growth of one.

It is in Diderot's contributions to Raynal's *Histoire des Deux Indes* that we must seek some slightly more precise views on representative government. For him political rights are definitely associated with the ownership of property. In a passage on the French West Indies he argues that their administration should be left to property-owners 'puisque la justice suit naturellement la propriété et que personne n'a plus d'intérêt et de droit au bon gouvernement d'un pays que ceux à qui la naissance y donne les plus grandes possessions'.[136] In a curious passage which he contributed to the last book of the work, Diderot maintains that, if taxes are not to be excessive, they must be fixed by the representatives of the nation, basing this requirement on the pseudo-historical argument that this was the case in earlier times. 'Le droit naturel, inaliénable et sacré de n'être point taxés sans leur consentement' belonged to all property-owners. 'Otez ce principe, il n'y a plus de monarchie, il n'y a plus de nation; il ne reste qu'un despote et des esclaves'; and on the next page we find a long declamatory passage beginning: 'Peuples, chez qui les rois ordonnent aujourd'hui tout ce qu'ils veulent, relisez votre histoire: vous verrez que vos aïeux

---

[134] Ibid., p. 357.
[135] Ibid., p. 369.
[136] Vol. III, p. 498.

s'assemblaient, qu'ils délibéraient toutes les fois qu'il s'agissait d'un subside. Si l'usage en est passé, le droit n'en est pas perdu.'[137] However shaky Diderot's history may be, the passage leaves no doubt as to the importance which he attached to the right of representatives to exercise control over taxation.

The publication of the edict of June 1787 setting up a series of assemblies in a large number of the provinces of France which had hitherto lacked any bodies of this kind stimulated discussion of the principle of representation. Writing to the Marquis of Lansdowne in the following year, Morellet criticizes strongly the demand which the Paris Parlement had made for the summoning of the États Généraux since this would get in the way of what he regarded as a much more useful form of national assembly, one consisting of deputies chosen by the provincial assemblies. This would be 'une représentation nationale parfaite, fondée sur la propriété et bien meilleure, à mon sens, que la vôtre'.[138] In his memoirs Morellet returns to this question in criticizing Necker's attitude to the composition of the États Généraux:

Il n'a pas vu que, dès qu'on cesse de regarder le gouvernement comme un fait, et qu'on veut l'organiser régulièrement, le fonder sur un droit, ce ne peut être que sur le droit de la propriété du sol; que dès lors aux propriétaires seuls appartient le droit d'établir et d'instituer le gouvernement. Ce n'était donc plus comme nobles ou comme prêtres ou comme membres du tiers état que des députés pouvaient former des états généraux, une assemblée constituante, mais comme propriétaires et en vertu d'une propriété territoriale, soit héréditaire, soit usufruitière, suffisante pour être en eux la garantie d'un intérêt réel à la chose publique, de l'instruction nécessaire pour s'en mêler avec succès et du loisir pour se livrer à ces travaux.[139]

This view was that of a man who, despite his reputation as a *philosophe*, was quickly to lose any sympathy with the Revolution, but we find very similar ideas expressed at this moment by Condorcet in his *Essai sur les Assemblées provinciales*.

He states in the plainest possible terms the principle that only landowners are truly citizens of a state: 'Puisqu'un pays est un territoire circonscrit par des limites, on doit regarder les propriétaires comme étant seuls les véritables citoyens. En effet, les autres habitants n'existent sur le territoire qu'autant que les propriétaires leur ont cédé une habitation; ils ne peuvent donc avoir de droit que celui qu'ils ont reçu d'eux.' Condorcet goes on

---

[137] Vol. IV, pp. 645-6.
[138] *Lettres à Lord Shelburne*, p. 270.
[139] *Mémoires sur le dix-huitième siècle et sur la Révolution*, Paris, 1821, 2 vols., vol. I, pp. 150-1.

to list the different categories of men who in his view cannot be counted as citizens:

> Parmi les exclusions au droit de cité, il y en a qu'on peut regarder comme naturelles; par exemple, l'exclusion des mineurs, des moines, des domestiques, des hommes condamnés pour crime, de tous ceux qui peuvent être supposés n'avoir pas une volonté éclairée, ou une volonté propre, de ceux qu'on peut légitimement supposer d'une volonté corrompue. On doit placer aussi dans le nombre des exclusions indiquées par la simple raison celle des étrangers, des voyageurs, qui, n'ayant qu'un intérêt incertain, partiel, momentané à la prospérité commune, n'en peuvent recevoir un véritable droit. Or, l'exclusion des hommes qui n'ont aucune propriété tient au même principe que celle de ces derniers; le motif est le même, quoique moins fort, et la justice n'est pas plus violée à l'égard des non-propriétaires qu'elle ne l'est à l'égard des étrangers, des mineurs, etc., qui tous sont soumis à des lois qu'ils n'ont point faites.

Condorcet's democratic principles will not allow him to exclude entirely from the right to participate in elections those who do not possess a certain income from landed property. In the series of elections which were to appoint representatives, first, to the *assemblées de communauté*, then to the *assemblée de district* and finally to the *assemblée provinciale*, he would allow the small landowners to join together to elect a deputy to vote for them in the first of these. He defends the exclusion of those with no landed property on the following grounds:

> On a dit quelquefois qu'en suivant ce principe, on sacrifiait le grand nombre de citoyens pauvres au petit nombre de riches; mais du moment où l'on accorde le droit de cité même à la plus faible propriété, cette objection cesse. Les propriétaires grands ou petits sont très nombreux par rapport à la totalité des citoyens, et le deviendraient encore plus si la propriété foncière joignait cette prérogative à ses autres avantages. Les seuls hommes qui en resteraient privés seraient alors, ou ceux qui voudraient bien l'être, ou ceux que leur pauvreté et leur manière de subsister forcent à la dépendance, qu'il est utile d'exclure, que cependant il serait difficile, et peut-être dangereux, d'exclure par un autre moyen.[140]

Condorcet also rejects the notion that for election to the provincial assembly a higher income from land should be necessary than for election to the two lower assemblies or even for the right to vote at all.[141] He even held a view which must have appeared very eccentric to his contemporaries—that women should have the same political rights as men—and he does his best to secure for women at least a modest share in such elections. From the notion of two levels of citizenship with some possessing a whole vote and others

---

[140] *Œuvres*, vol. VIII, pp. 128-31.
[141] Ibid., pp. 174-6.

merely electing a deputy to vote for them, he derives the idea that a woman whose income from land qualified her for the first category should be allowed to choose someone to vote for her, and if she came into the second category she should take part in the election of that deputy: 'Par ce moyen les femmes ne seraient pas privées du droit de cité; privation contraire à la justice, quoique autorisée par une pratique presque universelle.'[142]

Despite these small concessions, Condorcet clung to the principle that only ownership of land could confer the right to participate in elections. During the Revolution he was to change his mind on this subject, and the draft constitution which he laid before the Convention in February 1793 gave the vote to 'tout homme âgé de vingt et un ans, étant né en France ou déclarant l'intention d'y fixer son séjour' and made eligible for election anyone fulfilling the same conditions except that here a minimum age of twenty-five was stipulated.[143]

Between 1791 and 1848 France lived under a great variety of electoral laws. Yet all those which were actually applied demanded a property qualification for the right to participate in elections to the national assembly or assemblies and sometimes an even higher one for election to these bodies. The Constitution of 1791 divided citizens into two categories, active and passive. Only the *citoyen actif* who paid direct taxes of the value of at least three days' work was allowed to have a say in the choice of the electors who chose the deputies of the department, and, although it was sufficient to be a *citoyen actif* to be eligible for election as a deputy, to be an elector demanded a higher property qualification. Even so, it is estimated that there were over four million *citoyens actifs* out of some seven million, though the number of citizens who qualified as electors was less than 50,000.

The Convention which followed from the Paris uprising of 10 August 1792 was theoretically elected by universal manhood suffrage, but in practice there was an enormous number of abstentions. The Constitution of 1793, like Condorcet's draft, instituted universal suffrage, but it was never applied. A sharp reaction came in the constitution of 1795, voted after the fall of Robespierre. Characteristically it did not contain in its Declaration of Rights the famous sentence to be found in the version voted in 1789: 'Les hommes naissent et demeurent libres et égaux en droits.'

---

[142] Ibid., p. 141.
[143] Ibid., vol. XII, pp. 388-9.

The only equality which it recognized was equality before the law, a view which, as we shall see, was shared by the *Philosophes*. Under this constitution citizenship was restricted to men of over twenty-one who paid direct taxes, and with a two-tier system of election the choice of deputies to the Conseil des Anciens and the Conseil des Cinq-Cents was made by a small minority of wealthy electors with a high property qualification—only 30,000 in all for the whole of France.

After the Consulate and the Empire and the reintroduction of parliamentary government, the various electoral systems in force between 1814 and 1848 all restricted the franchise to men who paid a fixed amount in direct taxes, a *cens*—hence the name of 'la monarchie censitaire' which covers the whole period from the downfall of Napoleon to the February Revolution. The electoral laws were several times altered during the Restoration; the *Charte* of 1814 laid it down that to be an elector one had to be over thirty and to pay at least 300 francs in direct taxes, while to be eligible for election to the Chambre des Députés one had to have attained the age of forty and to pay at least 1,000 francs in direct taxes. This high property qualification meant that only some 80,000 men were entitled to vote and only some 16,000 in the whole of France were eligible for election. The July Revolution brought considerable changes in the law as a result of which the number of electors was nearly doubled, but even at the end of the regime, by which time the number of those qualifying had considerably increased, there were only some 240,000 electors—far fewer than in this country after the Reform Bill of 1832 in proportion to the population.

The somewhat less limited franchise of the July Monarchy might well have corresponded with the ideas of the *Philosophes* with their stress on the necessity for a property qualification. In 1848, however, France plunged at one leap from this limited franchise to universal manhood suffrage; the electorate was raised at a stroke from some 240,000 to over 9 million. This provoked a reaction from the conservative majority in the Legislative Assembly which in May 1850 passed a new electoral law which, by insisting on a three-year residence qualification, would have reduced the electorate by nearly a third. The famous phrase used by Thiers on this occasion merely echoed words used in the previous century by the more outspoken *Philosophes* to describe those whom they did not consider worthy to participate in the political life of the country.

This law was never applied as it was repealed by Louis Napoleon when he carried out his *coup d'état* in the following year. Since 1848 all parliamentary elections in France have been based on universal suffrage.

For a variety of reasons this chapter must remain the most inconclusive in this book. Writing before the Revolution and in some cases several decades before it, the *Philosophes* had almost inevitably somewhat vague and contradictory ideas on political questions. Many of them undoubtedly flirted with the idea of an enlightened despot, a *deus ex machina* who would make a reality of the reforms which they sought and would create as if by magic the France of their dreams. Yet running through their writings there is a very clear consciousness that this was only a dream, that an absolute monarchy was incapable of producing the changes which they sought; while a monarch appeared essential to a country as large and populous as France, his power must be limited by some form of representative government. In this sense the *Philosophes* look forward to the parliamentary institutions of nineteenth-century France. If these were reduced to a merely nominal existence during the First Empire and a considerable part of the Second, they were to be developed during the Restoration and July Monarchy and carried further, after the collapse of the Second Empire, under the Third Republic. It cannot be said that the *Philosophes*, with the possible exception of the Condorcet of the Revolutionary years, were the spiritual ancestors of the Third Republic with its parliamentary government based on universal manhood suffrage. If a rather wild suggestion can be risked at this point, in this as in many other spheres the July Monarchy with its limited changes after the reactionary years of the Restoration would have been the regime of which many *Philosophes* would have most approved.

II   Social and Economic Questions

(a) *Nobles and Peasants*

As the Revolution drew nearer, the division of French society into *nobles* and *roturiers* met with increasing criticism.[1] Nevertheless the attitude of the *Philosophes* in this matter was not altogether clear-cut. Among the nobility there were undoubtedly men and women who shared many of the ideas of the *Philosophes*, indeed were *Philosophes* in the loose sense of the term. Moreover among the *Philosophes* actively engaged in spreading their ideas through the press, there were several men of noble birth. The Marquis d'Argens belonged to an established family of the *noblesse de robe* and sought at first to pursue a career in the army. The Chevalier de Jaucourt came from an old family of *noblesse d'épée*, converted to Protestantism at the Reformation; his great-nephew, the Marquis de Jaucourt, was to play a prominent part in the restoration of Louis XVIII in 1814. If Baron d'Holbach owed his title and wealth to a *parvenu* uncle who had amassed a fortune in Law's *Système*, the Marquis de Condorcet belonged to the *noblesse d'épée* and, though his family was not particularly distinguished, he had an uncle who was a bishop at a time when noble birth was virtually an indispensable qualification for a high post in the Church.

Though the *Philosophes* were for the most part *roturiers*, they lived in a society in which, outwardly at least, the possession of blue blood still retained its traditional importance. As writers they had social contacts with members of the very highest ranks of the aristocracy and, even if in the Paris *salons* of the day writers were accorded a position which surprised foreign observers, they had none the less to remember their inferior social position and treat with due respect the high born men and women whom they encountered there. Even Voltaire, as we can see from his correspondence, 'knew his place' and continued to the end to write to members of the aristocracy, male and female, in the most deferential terms.

Nevertheless we do find some pretty stiff criticisms of the nobility scattered through the writings of the *Philosophes* from the 1730s onwards. In his *Lettres juives* d'Argens complains about the way

[1] The attitude of the *Philosophes* to the clergy, the first order in the state, will be discussed in Chapter IV.

noble rank could be acquired by purchase: 'La seule vertu dans ce pays n'illustre point une famille ... La noblesse s'achète comme une marchandise. Un partisan engraissé du sang du peuple fait de son fils un seigneur titré; et celui d'un habile historien, d'un illustre poète, qui souvent hérite des talents de son pére, n'a d'autre rang ni d'autres honneurs à prétendre que ceux d'Apollon.' Like any *roturier* d'Argens declaims against the way in which almost all high posts in the State were reserved for the nobility: 'Tous les emplois, tous les honneurs sont remplis par la noblesse; et c'est un hasard lorsqu'un roturier franchit tous les obstacles qui s'opposent à sa fortune.'[2]

In another letter d'Argens makes a violent attack on the undeserved respect shown to men of ancient lineage and on the privileges which they enjoyed.

On accorde tous les jours des honneurs à un fat noble, fils d'un fat noble, petit-fils d'un fat noble, arrière-petit-fils d'un fat noble. Parce qu'un homme compte une longue suite d'aïeux ignorants et ridicules dont il suit parfaitement l'exemple, il a le droit d'être exempt d'un nombre d'impôts et jouit de plusieurs privilèges qui l'élèvent au-dessus du reste de ses concitoyens. Que m'importe à moi qu'un homme ait eu un de ses pères capitaine d'une compagnie de chevaux dès le temps des croisades? quoi! je serai obligé d'honorer un imbécile parce qu'un de ses aïeux aura été assommé par un Sarrasin ou parce qu'il aura fait le voyage d'outremer?[3]

He makes a strong protest against the scandal of royal pensions given to persons who had no claim on them; if they were to be suppressed, d'Argens exclaims, 'combien de femmes, de gens de robe et de courtisans apprendraient à ne plus faire de folles dépenses que la veuve, l'orphelin et le paysan sont souvent obligés de payer!'[4] He also criticizes the haughty attitude of army officers towards bourgeois among whom, he declares, there are men 'infiniment plus estimables que bien d'autres à qui ils accordent leur amitié et dont tout le mérite consiste à chasser, jurer et battre des paysans. C'est ainsi que les Français définissent les gentils-hommes qui vivent toujours dans leurs maisons de campagne et que les militaires considèrent beaucoup plus que les bourgeois parce que leur état de fainéant leur donne un grand relief, faisant la partie la plus essentielle du noble.'[5] In another passage on the lack of intellectual interests among the nobility there is a highly satirical account of the occupations of the *hobereau*: 'Les nobles

[2] Vol. I, pp. 154, 157.
[3] Vol. II, p. 64.
[4] Vol. III, p. 56.
[5] Vol. III, p. 102.

qui vivent dans leurs campagnes lisent volontiers quelques vieux romans; c'est là l'occupation de ceux qui veulent se distinguer. Les autres passent leurs jours *à chasser, à battre des paysans, à engrosser les filles de leurs fermiers, à plaider avec les curés de leurs villages pour quelques droits honorifiques et à s'enivrer le dimanche avec leurs baillis.*[6]

The much better known views of the *roturier*, Voltaire, in the *Lettres philosophiques*, an even earlier work of the 1730s, are put less brutally, but none the less very forcefully for their date. Letter X contains the well-known comparison between the useful role of the merchant in society and the uselessness of the courtier—a 'seigneur bien poudré qui sait précisément à quelle heure le roi se lève, à quelle heure il se couche, et qui se donne des airs de grandeur en jouant le rôle d'esclave dans l'antichambre d'un ministre'. There is again a violent attack on the way in which in feudal times the barons looked down upon the Third Estate (the passage was frequently to be copied by later writers): 'Le peuple, la plus nombreuse, la plus vertueuse même et par conséquent la plus respectable partie des hommes, composée de ceux qui étudient les lois et les sciences, des négociants, des artisans[7], en un mot de tout ce qui n'était point tyran; le peuple, dis-je, était regardé par eux comme des animaux au-dessous de l'homme.' The exemption of the nobility and clergy from payment of the *taille* is also attacked and the contrast drawn with England where 'tout le monde paie. Chacun donne, non selon sa qualité (ce qui est absurde), mais selon son revenu', while it is also pointed out that in this country there was no such thing as 'haute, moyenne et basse justice' or the hated monopoly of hunting enjoyed by the nobility—'le droit de chasser sur les terres d'un citoyen, lequel n'a pas la liberté de tirer un coup de fusil sur son propre champ'.[8]

From the middle of the century onwards the *Philosophes* continued to express a variety of views, generally but not always hostile, on the nobility. If d'Holbach attacks what he calls 'la distinction vaine et barbare du *noble* et du *roturier*' and 'la distinction odieuse et humiliante de nobles et de roturiers',[9] Jaucourt takes up a somewhat ambiguous attitude in his *Encyclopédie* articles on this subject. In GÉNÉALOGIE he pours scorn on the exaggerated pride of rank among the nobility of his day, and in HÉRALDIQUE he makes fun of what he calls 'la science vaine et ridicule des armoiries'. Yet he takes

---

[6] Vol. VI, pp. 15-16.
[7] A later edition added at this point: 'des laboureurs enfin, qui exercent la plus noble et la plus méprisée des professions'.
[8] Vol. I, pp. 122, 103, 106-7.   [9] *Système social*, vol. II, p. 70.

up a rather different attitude to the privileges conferred by birth in NAISSANCE (*Société civile*). Though he stresses the obligations which such privileges impose on those who enjoy them, it is clear that he regards them as thoroughly justified:

C'est un heureux présent de la fortune qu'on doit considérer et respecter dans les personnes qui en jouissent, non seulement par un principe de reconnaissance envers ceux qui ont rendu de grands services à l'État, mais aussi pour encourager leurs descendants à suivre leurs exemples. On doit prendre les intérêts des gens de *naissance*, parce qu'il est utile à la république qu'il y ait des hommes dignes de leurs ancêtres. Les droits de la *naissance* doivent encore être révérés parce qu'elle est le soutien du trône. Si l'on abat les colonnes, que deviendra l'édifice qu'elles appuyaient? De plus la *naissance* paraît être un rempart qui les défend contre les entreprises mutuelles de l'un sur l'autre. Enfin la *naissance* donne avec raison des privilèges distinctifs et un grand ascendant sur les membres d'un état qui sont d'une extraction moins élevée.[10]

This was certainly a minority view among the *Philosophes*. In the *Journal encyclopédique* Pierre Rousseau took strong exception to this attitude: 'L'auteur de cet article pense sur toute autre matière en philosophe, et cependant sur cet objet il parle le langage du préjugé.'[11]

The notion that a nobility was an integral part of any monarchy did not go unchallenged, even by Voltaire. In one of his last works, his *Commentaire sur quelques maximes de l' 'Esprit des lois '*, he criticized Montesquieu's famous aphorism, 'Point de noblesse, point de monarque ...': 'J'aurais désiré', he writes, 'que l'auteur, ou quelque autre écrivain de sa force, nous eût appris clairement pourquoi le noblesse est l'essence du gouvernement monarchique. On serait porté à croire qu'elle est l'essence du gouvernement féodal, comme en Allemagne, et de l'aristocratie, comme à Venise.'[12] In a footnote to his *Éthocratie* d'Holbach drew quite correctly a contrast between the large numbers of men and women of noble rank in   France and the tiny number in this country: 'Dans la Grande-Bretagne les *lords* ou *pairs* ayant séance et suffrage dans la chambre haute de Parlement sont les seuls qui soient réputés nobles. Les *gentlemen* ou *gentilshommes* des plus anciennes familles ne sont aucunement distingués des autres citoyens. Les frères d'un seigneur ou d'un noble n'ont aucun rang dans l'état que celui qu'ils acquièrent par leur service ou leur industrie personnelle.' This note is appended to a passage in which, after

---

[10] Vol. VII, p. 492a, vol. VIII, p. 143a, vol. XI, pp. 8b-9a.
[11] 1 July 1768, p. 12.
[12] *OC*, vol. XXX, p. 410.

suggesting that hereditary nobility should be abolished and noble rank reserved for the lifetime of those who had deserved such a reward for services to the State, he launches a furious assault against the privileges of the nobility:

Des titres, des parchemins surannés, conservés dans des châteaux gothiques, donnent-ils à ceux qui en ont hérité le droit d'aspirer aux places les plus distinguées de l'Église, de la cour, de la robe ou de l'épée, sans avoir d'ailleurs aucun des talents nécessaires pour les remplir dignement? Parce que des nobles guerriers ont pu jadis contribuer, au risque de leur vie, à conquérir un royaume ou à piller des provinces, faut-il que leurs descendants se croient encore, après tant de siècles, en droit de maltraiter leurs vassaux, d'opprimer des cultivateurs, d'exiger d'eux des droits gênants, des servitudes cruelles, enfin de rejeter sur l'indigence laborieuse des impôts que la richesse devrait seule supporter?[13]

In contrast, even in his more outspoken posthumous work, *De l'homme*, Helvétius is only mildly satirical on the subject of the nobility when he argues that, if one accepts the existence of Adam, then all men belong to an equally ancient family and are therefore of noble birth. But, he continues,

le Grand se croit-il réellement d'une race supérieure à celle du bourgeois, et le souverain d'une espèce différente de celle du duc, du comte, etc.? Pourquoi non? ... Si telle est l'humanité, faut-il s'étonner que les Grands, gâtés par les hommages journaliers rendus à leurs richesses et à leurs dignités, se croient d'une race particulière?

Cependant ils reconnaissent Adam pour le père commun des hommes, oui, mais sans en être entièrement convaincus.

Leurs gestes, leurs discours, leurs regards, tout dément en eux cet aveu, et tous sont persuadés qu'eux et le prince ont sur le peuple et le bourgeois le droit du fermier sur ses bestiaux.

Helvétius denies that he is being satirical, adding: 'Le bourgeois rend à son valet tout le mépris que le puissant a pour lui.' In a footnote to this passage he argues that it is to the holders of high offices in the state and not to high birth that one's respect should go. These high posts 'supposent du moins quelque mérite. Or ce que le public a vraiment intérêt d'honorer, c'est le mérite.'[14]

In his writings for Catherine Diderot certainly makes some severe criticisms of the French nobility and its privileges. In the *Mémoires pour Catherine II* he delivers a sharp attack on the privileged orders:

Est-ce que tous ces gens-là sont autre chose que des sujets et des citoyens? Que la nation les récompense de leurs services, cela est juste; mais que ce ne soit jamais par des privilèges exclusifs, par des exemptions, par tous ces moyens iniques qui

---

[13] pp. 43-4.
[14] Vol. II, pp. 345-6.

sont autant d'infractions à la loi générale et de surcharges pour les hommes utiles et laborieux qui ne sont point titrés. Pourquoi transmettre à des descendants avilis la récompense de leurs illustres aïeux? Quelle crainte peut-on avoir de la bassesse et du déshonneur, lorsque le sang transmet les prérogatives de la vertu?[15]

In his *Observations sue le Nakaz* he pursues the idea further:

Qu'on attache de grands honoraires aux fonctions de la noblesse; qu'on lui accorde des rangs de préséance, des marques honorifiques, des statues, etc., mais aucun de ces privilèges qui distinguent les nobles aux pieds des tribunaux, ou qui les affranchissent de l'impôt. La loi et le fisc ne doivent faire exception de personne, pas même du prince du sang. Il n'y a que ce moyen de remédier à la noblesse héréditaire.

Yet in another passage Diderot cannot see any possibility of France ever ridding itself of the network of privileges of which those of the nobility formed only a part: 'En France, il faudrait commettre une foule incroyable d'injustices en abolissant des privilèges, des droits, des distinctions, etc. ... dont les uns ont été accordés comme récompenses de services et les autres acquis à prix d'argent. Il faudrait que le monarque foulât aux pieds le serment qu'il a fait à son sacre. Il faudrait qu'il manquât à tous les ordres de l'état.'[16] Clearly he did not foresee the possibility that not much more than a dozen years later such things would come to pass.

Although Condorcet was to welcome the abolition of titles of nobility by the Constituent Assembly, on the eve of the Revolution he still does not seem to have anticipated their complete disappearance when he wrote in his commentary on the works of Voltaire:

Il est sûr que dans toute monarchie modérée, où les propriétés sont assurées, il y aura des familles qui, ayant conservé des richesses, occupé des places, rendu des services pendant plusieurs générations, obtiendront une considération héréditaire. Mais il y a loin de là à la noblesse, à ses exemptions, à ses prérogatives, aux chapitres nobles, aux cordons, aux certificats des généalogistes, à toutes ces inventions nuisibles ou ridicules, dont une monarchie peut sans doute se passer.[17]

For him as for others among the *Philosophes* the real cleavage in society was not between *noble* and *roturier*, but that between men of property and the propertyless masses.

That his master, Voltaire, did not anticipate a sudden disappearance of the nobility is made clear by his insistence in the article FERTILISATION in the *Questions sur l'Encyclopédie* that a

---

[15] p. 5.
[16] *OP*, pp. 429-30, 365.
[17] *Œuvres*, vol. IV, p. 491.

prosperous agriculture can only be achieved if noblemen reside on their estates. 'Si la terre ne rend pas ce qu'elle peut donner,' he declares, 'c'est que les simples cultivateurs ne sont pas en état de faire les avances. La culture de la terre est une vraie manufacture: il faut pour que la manufacture fleurisse que l'entrepreneur soit riche.'[18] Voltaire is extremely hostile to wealthy *parvenus* becoming landowners. In the article PROPRIÉTÉ he deplores the fact that the emancipation of the serfs has led to the small minority who grew wealthy usurping the place of the old nobility: ' Le serf affranchi, étant devenu riche par son industrie, s'est mis à la place de ses anciens maîtres appauvris par leur luxe. Il a acheté leurs terres, il a pris leurs noms. L'ancienne noblesse a été avilie, et la nouvelle n'a été qu'enviée et méprisée. Tout a été confondu.' He goes on to suggest laws to restrict this development: 'Il est si aisé d'opposer le frein des lois à la cupidité et à l'orgueil des nouveaux parvenus, de fixer l'étendue des terrains roturiers qu'ils peuvent acheter de leur interdire l'acquisition des grandes terres seigneuriales ...'[19]

The *anobli* was generally unpopular with the *Philosophes* for a very practical reason: by acquiring noble rank he increased the burden of the *taille* on the other *roturiers*. In the *Essai sur les mœurs* Voltaire makes a sharp attack on the whole system of *anoblisse-ments* practised under the Ancien Régime. He begins by criti-cizing the way in which the post of *secrétaire du roi* has become a mere sinecure and the number of such posts increased to three hundred 'uniquement pour avoir de l'argent; et ce honteux moyen a perpétué la noblesse française dans près de six mille familles dont les chefs ont acheté tour à tour ces charges'. This was only one of the ways in which *roturiers* could acquire noble rank: 'Un nombre prodigieux d'autres citoyens, banquiers, chirurgiens, marchands, domestiques de princes, commis, ont obtenu des lettres de noblesse; et au bout de quelques générations ils prennent chez leurs notaires le titre de très hauts et très puissants seigneurs. Ces titres ont avili la noblesse sans relever beaucoup la nouvelle.' The exemption from the *taille* of these *parvenus* and their descendants is a scandal for Voltaire: 'Cette multiplicité ridicule de nobles sans fonction et sans vraie noblesse, cette distinction avilissante entre l'anobli inutile qui ne paie rien à l'État, et le roturier utile qui paie la taille, ces charges qu'on acquiert à prix d'argent et qui donnent le vain nom d'écuyer, tout cela ne se

---

[18] *OC*, vol. XIX, p. 108.
[19] Ibid., vol. XX, pp. 293-4.

trouve point ailleurs: c'est un effort de démence dans un gouvernement d'avilir la plus grande partie de la nation.' He too makes
a comparison with England where 'il n'y a de nobles, dans la
rigueur de la loi, que ceux qui dans la chambre haute représentent
les anciens barons, les anciens pairs de l'État'.[20]

The anonymous author of the article PRIVILÈGE (*Gouv. Comm.
Polit.*) in the *Encyclopédie* argues that, while it is the clear duty of
the government to strive to reduce privileges to those which are
genuinely useful, financial stringency has often had the opposite
effect of compelling it to grant more and more of such privileges to
people who had done nothing to deserve them:

De là aussi est arrivé que la noblesse qui, par elle-même, est ou devrait être la
récompense la plus honorable dont le souverain pourrait reconnaître des services
importants ou des talents supérieurs, a été prodiguée à des milliers de familles
dont les auteurs n'ont eu pour se la procurer que la peine d'employer des sommes,
même souvent assez modiques, à acquérir des charges qui la leur donnaient, et
dont l'utilité pour le public était nulle, soit par défaut d'objet, soit par défaut
de talents.[21]

D'Holbach too has a poor opinion of those whom kings have en-
nobled for frivilous reasons or simply for money: 'Ainsi, par
l'imprudence et l'avarice des princes, la noblesse est devenue une
distinction frivole et ridicule qui, ne supposant ni talent, ni mérite
personnel dans celui qui l'achète ou l'obtient, ne sert qu'à grossir
le nombre des inutiles, des oisifs, des mauvais citoyens, des
impertinents qui s'oublient, qui se croient fort au-dessus des
roturiers les plus honnêtes, sur lesquels ils font rejeter les impôts
qu'ils devraient payer à l'État.'[22] Contemporary readers of this
anonymous work were not to know that its author was the nephew
and heir of a *parvenu*, enriched by Law's *Système*, who had bought
his title in Vienna some fifty years earlier.

Another extremely unpopular group was the courtiers. Here as
in many other spheres Montesquieu had set the pattern in the *Lettres
persanes* with the well-known definition of the 'grand seigneur'
—'un homme qui voit le roi, qui parle aux ministres, qui a des
ancêtres, des dettes et des pensions'.[23] Voltaire's contrast between
the courtier and the merchant is echoed by d'Alembert in his
article FORTUNE in the *Encyclopédie*: 'Quelle différence pour le sage
entre la *fortune* d'un courtisan faite à force de bassesses et d'intrigues,

---

[20] *Essai sur les mœurs et l'esprit des nations*, ed. R. Pomeau, Paris, 1963, 2 vols., vol. II,
pp. 32-3.
[21] Vol. XIII, p. 390a.
[22] *Éthocratie*, pp. 53-4.
[23] Ed. P. Vernière, Paris, 1960, p. 184.

et celle d'un négociant qui ne doit son opulence qu'à lui-même et qui par cette opulence procure le bien de l'état!'[24] His article COURTISAN defines the word as 'l'épithète que l'on donne à cette espèce de gens que le malheur des rois et des peuples a placés entre les rois et la vérité pour l'empêcher de parvenir jusqu'à eux, même lorsqu'ils sont expressément chargés de la leur faire connaître'.[25] In his anonymous writings d'Holbach was freer to give full vent to his feelings on the subject. His apostrophe to Louis XVI in *La Morale universelle* calls on the king to send a great many of his courtiers packing: 'Que tes regards courroucés repoussent les courtisans pervers, l'homme injuste, le flatteur intéressé, le délateur odieux, le débauché qui se dégrade, le dissipateur inconsidéré, le débiteur qui retient le salaire du citoyen, l'insensé qui se dérange par une vanité ruineuse.'[26] In a similar harangue addressed to Louis XVI by Diderot in the anonymity of Raynal's *Histoire des Deux Indes* there are many biting references to courtiers:

Demande-toi si ton intention est de perpétuer les profusions insensées de ton palais.

De garder cette multitude d'officiers grands et subalternes qui te dévorent ...

De dissiper en fêtes scandaleuses la subsistance de ton peuple.

De permettre qu'on élève sous tes yeux des tables d'un jeu ruineux, source d'avilissement et de corruption ...

D'accorder à des membres[27] qui ne sont déjà que trop gratifiés et à des militaires largement stipendiés pendant de longues années d'oisiveté, des sommes extraordinaires pour des opérations qui sont de leur devoir, et que dans tout autre gouvernement que le tien ils exécuteraient à leurs dépens ...

De te prêter à l'insatiable avidité de tes courtisans et des courtisans de tes proches.[28]

Hatred and contempt for the tiny minority of noblemen who frequented the court run right through the published writings of the *Philosophes*.

Figaro's famous words in his soliloquy in *Le Mariage de Figaro*— 'Noblesse, fortune, un rang, des places, tout cela rend si fier! Qu'avez-vous fait pour tant de biens? Vous vous êtes donné la peine de naître, et rien de plus.'—are anticipated in the writings of the *Philosophes* who repeatedly attack the career privileges enjoyed by the aristocracy at the expense of the Tiers État. In his

[24] Vol. VII, p. 206a.
[25] Vol. IV, p. 200b.
[26] Vol. I, p. 32. See also *Éthocratie*, pp. 238-40.
[27] Should this read 'ministres'?
[28] Vol. I, pp. 473-4.

Mémoires pour Catherine II Diderot argues that even high posts in the state should be awarded by competitive examination, and to drive home his point throws in a lively piece of dialogue between an aristocratic lady and the tutor of her two boys:

L'INSTITUTEUR

Je viens vous dire que je m'en vais demain.

LA MÈRE

Cela n'est pas vrai, vous ne vous en allez pas, et pourquoi vous en aller?

L'INSTITUTEUR

C'est que je ne puis rien faire de vos enfants.

LA MÈRE

Et qui est-ce qui vous dit d'en faire quelque chose, mon cher abbé? Vous vous donnez bien du souci et bien de la peine inutilement. Mon fils apprendra de vos mathématiques, de votre latin, de votre grec, de votre physique, de toutes vos sciences, ce qu'il pourra; qu'il se porte bien, qu'il ait de la grâce, qu'il parle avec esprit, qu'il plaise dans le monde, qu'il soit aimable et amusant; c'est tout ce que je vous demande pour l'aîné. Le cadet pourrait bien être un sot, malgré vous. Eh bien! l'abbé, nous en ferons ou un militaire, ou un ecclésiastique; au pis aller, il aura la charge du président, son oncle.[29]

If these lines were only to be made public long after Diderot's death, an eloquent passage in which he attacked the nobility's monopoly of commissions in the navy appeared in Raynal's *Histoire des Deux Indes*:

Quoi! ce serait au sein d'une cour corrompue, dans les décombres d'un château ruiné qu'il faudrait aller chercher de préférence des principes d'élévation ou de désintéressement? Ah! croyez que le fils d'un armateur, dont la fortune a couronné les heureux travaux, et qui ne peut avoir d'ambition que celle d'illustrer son nom, n'est pas moins appelé aux actions mémorables, aux grands sacrifices, que ce jeune noble qui s'environne sans cesse des lauriers de ses aïeux ... Il est aussi facile d'avoir l'âme haute sous un vêtement bourgeois que l'âme basse sous un cordon. Le courage, la vertu et le génie sont de toutes les conditions.[30]

Another passage in the same work dealing with China contrasts conditions there with those in Europe:

Dans tous nos gouvernements d'Europe il est une classe d'hommes qui apportent, en naissant, une supériorité indépendante de leurs qualités morales. On n'approche de leur berceau qu'avec respect. Dans leur enfance tout leur annonce qu'ils sont faits pour commander aux autres. Bientôt ils s'accoutument à penser qu'ils sont d'une espèce particulière; et, sûrs d'un état et d'un rang, ils ne cherchent plus à s'en rendre dignes.

[29] pp. 48-9.
[30] Vol. III, pp. 504-5.

Cette institution, à laquelle on a dû tant de ministres médiocres, de magistrats ignorants et de mauvais généraux, cette institution n'a point lieu à la Chine. Il n'y a point de noblesse héréditaire.[31]

From the *Essai sur les préjugés*[32] onwards d'Holbach delivers a violent assault on the virtual monopoly of all high posts enjoyed by the nobility. In the following passage from his *Système social* he even anticipates Figaro's quip, though in a less striking form:

Grâce à la négligence des souverains et aux intentions funestes d'une fausse politique, l'éducation dans aucun pays ne forme des pépinières propres à recruter des hommes d'état, des magistrats, des citoyens utiles. La faveur, le crédit, la naissance, l'intrigue, les femmes, décident partout des places et conséquemment du bien-être des nations, des familles, des individus qui les composent … Pour être propres à tout, il suffit à quelques hommes d'être nés. Le préjugé de la naissance, si fortement enraciné dans l'esprit d'un grand nombre de peuples, est un de ceux qui par ses conséquences leur devient le plus funeste. Sous le gouvernement monarchique tout homme qui n'est pas d'un sang illustre ne peut, sans des peines infinies, parvenir à servir sa patrie. Cependant rien de plus rare que de voir les grands s'embarrasser d'acquérir des connaissances et des talents.[33]

Condorcet takes up the same theme in his commentary on the works of Voltaire. While he concedes that it is natural that the descendants of men who had rendered important services to a country should continue to enjoy respect, he proceeds to a vigorous denunciation of hereditary privileges: 'Les prérogatives héréditaires éteignent l'émulation, restreignent le choix pour les places importantes entre un plus petit nombre d'hommes, rendent inutiles les talents de ceux qui, assez riches pour avoir reçu une bonne éducation, manquent de l'illustration nécessaire pour arriver aux places.'[34] It will be noticed that Condorcet, however radical his views may have appeared to other surviving *Philosophes* during the Revolution, does not extend very far the area of recruitment to the highest posts in the state.

The greatest grievance of all in the eyes of the *Philosophes* was the nobility's exemption from the *taille*, the burden of which fell on the *roturiers*, mainly the peasants.[35] The law of primogeniture and entail also came under attack. While these were criticized partly for the injustice to daughters and younger sons, the main objection to them was that they enabled the estates of the nobility to be kept intact from generation to generation. In the article LOIS

[31] Vol. II, p. 108.
[32] pp. 42-3.
[33] Vol. III, pp. 110-11.
[34] *Œuvres*, vol. IV, pp. 532-3.
[35] See below, pp. 99-101.

(DES) in his *Dictionnaire philosophique* Voltaire argues that, however justifiable the law of primogeniture might have been in the Dark Ages, it is nowadays an absurd anachronism: 'La loi qui donne tout le fief à l'aîné est fort bonne dans un temps d'anarchie et de pillage. Alors l'aîné est le capitaine du château que des brigands assailliront tôt ou tard; les cadets seront ses premiers officiers, les laboureurs ses soldats ... Or, cette loi, convenable à des possesseurs de donjons au temps de Chilpéric, est détestable quand il s'agit de partager des rentes dans une ville.'[36]

In his *Observations sur le Nakaz* Diderot argued strongly in favour of the equal division of property among the children of a testator and, failing them, among other relatives in order to break up large fortunes and secure political equality. He then went on to make a violent attack on 'le droit absurde de primogéniture, qui transfère le patrimoine entier à un aîné qu'il corrompt, et qui précipite dans l'indigence ses frères et ses sœurs, punis comme d'un crime du hasard qui les a fait naître quelques années trop tard'. It is, he declares, 'un reste de barbarie féodale dont nos descendants rougiront un jour'. He also attacks entail: 'Tout l'héritage est placé dans les mains d'un fou, dont on n'arrête les dissipations que par la substitution, qui est un autre mal.'[37] D'Holbach makes a similar attack in the *Système social*. Since for him the general interest requires that the ownership of property should be as widely diffused as possible, 'ces lois, aussi barbares que contraires à la nature, se fondent sur les intérêts de quelques nobles, dont la vanité demande que *la splendeur de la famille soit conservée*. Mais l'intérêt de l'État demande que les biens se partagent entre le plus grand nombre possible des citoyens; et la nature crie à un père qu'il est un homme odieux de donner le jour à des enfants pour enrichir l'un d'entre eux et plonger les autres dans l'indigence.'[38] The attack on the law of primogeniture and on entail is renewed in *Éthocratie* and on the same grounds: 'Il importe très peu à la société qu'une famille ou qu'un noble ait amplement de quoi faire éclater sa vanité ou se corrompre; mais il est important pour une nation que les lois injustes soient abolies et que plusieurs citoyens puissent vivre honnêtement d'un bien qui ne servirait qu'à en gâter un seul.'[39]

---

[36] *OC*, vol. XIX, pp. 619-20.
[37] *OP*, pp. 434-5. The same attack on the law of primogeniture and on entail is to be found in the *Histoire des Deux Indes*, vol. III, pp. 474-5.
[38] Vol. III, p. 33n.
[39] p. 122.

Although the small number of *Philosophes* who lived to see the Revolution may well have been surprised by the speed with which decisive changes were effected, it is hard to imagine that they could have disapproved of the treatment meted out to the nobility. The *Déclaration des droits de l'homme*, passed by the Constituent Assembly in August 1789 and placed at the head of the constitution of 1791, prepared the way for the complete abolition of the age-old distinction between *noble* and *roturier* in its very first article: 'Les hommes naissent et demeurent libres et égaux en droits. Les distinctions sociales ne peuvent être fondées que sur l'utilité commune.' It was a logical step for the majority in the Constituent Assembly to abolish hereditary nobility, titles, and armorial bearings by a decree of 19 June 1790:

I.   La noblesse héréditaire est pour toujours abolie; en conséquence les titres de prince, de duc, comte, vicomte, baron, chevalier, messire, vidame, écuyer, noble, et tous autres titres semblables, ne seront pris par qui que ce soit, ni donnés à personne.

II. Aucun citoyen ne pourra porter que le vrai nom de sa famille; personne ne pourra faire porter des livrées, ni avoir d'armoiries; l'encens ne sera brûlé dans les temples que pour honorer la divinité, et ne sera offert à qui que ce soit.

III. Les titres de *monseigneur* et *messeigneurs* ne seront donnés ni à aucun corps, ni à aucun individu, ainsi que les titres d'*excellence*, d'*altesse*, d'*éminence*, de *grandeur*, etc.[40]

A year later, on 30 July 1791, the Assembly abolished 'tout ordre de chevalerie ou autre, toute corporation, toute décoration, tout signe extérieur qui suppose des distinctions de naissance'.[41]

Thus all the different groups of *nobles—noblesse d'épée, noblesse de robe*, and *anoblis*—whom the *Philosophes* had attacked with, it is true, varying degrees of vigour, lost their position as a privileged order and were henceforth to be placed on the same level as the other members of society. It is true that titles came back again with Napoleon, that the Restoration recognized both the old titles and the new, and that, after they had again been abolished by the Second Republic, they were restored by the Second Empire. However for the last hundred years or so they have had no legal basis.

The lucrative sinecures and pensions enjoyed by the courtiers who gravitated around the king and other members of the royal family at Versailles disappeared with the Revolution; with a king

---

[40] Duvergier, vol. I, p. 218.
[41] Ibid., vol. III, pp. 172-3.

restricted to a relatively modest civil list the Treasury was no longer a bottomless pit into which they could hope to delve. The court was, of course, revived by Napoleon when he made himself emperor, and it continued to exist, though on a very modest scale, as long as France was either a monarchy or an empire; but the gross extravagance of the Ancien Régime court, against which men as different as Montesquieu and Diderot had inveighed, had gone for ever.

Article 6 of the *Déclaration des droits* disposed of the aristocratic monopoly of almost all the high posts in the State when on the subject of the law it laid down: 'Tous les citoyens, étant égaux à ses yeux, sont également admissibles à toutes dignités, places et emplois publics, selon leur capacité et sans autre distinction que celle de leurs vertus et de leurs talents.' No doubt this opening up of even the highest posts in the State to all Frenchmen, however modest their social origins and limited their education, was somewhat theoretical, but it did mean the ending of the near monopoly of such posts enjoyed by the nobility which the *Philosophes* had attacked before the Revolution.

Both the law of primogeniture and entail came under attack during the Revolution, particularly during its most radical phase. On 7 March 1793 the Convention decreed 'que la faculté de disposer de ses biens, soit à cause de mort, soit entre-vifs, soit par donation contractuelle en ligne directe, est abolie; en conséquence, que tous les descendants auront un droit égal sur le partage des biens de leurs ascendants'.[42] The principle of equal shares amongst the children of a testator was confirmed in a law of 26 October which allowed him to dispose as he wished of only one-tenth of his property if he had direct descendants, and even then he was not permitted to favour any one of his children since this could only be done 'au profit d'autres que les personnes appelées par la loi au partage des successions'.[43] It is well known that the *Code civil* went back on this principle to some extent; Article 913 allowed a father with one child to dispose of half of his property as he wished during his lifetime or by will, and of one-third if he had two children, and of one-quarter if he had three or more. By making use of what is called the *quotité disponible* it thus became possible for the father of two or more children to favour in a limited way the eldest son so as to keep property in the family over the generations. Even so, the *droit d'aînesse*, against which the *Philosophes* had so often inveighed, was dead.

[42] Ibid., vol. V, p. 185.
[43] Ibid., vol. VI, p. 257.

Entail was abolished in principle by the Legislative Assembly on 25 August 1792, shortly before it gave way to the more radical Convention. By a decree of 25 October-14 November the latter proceeded to pass a decree couched in sweeping terms:

I. Toutes substitutions sont interdites et prohibées à l'avenir.

II. Les substitutions faites avant la publication du présent décret, par quelques actes que ce soit, qui ne seront pas ouvertes à l'époque de ladite publication, sont et demeureront abolies et sans effet.

III. Les substitutions ouvertes lors de la publication du présent décret n'auront d'effet qu'en faveur de ceux seulement qui auront alors recueilli les biens substitués, ou le droit de les réclamer.[44]

In its original form the *Code civil* also banned entail in Article 896:

Les substitutions sout prohibées.
  Toute disposition par laquelle le donataire, l'héritier institué, ou le légataire, sera chargé de conserver et de rendre à un tiers, sera nulle, même à l'égard du donataire, de l'héritier institué, ou du légataire.

However, when Napoleon proceeded to create titles with grants of land attached to them, the article had to be modified: 'Néanmoins les biens libres formant la donation d'un titre héréditaire que l'Empereur aurait érigé en faveur d'un prince ou d'un chef de famille, pourront être transmis héréditairement, ainsi qu'il est réglé par l'acte du 30 mars 1806 et par celui du 14 août suivant.' The Restoration endeavoured to put the clock back a little further; a law of 17 May 1826 allowed properties to be given or bequeathed 'avec la charge de les rendre à un ou plusieurs enfants du donataire, nés ou à naître, jusqu'au deuxième degré inclusivement'.[45] In reaction against this the July Monarchy by a law of 12 May 1835 forbade for the future any creation of entailed property and placed restrictions on settlements which were already in existence. During the Second Republic the law was further modified. What is clear is that in practice entail survived the Revolution only in a very restricted form.

  The breaking up of the large estates owned by a small minority of the members of the nobility—something which would also have been welcomed by a number of *Philosophes*—was hastened by a series of Revolutionary decrees against the *émigrés* which ordered the sale of their landed and other property as *biens nationaux*. It is true that some of their lands were bought back for them by agents or remained unsold at the Restoration but, though by a law of

----

[44] Ibid., vol. V, pp. 44-5.
[45] Ibid., vol. XXVI, pp. 139-40.

1825 they received compensation in cash for their losses ('le milliard des émigrés'), its long-term effect was to strengthen the hold on their property of those who had bought or inherited *biens nationaux*, since those who had received compensation could scarcely continue to demand the return of their land.

Relations between the nobility and peasants also engaged the attention of the *Philosophes*. There was, for instance, the famous campaign, no doubt partly inspired by anticlerical motives, which Voltaire conducted in his closing years against one of the last remnants of serfdom, the existence of *mainmortables*, particularly in some regions of Franche-Comté and Burgundy. The fact that in these parts of the country *mainmorte* survived on the estates of certain wealthy abbeys added piquancy to what he wrote on the subject. In *Au Roi en Son Conseil, pour les sujets du roi qui réclament aujourd'hui la liberté en France, contre les moines bénédictins devenus chanoines de Saint-Claude en Franche-Comté* he explains that *mainmorte* could concern the person or the property of the *mainmortable* or could take on both forms:

L'esclavage de la personne consiste dans l'incapacité de disposer de ses biens en faveur de ses enfants, s'ils n'ont pas toujours vécu avec leur père dans la même maison et à la même table. Alors tout appartient aux moines. Le bien d'un habitant du Mont-Jura, mis entre les mains d'un notaire de Paris, devient dans Paris même la proie de ceux qui, originairement, avaient embrassé la pauvreté évangélique au Mont-Jura...

L'esclavage réel est celui qui est affecté à une habitation. Quiconque vient occuper une maison dans l'empire de ces moines et y demeure un an et un jour, devient leur serf pour jamais.[46]

With his brilliant polemical gifts Voltaire perhaps somewhat exaggerates the hardships suffered by the *mainmortables*. However in 1779 Necker persuaded Louis XVI to abolish *mainmorte* on all Crown lands, but, although the royal edict expressed the hope that this example would be followed by landowners, there were still some 150,000 *mainmortables* left in France in 1789. In his essay on the provincial assemblies Condorcet touches on the question,[47] but it was obviously part of a much wider subject, that of feudal dues.

This takes up surprisingly little space in the writings of the *Philosophes*. In the *Système social*[48] d'Holbach refers rather vaguely to it in listing various justifiable peasant grievances, but has

---

[46] *OC*, vol. XXVIII, pp. 355-6.
[47] *Œuvres*, vol. VIII, p. 510.
[48] Vol. III, pp. 26-7.

rather more to say about it later in his *Ethocratie*. There he makes the suggestion that the peasants might gradually be allowed to buy out the owners: 'Pour ne faire aucun tort aux possesseurs actuels de ces droits iniques dans leur origine, que la loi permette au moins aux cultivateurs, écrasés par tant d'impôts onéreux, de se racheter peu à peu de ces injustes servitudes.' He refers in a footnote to Boncerf's *Des inconvénients des droits féodaux*, which, published the year before *Éthocratie*, had created quite a rumpus by advocating a similar solution to the problem.[49]

Condorcet was the only *philosophe* to enter into any detail on this question and to examine the complex problems to which the redemption of feudal dues would give rise. He deals with the question both in a relatively early pamphlet, his *Réflexions sur les corvées, à Mylord****, published in 1775 in the same year as Boncerf's work, and again in his essay on provincial assemblies which belongs almost to the Revolutionary period. In the pamphlet he begins first by demonstrating that the owners would benefit from the redemption by the peasantry of the various kinds of feudal dues. He then proceeds to add two further reasons why the owners should prefer to be bought out:

D'abord il n'y a aucun droit féodal dont la perception, la quotité, souvent même la propriété ne soit une source de procès; et depuis que notre jurisprudence a reçu sa forme actuelle, ce que le plupart de ces droits ont coûté en frais de justice aux propriétaires ou aux débiteurs de ces droits, aurait suffi pour les racheter. La seconde est que jamais cette propriété ne peut être regardée comme aussi certaine que celle d'une terre: l'une est fondée sur le droit de la nature; l'autre ne l'est que sur celui des fiefs.

While stressing the unfair burden which the payment of feudal dues imposed on the peasants and the obstacle to agricultural progress which they represented, Condorcet admits that it might not always be easy to arrange for the peasants to buy out the owners. Annual dues such as the *cens* and *champart* represented a form of property, since originally they were paid in return for the lease of land: 'Lorsque les droits représentent la propriété, il serait également injuste de forcer les seigneurs à vendre ces droits et les vassaux à les racheter; et tout ce que la puissance législative peut faire, c'est de régler la manière dont les communautés de vassaux qui voudraient traiter de ces droits avec leurs seigneurs, pourraient le faire et contracter d'une manière obligatoire pour chaque particulier, même pour ceux qui n'auraient pas consenti.'

---

[49] pp. 26, 50n.

As for casual payments, such as *lods et ventes*, Condorcet con-cludes that the State has the right to abolish them, but again in return for compensation. Clearly what Condorcet envisaged was a long-term operation, since this is how he sums up his proposals: 'Je désire que les corvées féodales, les mainmortes, les banalités de toutes espèces, les droits de marchés, soient détruits par une loi juste, qui en ordonne le remboursement; que l'amélioration de l'état du peuple, le progrès des lumières chez les seigneurs, amènent peu à peu l'anéantissement des autres droits.'[50]

By 1788 Condorcet had come to adopt a slightly more radical attitude, but one in which redemption by the peasants still played a major part. Although he begins by proclaiming that 'la de-struction des restes de la féodalité est une opération nécessaire pour établir une bonne législation civile', he concedes that many feudal dues must be considered a legitimate form of property. He then proceeds to divide them into three groups:

1.   Les conditions d'anciennes aliénations: cens en argent, champarts, droits éventuels.

2.   La suite de conventions: les banalités des diverses espèces, les péages sur les ponts.

3.   Une portion des droits de souveraineté: les péages sur les rivières, les greffes, et certains droits de marchés.

Buying out the owners of *cens* and *champarts* must remain a matter for agreement, but that of *droits éventuels* such as *lods et ventes* and of tithes should be authorized in return for either a sum of money or an annual payment in kind, since 'ces droits éventuels sont un obstacle à la liberté des ventes et des échanges'. Only two cate-gories of feudal dues should be abolished without compensation: 'Ceux qui blessent le droit naturel, comme: la défense de se marier sans la permission du seigneur, le rachat du droit de cuissage,[51] ou qui gênent la liberté personnelle, ... et ensuite ceux qui n'ont aucune valeur par eux-mêmes et n'en acquièrent que par hasard.'

Even on the question of *mainmorte* he takes up a fairly moderate position. The reversion of land to the *seigneur* on the extinction of the direct line is not, he declares, 'plus absurde que les autres droits féodaux', and this was a case in which the *seigneur* should

---

[50] *Œuvres*, vol. XI, pp. 66, 75-6, 84.

[51] 'Droit qu'avait le seigneur de mettre la jambe dans le lit de la nouvelle mariée la première nuit des noces, et aussi, dans quelques localités, droit de coucher avec la nouvelle mariée la première nuit: droits qui d'ordinaire étaient rachetés à prix d'argent' (Littré).

be compensated. On the other hand, 'si le seigneur hérite de la terre dans le cas où le fils n'a pas couché la première nuit de ses noces chez son père, n'y est pas domicilié, un tel droit qui ne peut s'ouvrir que par hasard, qui n'est qu'une espèce de confiscation prononcée sans motif, doit être aboli sans accorder aucun dédommagement'. Generally speaking the emphasis is on the payment of compensation to the owners, and Condorcet goes into some detail as to how this might be arranged.[52] In practice far more radical solutions were to be imposed by the Revolution.

It was the nobility's monopoly of hunting, the hated *droit de chasse*, which the *Philosophes* denounced most eloquently. Even the *Encyclopédie*, in the nature of things often very muted in its criticism of abuses or even completely silent, offered from the pen of its editor in the article *CHASSE a vigorous attack on this monopoly:

Ce droit a été la source d'une infinité de jalousies et de dissensions, même entre les nobles, et d'une infinité de lésions envers leurs vassaux dont les champs ont été abandonnés au ravage des animaux réservés pour la *chasse*. L'agriculteur a vu ses moissons consommées par des cerfs, des sangliers, des daims, des oiseaux de toute espèce, le fruit de ses travaux perdu, sans qu'il fût permis d'y obvier et sans qu'on lui accordât de dédommagement.[53]

D'Holbach also penned eloquent denunciations of the *droit de chasse*. In the *Système social*, for instance, he notes angrily: 'Il y a des pays où les champs qui avoisinent les forêts sont entièrement ravagés par les cerfs, les sangliers, les daims, les bêtes féroces, etc. La chasse, cet amusement si chéri des princes, n'est pas un des moindres fléaux pour les peuples.'[54] In *Éthocratie* he declares that the *droit de chasse* is 'la ruine du cultivateur' and he adds: 'L'agriculture est indignement sacrifiée à l'amusement des riches' and elsewhere he asks: 'Quel attachement peuvent avoir pour leur seigneur des paysans qui voient qu'il leur préfère des cerfs, des sangliers, des lièvres et des lapins?'[55] Perhaps more telling than all this rhetoric is a short footnote in *La Morale universelle*: 'J'ai vu un grand seigneur menacer de la bastonnade et du cachot un paysan qui, lui servant de guide à la poursuite d'un cerf, lui avait fait faire un détour pour épargner un champ non encore moissonné.'[56]

The *Histoire des Deux Indes* offers a vivid passage of denunciation. To a description of how the King of Siam's elephants were taken

[52] *Œuvres*, vol. VIII, pp. 507-12.
[53] Vol. III, p. 225b.
[54] Vol. III, p. 27n.
[55] pp. 118n., 144n.
[56] Vol. II, p. 110n.

to feed themselves in any available gardens or private land, the writer tacks on the following:

Ces horreurs nous révoltent; mais avons-nous le droit de ne pas y ajouter foi, nous qui nous vantons de quelque philosophie et d'un gouvernement plus doux, et qui cependant vivons dans un empire où le malheureux habitant de la campagne est jeté dans les fers s'il ose faucher son pré ou traverser son champ pendant l'appariade ou la ponte des perdrix; où il est obligé de laisser ronger le bois de sa vigne par des lapins et ravager sa moisson par des biches, des cerfs, des sangliers; et où la loi l'enverrait aux galères s'il avait eu la témérité de frapper du fouet ou du bâton un de ces animaux féroces?[57]

Writing on the very eve of the Revolution, Condorcet is none the less much calmer in his treatment of this subject. He denounces 'le privilège exclusif dont jouissent les seigneurs par un reste des institutions féodales' as 'un véritable impôt levé arbitrairement sur les terres', and he goes on to maintain that 'ce droit n'est pas compté parmi les droits utiles qui forment une véritable propriété, mais parmi les droits honorifiques, c'est-à-dire, parmi ceux que la puissance politique peut légitimement abolir, dès qu'elle les juge nuisibles'. Nevertheless even at this late stage what he proposes is a compromise; he would reserve to *seigneurs* all forms of hunting involving guns or horses and hounds, and 'se borner à restituer au peuple ce qui est la conséquence immédiate du droit de propriété en rendant à chaque possesseur la liberté de s'emparer, par des moyens qui ne peuvent être dangereux pour autrui, de tous les animaux qui se trouvent sur son terrain'. In addition a strictly enforced law 'obligerait de respecter toute espèce de défense dont un champ serait entouré et d'indemniser les propriétaires de tout dommage causé par les chasseurs'.[58] Such moderate proposals were soon to be swept aside by events.

Another burden on the peasant which naturally shocked the anticlerical *Philosophes* was tithes.[59] Almost as frequently attacked was the unpaid labour exacted from the peasant for the making and repair of roads under the *corvée royale*, a system which was developed in the eighteenth century. Although the article CORVÉE (*Ponts et chaussées*) in the *Encyclopédie*, contributed by Boulanger, who was a *sous-ingénieur des ponts et chaussées*, is very far from proposing its abolition and merely suggests that better use might be made of this forced labour, elsewhere in the work—in Quesnay's GRAINS and Damilaville's POPULATION—it is severely criticized

[57] Vol. I, p. 439.
[58] *Œuvres*, vol. VIII, pp. 519-22.
[59] See below, pp. 194-5.

and its replacement by a modest tax proposed. Voltaire made a sharp attack on the *corvée* in his *Requête à tous les magistrats du royaume*, a pamphlet of 1770, in which, after listing all the different taxes borne by the peasants, he makes their spokesman say:

Si nous avons un moment de relâche, on nous traîne aux corvées à deux ou trois lieues de nos habitations, nous, nos femmes, nos enfants, nos bêtes de labourage également épuisées et quelquefois mourant pêle-mêle de lassitude sur la route. Encore si on ne nous forçait à cette dure surcharge que dans les temps de désoeuvrement! Mais c'est souvent dans le moment où la culture de la terre nous appelle. On fait périr nos moissons pour embellir les grands chemins, larges de soixante toises, tandis que vingt pieds suffiraient.[60]

To these hardships was added the final insult that the land needed for these roads was often taken by the State without compensation:

On nous dépouille de nos champs, de nos vignes, de nos prés; on nous force de les changer en chemins de plaisance; on nous arrache à nos charrues pour travailler à notre ruine, et l'unique prix de ce travail est de voir passer sur nos héritages les carrosses de l'exacteur de la province, de l'évêque, de l'abbé, du financier, du grand seigneur, qui foulent aux pieds de leurs chevaux le sol qui serait autrefois à notre nourriture.[61]

The *Histoire des Deux Indes* contains a highly rhetorical attack on the system:

Qui croirait que sous le siècle le plus éclairé de cette nation; au temps où les droits de l'homme avaient été le plus sévèrement discutés; lorsque les principes de la morale universelle n'avaient plus de contradicteurs; sous le règne d'un roi bienfaisant; sous des ministres humains; sous des magistrats intègres, on ait prétendu qu'il était dans l'ordre de la justice et selon la forme constitutive de l'état que des malheureux qui n'ont rien fussent arrachés de leurs chaumières, distraits de leur repos ou de leurs travaux, eux, leurs femmes, leurs enfants et leurs animaux, pour aller, après de longues fatigues, s'épuiser en fatigues nouvelles à construire des routes encore plus fastueuses qu'utiles, à l'usage de ceux qui possèdent tout, et cela sans solde et sans nourriture.[62]

Diderot has his word to say on the subject in another passage of the same work; he suggests that in peace-time soldiers, in return for a slight increase in pay, should be set to making roads and canals and thus free the people 'de la plus cruelle, de la plus ignominieuse des vexations, la corvée'.[63]

---

[60] A note in the Kehl edition points out that the width of roads was reduced by an *arrêt du Conseil* of 1776 when Turgot was in office.
[61] *OC*, vol. XXVIII, pp. 341-2.
[62] Vol. III, p. 464.
[63] Vol. IV, p. 564.

When Turgot was made *contrôleur général*, Condorcet gave active support to his plan to replace the *corvée* by an addition to the *vingtième* which would be paid by the *noble* as well as the *roturier*, a proposal which encountered furious opposition from the Paris Parlement. In his pamphlet, the *Lettre d'un laboureur de Picardie*, published in 1775, Condorcet makes his peasant ask:

Lorsqu'un malheureux, qui manquait de pain, n'a pu aller travailler quinze jours, sans salaire, à plusieurs lieues de sa maison; lorsqu'il a mieux aimé désobéir à un piqueur que de laisser sa famille exposée à mourir de faim, on le condamne à une amende qu'il ne peut payer; et pour le punir d'être pauvre, on le traîne en prison; croyez-vous que nous n'ayons pas l'esprit de trouver ce traitement barbare, quoique ce malheureux ait *du pain* dans son cachot?

In the following year he produced another pamphlet, *Sur l'abolition des corvées*, in which he answers those critics of Turgot's proposals who objected to the creation of this new tax. 'N'est-ce donc pas lever un impôt', he asks, 'que de forcer ceux qui n'ont que leurs journées pour vivre à donner au gouvernement quinze jours de leur temps? N'est-ce pas lever un impôt que d'obliger un laboureur à employer pour le service public ses chevaux et ses voitures?' He concludes the pamphlet with a scathing attack on the judges of the Paris Parlement for their opposition to Turgot's reform:

Mais aussi n'oubliez pas que, dans la ville des frivolités, il s'est trouvé des hommes très graves qui ont osé désirer que vous restassiez condamnés à travailler quinze jours sans salaires, lorsque vous n'avez que vos salaires pour vivre, de peur que, pour vous délivrer de ce fardeau, il ne leur en coûtât une imposition sur leur superflu, ou qu'ils ne fussent obligés de convenir que le génie et la vertu réunis dans un seul homme pourront faire le bonheur de la France; et lorsque ces gens graves voudront faire du bruit, souvenez-vous qu'ils ne crient que pour leurs intérêts, et n'ayez plus la sottise de croire que ce soit jamais pour les vôtres.[64]

The *Philosophes* were also very critical of another institution which bore most heavily on the peasants, the *milice*, the conscript second-line troops. In the article MILICE in the *Encyclopédie* Jaucourt describes its baleful effects on the peasants:

Ce nom se donne aux paysans, aux laboureurs, aux cultivateurs qu'on enrôle de force dans les troupes. Les lois du royaume, dans les temps de guerre, recrutent les armées des habitants de la campagne, qui sont obligés sans distinction de tirer à la *milice*. La crainte qu'inspire cette ordonnance porte également sur le pauvre, le médiocre et le laboureur aisé. Le fils unique d'un cultivateur médiocre, forcé de quitter la maison paternelle au moment où son travail pourrait soutenir et dédommager ses pauvres parents de la dépense de l'avoir élevé, est une perte

---

[64] *Œuvres*, vol. XI, pp. 16-17, 89, 96-7.

irréparable, et le fermier un peu aisé préfère à son état toute profession qui peut éloigner de lui un pareil sacrifice.[65]

The grievances of the peasant are clearly brought out in this article, but the only mitigation of the burden which Jaucourt suggests is scarcely one that could be regarded as democratic— that instead of making all the youths of a parish draw lots, it should be possible to pay men to take their place, each taxpayer contributing to the maintenance of the replacements according to his taxable capacity. An even less egalitarian suggestion is put forward by Quesnay in his articles FERMIERS and GRAINS—that the sons of prosperous tenant-farmers should be exempted from service in the *milice*—and this received editorial support in a foot-note by Diderot and d'Alembert: 'La petite quantité d'enfants de *fermiers* que la milice enlève est un fort petit objet; mais ceux qu'elle détermine à abandonner la profession de leurs pères méritent une plus grande attention par rapport à l'agriculture qui fait la vraie force de l'état.'[66] However, by the closing years of the Ancien Régime the institution could almost be said to have been abolished. The Revolution scarcely improved the lot of the peasant in this respect; after suppressing the *milice* by a decree of 4 March 1791, it introduced conscription, starting with the *levée en masse* decreed on 23 August 1793 when the Republic was engaged in a fierce struggle for survival, and placed it on a permanent footing by the law of 5 September 1798. In one form or another it has persisted down to the present day.

The *Philosophes* were well aware of the enormous range of wealth and poverty amongst the peasants of their day. That prosperous tenant-farmers supplied with the necessary capital and employing a considerable labour force formed a kind of peasant aristocracy is well brought out in this same editorial note: 'Il y a actuelle-ment, selon M. Dupré de Saint-Maur, environ les 7/8 du royaume cultivés avec des bœufs. Ainsi il n'y a qu'un huitième des terres cultivées par des fermiers, dont le nombre ne va pas à 30,000, ce qui ne peut pas fournir 1,000 miliciens fils de *fermiers*. Cette petite quantité est zéro dans nos armées; mais 4,000 qui sont effrayés et qui abandonnent les campagnes chaque fois qu'on tire la milice sont un grand objet pour la culture des terres.' While the *Philosophes* were undoubtedly divided in their attitude to the Physiocrats, particularly on the questions of free trade in grain and on a single land tax, in general they shared their belief in the importance of

---

[65] Vol. X, p. 505a.
[66] Vol. VI, p. 536b.

offering every encouragement to this small minority of tenant-farmers.

There were, of course, exceptions; after attacking the law of primogeniture and entail as being responsible for keeping large estates intact, d'Holbach goes on to argue that the State should encourage *métairies* rather than large farms: 'Il est intéressant pour l'État que les terres soient partagées en petites métairies, qui font vivre plusieurs familles, plutôt qu'en grosses fermes. En Angleterre les fermes trop considérables font que souvent les fermiers deviennent des monopoleurs.' It is difficult to see how this attitude was consistent with his lavish praise of the Physiocrats in this same work.[67] If the *seigneur de Ferney* wanted noblemen to live on their estates,[68] it was because they could provide the capital which small, poverty-stricken peasants lacked.

Voltaire's first impression of Ferney when he took it over in 1758 was one of shocked surprise at the poverty which reigned in this remote corner of France on the doorstep of Geneva. It is, however, typical that he should have taken the view that the only solution for the poorer peasants was to become day-labourers. In an important article on agriculture in the *Questions sur l'Encyclopédie* (it bears the somewhat odd title of FERTILISATION) he puts the matter with his usual bluntness: 'S'il n'y avait pas trente manœuvres pour un maître, la terre ne serait pas cultivée. Quiconque possède une charrue a besoin de deux valets et de plusieurs hommes de journée. Plus il y aura d'hommes qui n'auront que leurs bras pour toute fortune, plus les terres seront en valeur.'[69] In the article PROPRIÉTÉ which is mainly concerned with the emancipation of the serfs he takes a strangely optimistic view of the happiness of the poorer peasant's lot:

Tous les paysans ne seront pas riches; et il ne faut pas qu'ils le soient. On a besoin d'hommes qui n'aient que leurs bras et de la bonne volonté. Mais ces hommes mêmes, qui semblent le rebut de la fortune, participeront au bonheur des autres. Ils seront libres de vendre leur travail à qui voudra le mieux payer. Cette liberté leur tiendra lieu de propriété. L'espérance certaine d'un juste salaire les soutiendra. Ils élèveront avec gaieté leurs familles dans leurs métiers laborieux et utiles. C'est surtout cette classe d'hommes si méprisables aux yeux des puissants qui fait la péninière des soldats.[70]

---

[67] *Éthocratie*, pp. 122n, 144n.
[68] See above, p. 63.
[69] *OC*, vol. XIX, pp. 108-9.
[70] Ibid., vol. XX, p. 293.

This view explains Voltaire's hostility to any plan for mass education since it would encourage the sons of agricultural labourers to avoid following in their fathers' footsteps.

The downtrodden state of the mass of peasants under the Ancien Régime is deplored in a striking passage in the *Histoire des Deux Indes* (not apparently by Diderot). After denouncing the unfair burden of taxation which the peasant was compelled to bear,[71] the writer goes on:

Un receveur cruel, un seigneur orgueilleux, un privilégié arrogant, un parvenu plus despote que tous les autres, peuvent l'humilier, le battre, le dépouiller, le priver en un mot de tous les droits de l'homme, de la propriété, de la sûreté, de la liberté. Abruti par cette espèce d'abjection, son vêtement, ses manières, son langage deviennent un objet de dérision pour tous les autres ordres, et l'autorité appuie souvent par sa conduite cette espèce d'extravagance.

This passage is followed immediately by an indignant outburst from Diderot at the cynical observation of an *Intendant* that 'les travaux de la campagne étaient si pénibles que, si l'on permettait au cultivateur d'acquérir de l'aisance, il abandonnerait la charrue et laisserait ses terres en friche'. Diderot turns round the argument, maintaining that on the contrary it is the impossibility of achieving a modest prosperity that leads to discontent with one's lot. He then goes on to put forward a very different view from that expressed by Voltaire since he declares that it had never entered the mind of this *Intendant*

que d'exclure inhumainement le paysan de la classe des propriétaires, c'était arrêter les progrès du premier des arts, qui ne pouvait devenir florissant tant que celui qui bêchait la terre serait réduit à la bêcher pour autrui. Cet homme d'état n'avait jamais comparé avec ses immenses coteaux le petit quartier de vigne qui appartenait à son vigneron, et connu la différence de la terre cultivée pour soi de la terre cultivée pour autrui.[72]

Contradictory as these views were, they reflected faithfully the enormous variations in wealth and poverty with a peasantry which numbered among its members everyone from prosperous landowners or tenant-farmers down to landless labourers. The startlingly sudden changes brought about by the Revolution in the position of the peasants, particularly in their relationship with the nobility, would certainly have taken by surprise men like Voltaire and Diderot if they had lived to see them. Yet some at least of these changes would no doubt have met with their approval.

---

[71] See below, pp. 99-101.
[72] Vol. IV, pp. 607-8.

It is notorious that the opening words of the famous decree of 11 August 1789—'L'Assemblée nationale détruit entièrement le régime féodal'[73]—were a decided exaggeration, but what it did actually abolish and abolish without indemnity—both forms of *mainmorte* and any other vestiges of serfdom together with the nobility's exclusive *droit de chasse*—had been the butt of violent attacks by the *Philosophes*. The solution adopted in this decree and worked out in detail in decrees of 15 March and 3 May 1790 regarding such feudal dues as the *cens, champart,* and *lods et ventes*— that the peasant should buy out the owner—was one which might well have been approved by the *Philosophes*, though they might have found the terms laid down very onerous to the peasant, both as regards the amount of the payments to be made and the obligation imposed on him, when there was a dispute as to whether he owed certain dues, to prove that he did not.

This solution was not nearly radical enough for the mass of the peasants, though in April 1791 they did receive some satisfaction over matters which had given rise to a considerable amount of disorder—the marks of honour to which *seigneurs* had been entitled on their estates. A decree of 13 April ordered the removal of the lord of the manor's pews from churches and of the gibbet which was the sign of his judicial rights. It abolished his exclusive right to have a weathercock: 'Il est libre à chacun d'en placer à son gré et dans telle forme qu'il jugera à propos.'[74] The suppression of all manorial courts together with the hated *droit de chasse* by the decree of 11 August 1789 had removed some peasant grievances. It is hard to imagine that any *philosophe* would have wept tears over such measures.

Undoubtedly their attitude towards the policy over feudal dues pursued by the Legislative Assembly and especially the Convention would have been different. After the upheaval of 10 August 1792 the Legislative Assembly in its last sittings passed a series of decrees which went far towards satisfying peasant demands. It abolished such casual dues as *lods et ventes* unless they could be justified by the original title as rent for a given piece of land, and among other measures unfavourable to the nobility it placed on the lord of the manor the onus of proving that dues which had not been abolished were owing to him. The Convention went very much further in its decree of 17 July 1793, the first clause of which reads: 'Toutes redevances ci-devant seigneuriales,

---

[73] Duvergier, vol. I, p. 33.
[74] Ibid., vol. II, p. 297.

droits féodaux, censuels, fixes et casuels, même ceux conservés par le décret du 25 août dernier, sont supprimés sans indemnité.'[75] No subsequent regime, not even the Restoration, has ever gone back on this revolutionary step. Yet even a radical *Philosophe* like Condorcet must have disapproved of it, since for him many feudal dues, however absurd their origin, were none the less a form of property. Eight days earlier he had been proscribed by the Convention and was now in hiding.

Although after the fall of Turgot the *corvée royale* had been officially re-established, by 1789 it was on the point of disappearing as it was gradually being replaced by an addition to the existing direct taxes. It is a curious fact that some of the *cahiers* of 1789 deplored this reform and were in favour of the system of road-making by forced labour. However, the *corvée royale* was abolished along with feudal dues, and a new law on the maintenance of roads was brought in on 22 December 1789. Under the Consulate, in July 1802, a decree, modified by laws of 1824 and 1836, re-introduced the principle of forced labour on roads, though only on the *chemins vicinaux*, in the form of what was called the *prestation*, defined thus by Littré: 'Prestation en nature, se dit du travail de trois journées auquel les habitants des communes peuvent être assujettis pour la réparation des chemins vicinaux, en vertu de la loi du 21 mai 1836. La prestation est rachetable en argent.' This law is still nominally in force in rural areas in France, though nowadays it simply involves an additional direct tax.

Another peasant grievance arising out of the building of roads was that their land could be taken from them without any sort of compensation. This violation of property rights was dealt with in the last clause of the *Déclaration des droits de l'homme*: 'La propriété étant un droit inviolable et sacré, nul ne peut en être privé, si ce n'est lorsque la nécessité publique, légalement constatée, l'exige évidemment, et sous la condition d'une juste et préalable indemnité.' This principle was put more concisely in section 545 of the *Code civil*: 'Nul ne peut être contraint de céder sa propriété, si ce n'est pour cause d'utilité publique, et moyennant une juste et préalable indemnité.'

How far the Revolution brought about the improvement in the peasants' lot which the *Philosophes* had sought is a complicated question. That the peasants derived some benefit from the abolition of feudal dues and in some cases from that of tithes as well as from the reform of the taxation system is generally accepted.

[75] Ibid., vol. VI, p. 19.

To what extent they profited from the sale of the *biens nationaux*—the Crown lands and those belonging to the clergy and *émigrés*—is a difficult question. The methods by which this land was sold did not allow the great mass of landless or nearly landless peasants to acquire much of it. Again, the amount of land available for sale varied quite capriciously from region to region; in some parts of France, for instance, the Church owned practically no land, and consequently little or none came on the market. It is fairly well established that the principal purchasers of the *biens nationaux* were the prosperous sections of the peasantry and the wealthy middle classes. Yet even so some land probably went to the medium and smaller peasants, and there is no question but that the mass of the peasantry were passionately attached to the Revolution and for several generations lived in fear of the clock being put back with the revival of feudal dues and tithes and the return of the *biens nationaux* to their former owners.

(b) *The Middle Classes. Trade and Industry*

It was no doubt natural that the school of economists which grew up in the 1750s and 1760s in such an overwhelmingly agricultural country as France then was should, in the words of Adam Smith, 'represent the produce of land as the sole source of the revenues and wealth of every country'.[76] While their *laissez-faire* theories were generally accepted by the *Philosophes*, there was a marked division of opinion as to the importance of agriculture compared with that of trade and industry. Some *Philosophes* went the whole hog and agreed completely with the Physiocrats' view of the supreme importance of agriculture. D'Holbach, for instance, certainly does so in the *Système social*:

Une nation commerçante semble communément oublier qu'elle renferme des possesseurs de terres qui seuls, comme on a vu, sont les vrais citoyens; c'est pourtant ceux-ci qu'elle immole à des négociants avides et qui n'ont d'autre patrie que leurs coffres. Cependant ce sont les premiers qui constituent la nation, qui supportent les impôts, qui font sortir de la terre les choses les plus nécessaires à la subsistance de la société.

Un gouvernement sage ne doit donc avoir égard qu'au bonheur et à l'aisance des vrais citoyens, de ceux qui possèdent et cultivent des terres. La terre est la vraie base d'un état; c'est à la terre qu'il faut songer; c'est le travail des champs qu'il faut encourager; c'est le plus utile à l'homme, le plus nécessaire à ses besoins naturels, le plus avantageux pour la conservation de ses mœurs. Une

---

[76] *An Inquiry into the Nature and Causes of the Wealth of Nations*, London, 1776, 2 vols., book IV, chap. ix.

administration sensée ne devrait point penser au commerce tant qu'il se trouve un arpent inculte dans ses états.[77]

Quite why d'Holbach should have been so firmly committed to this view is not easy to see. He was not a landed proprietor; the only estate which he is known to have possessed, one in Holland inherited from his *parvenu* uncle, he sold as quickly as he could, and his considerable fortune seems to have consisted in government stock and similar investments. Yet in his *Éthocratie* he goes out of his way to praise the 'zèle patriotique' of Quesnay and the Marquis de Mirabeau and stresses once again the fundamental importance of agriculture as compared with trade and industry: 'Le sol est la base de la félicité nationale; c'est le sol qui doit fournir à tout un peuple sa subsistance, ses besoins, ses agréments et ses plaisirs. Assez d'écrivains zélés et vertueux ont prouvé, par des ouvrages multipliés, l'attention que le gouvernement doit donner à l'agriculture de laquelle, comme d'un tronc, partent toutes les branches et les rameaux de l'économie politique. On ne peut rien ajouter aux vues utiles que l'amour du bien public leur a dictées.'[78]

Although in his years at Ferney Voltaire became very interested in agriculture, he used all his powers of ridicule to attack the conclusion drawn by the Physiocrats from their theory that the land was the sole source of wealth—that taxation should fall exclusively on the owners of land. In *L'Homme aux quarante écus* he makes his peasant hero comment sarcastically on Physiocratic theory:

Il parut plusieurs édits de quelques personnes qui, se trouvant de loisir, gouvernent l'État au coin de leur feu. Le préambule de ces édits était que la puissance *législatrice et exécutrice est née de droit divin copropriétaire de ma terre*, et que je lui dois au moins la moitié de ce que je mange. L'énormité de l'estomac de la puissance législatrice et exécutrice me fit faire un grand signe de croix ...

Les nouveaux ministres disaient encore dans leur préambule qu'on ne doit taxer que les terres, parce que tout vient de la terre, jusqu'à la pluie, et que par conséquent il n'y a que les fruits de la terre qui doivent l'impôt.[79]

Here as in the *Questions sur l'Encyclopédie* he makes the obvious point that there are other sources of wealth besides agriculture. In the latter work he uses very concrete examples to drive home the message:

Des spéculateurs voudraient que l'impôt ne tombât que sur les productions de la campagne. Mais quoi! j'aurai semé un champ de lin qui m'aura rapporté deux

---

[77] Vol. III, pp. 76-7.   [78] pp. 144-5.

[79] *Romans et contes*, ed. F. Deloffre and J. Van den Heuvel, Paris, 1979, p. 417.

cents écus, et un gros manufacturier aura gagné deux cent mille écus en faisant convertir mon lin en dentelles; ce manufacturier ne payera rien, et ma terre payera tout parce que tout vient de la terre! La femme de ce manufacturier fournira la reine et les princesses de beau point d'Alençon; elle aura de la protection; son fils deviendra intendant de justice, police et finance, et augmentera ma taille dans ma misérable vieillesse! Ah! messieurs les spéculateurs, vous calculez mal; vous êtes injustes.[80]

Even if the 'patriarche de Ferney' had now become a country gentleman, he was certainly well aware of the growing importance of trade and industry.

His disciple, Condorcet, was somewhat embarrassed when he came to write a commentary on *L'Homme aux quarante écus* since not only did he consider that a land tax was 'le plus utile à celui qui lève l'impôt, le moins onéreux à celui qui le paye, le seul juste, parce qu'il est le seul où chacun paye à mesure de ce qu'il possède, de l'intérêt qu'il a au maintien de la société'; he was also agreed with many other aspects of Physiocratic theory. While criticizing their abuse of jargon, he argues that they set out useful truths including that the right of property and complete freedom for trade and industry were essential rights—'et surtout', he goes on, 'bien plus importants pour les quatre-vingt-dix-neuf centièmes des hommes, que celui de faire partie pour un dix-millionième de la puissance législative'.[81]

After a first violent enthusiasm for the ideas of the Physiocrats Diderot came eventually to reject them. Two passages in the *Observations sur le Nakaz* are devoted to a defence of the manufacturer and the merchant. To Catherine's view that manufacturers must take second place to those engaged in agriculture Diderot retorts: 'Ce sont ceux qui ne cultivent pas et qui ont besoin de vivre qui doublent et triplent le travail de l'agriculteur; c'est donc le manufacturier qui fait fleurir l'agriculture et non l'agriculture qui fait fleurir la manufacture.' And he goes out of his way to comment on a passage which does not come from Catherine's *Nakaz*, but from Mercier de la Rivière's *L'Ordre naturel et essentiel des sociétés politiques* in which the merchant is depicted as having no roots in society. This Diderot denies at some length, arguing that it is a mistake to speak of favouring those engaged in agriculture since its prosperity requires the co-operation of a whole series of different occupations: 'La terre veut un propriétaire, un fermier, des valets, des animaux, des manufacturiers, des commerçants,

---

[80] *OC*, vol. XIX, p. 442.
[81] *Œuvres*, vol. IV, p. 299.

des voituriers, sans quoi la quantité de denrées disponibles perd sa valeur, et tous ces agents-là sont nécessaires, et doivent tous être favorisés.'[82]

The interdependence of agriculture and trade is depicted in lyrical terms in the *Histoire des Deux Indes*:

Une liberté indéfinie dans le commerce des denrées rend en même temps un peuple agricole et commerçant; elle étend les vues du cultivateur sur le commerce, les vues du négociant sur la culture; elle lie l'un à l'autre par des rapports suivis et continus. Tous les hommes tiennent ensemble aux campagnes et aux villes. Les provinces se connaissent et se fréquentent. La circulation des denrées amène vraiment l'âge d'or où les fleuves de lait et de miel coulent dans les campagnes. Toutes les terres sont mises en valeur. Les prés favorisent le labourage par les bestiaux qu'ils engraissent; la culture des blés encourage celle des vins en fournissant une subsistance toujours assurée à celui qui ne sème, ni ne moissonne, mais plante, taille et cueille.

And so the passage continues for another paragraph.[83]

Even *philosophes* like d'Holbach, who in theory believed that the prosperity of agriculture was the only important factor in the national economy, lavished fulsome praise on the merchant. We have seen how men like Voltaire and d'Alembert contrasted the uselessness of the courtier with the usefulness to society of the merchant.[84] D'Holbach attacks the 'préjugés gothiques et barbares' which reign in the very countries that owe their wealth to trade. Stupid officers, he declares, look down on the merchant and fail to see that it is he who feeds and clothes them and makes possible the very existence of an army. The merchant is more useful to society than the *hobereaux* who stagnate in shameful idleness and have as their only occupations hunting and 'le triste plaisir de vexer leurs concitoyens'. Very different is the role of the merchant: 'Dans les pays les plus lointains des milliers de bras s'empressent à satisfaire ses désirs; l'océan gémit sous le poids des navires qui des climats les plus éloignés viennent apporter à ses pieds des richesses et l'abondance à ses concitoyens. Le comptoir du négociant peut être comparé au cabinet d'un prince puissant qui met tout l'univers en mouvement.'[85] In contrast the *rentier* gets a very black mark. State credit, d'Holbach declares, 'devient une source de corruption pour un grand nombre de citoyens; il favorise leur indolence et leur paresse, en leur fournissant, sans travail et sans utilité pour l'État, les moyens de subsister aux

---

[82] *OP*, pp. 413, 420.
[83] Vol. IV, p. 614.
[84] See pp. 59, 64-5.
[85] *La Morale universelle*, vol. II, p. 240.

dépens de l'homme actif et industrieux qui travaille pour entretenir la mollesse des oisifs rentiers'. His disapproval of the species is summed up in one trenchant sentence: 'Tout rentier vit à la charge de l'homme laborieux.'[86] This severity is somewhat surprising as it would be difficult to describe d'Holbach himself as anything else but a *rentier*.

In order that trade and industry might prosper the *Philosophes* all argued in favour of the liberal principle of complete freedom from government intervention, for a policy of *laissez-faire*. Despite the fact that d'Holbach follows this statement with a chapter entitled 'Des limites du commerce' in which he shows himself hostile to too great a development of trade, even he states the principles of *laissez-faire* in the most emphatic manner:

> En un mot, le commerce exige la liberté la plus entière; plus le commerce sera libre et plus il s'étendra. Le gouvernement n'a rien à faire pour le marchand que de le laisser faire. Son intérêt, bien mieux que tous les règlements, le guidera dans ses entreprises ... L'État ne doit au commerce que sa protection. Parmi les nations commerçantes celles qui accorderont à leurs sujets la liberté la plus illimitée, seront sûres de l'emporter bientôt sur toutes les autres.[87]

For Voltaire freedom for trade went hand in hand with freedom of conscience: 'Liberté de commerce et liberté de conscience, monsieur,' he wrote to Dupont de Nemours in 1770, 'voilà les deux pivots de l'opulence d'un état petit ou grand.'[88] All forms of government intervention are condemned by Diderot in the *Observations sur le Nakaz*. 'Le gouvernement', he declares, 'ne doit aucunement se mêler du commerce, ni par règlement, ni par prohibitions.' Or again: 'Protéger le commerce, le favoriser sans s'en mêler; jamais un souverain n'entendra aussi bien les intérêts du commerce que le commerçant. Le prix des denrées s'établit de lui-même ... Ne point donner de coups de pied dans la ruche, laisser travailler les abeilles en repos.'[89]

Raynal's *Histoire des Deux Indes* preaches the same doctrine and stresses the beneficent effects of competition: 'Tout le monde sait que c'est la liberté qui est l'âme du commerce et qu'elle est seule capable de le porter à son dernier terme. Tout le monde convient que c'est la concurrence qui développe l'industrie et qui lui donne tout le ressort dont elle est susceptible.'[90] The message is rammed

---

[86] *La Politique naturelle*, vol. II, p. 160.

[87] Ibid., vol. II, p. 150.

[88] *CW*, vol. 120, p. 337.

[89] *OP*, pp. 416, 449.

[90] Vol. I, p. 698.

home in another passage: 'Établissez entre la capitale et les autres villes une dépendance réciproque de besoins ou de commodités, des matières et des ouvrages. Mais encore n'établissez rien, n'ordonnez rien; laissez agir les hommes qui travaillent. Liberté de commerce, liberté d'industrie: vous aurez des manufactures; vous aurez une grande population.'[91]

Much the most precise of the *Philosophes* in his denunciation of government intervention in trade and industry under the Ancien Régime is Condorcet. His hostility to Colbert's regulation of industrial processes is summed up in the following passage:

Un négociant consulté par lui sur ce qu'il devait faire pour encourager le commerce, lui répondit: *Laissez faire et laissez passer*; et il avait raison. Colbert fit précisément le contraire; il multiplia les droits de toute espèce, prodigua les règlements en tout genre. Quelques artistes instruits lui ayant donné des mémoires sur la méthode de fabriquer différentes espèces de tissus, sur l'art de la teinture, etc., il imagina d'ériger en lois ce qui n'était que la description des procédés usités dans les meilleures manufactures; comme s'il n'était pas de la nature des arts de perfectionner sans cesse leurs procédés; comme si le génie d'invention pouvait attendre pour agir la permission du législateur; comme si les produits des manufactures ne devaient pas changer, suivant les différentes modes de se vêtir, de se meubler![92]

One of his early pamphlets, his *Monopole et monopoleur*, published in 1775, offers an ironical defence of various forms of State intervention in trade and industry:

Si on accorde un privilège exclusif à l'inventeur d'une machine, c'est pour exciter l'émulation et récompenser le génie.

On donne un privilège à une manufacture ou nouvelle, ou coûteuse, pour qu'elle puisse s'établir ou se soutenir.

D'ailleurs, si on laissait la liberté aux manufactures, le public serait exposé à n'avoir que de mauvaises étoffes, au lieu qu'en assujettissant les ouvriers à des règlements sur la matière qu'ils doivent employer, sur la forme, sur le poids de l'ouvrage qui doit en résulter, on est sûr que le public ne sera jamais trompé. Comme les ouvriers pourraient être tentés de violer les règlements, on établit des inspecteurs de manufactures, on leur donne le droit de confisquer les ouvrages contraires à la loi, de les faire attacher publiquement à un poteau, et si l'ouvrier ne se corrige pas, de l'y attacher lui-même. C'est ce que du temps de Colbert on appelait encourager les manufactures.

On donne à des compagnies le commerce exclusif des Indes et du Levant, parce que la concurrence entre les commerçants particuliers ferait hausser le prix des marchandises.

Enfin dans tout commerce, dans tout métier, comment veut-on qu'un gouvernement sage se repose sur les différents intérêts des hommes, qu'il suppose que l'avarice des acheteurs et l'avidité des marchands se contrebalancent

[91] Vol. IV, p. 623.
[92] *Œuvres*, vol. IV, p. 375.

sans qu'on s'en mêle et qu'il laisse faire? Est-ce là gouverner? N'est-il pas bien plus beau de se mêler de tout, de vouloir tout embrasser, tout diriger?[93]

For Condorcet the basic principles of economic liberalism are self-evident. If men are left to themselves, to the workings of their own self-interest, they will automatically contribute to the general interest. 'Comment', he asks in the *Esquisse d'un tableau historique*, 'dans ce chaos apparent, voit-on néanmoins, par une loi générale du monde moral, les efforts de chacun pour lui-même servir au bien-être de tous, et, malgré le choc extérieur des intérêts opposés, l'intérêt commun exiger que chacun sache entendre le sien propre, et puisse y obéir sans obstacle?' This rejection of government intervention in the economic sphere is summed up in the paragraph which follows:

Ainsi, l'homme doit pouvoir déployer ses facultés, disposer de ses richesses, pourvoir à ses besoins avec une liberté entière. L'intérêt général de chaque société, loin d'ordonner d'en restreindre l'exercice, défend au contraire d'y porter atteinte, et dans cette partie de l'ordre public, le soin d'assurer à chacun les droits qu'il tient de la nature est encore à la fois la seule politique utile, le seul devoir de la puissance sociale, et le seul droit que la volonté générale puisse légitimement exercer sur les individus.[94]

One aspect of the *Philosophes'* demand for complete economic freedom was their hostility to the guilds. Various contributors to the *Encyclopédie*, including Diderot himself, criticize the institution, sometimes combining criticism of it with attacks on other forms of monopoly. In *CHEF-D'OEUVRE Diderot maintains that the test of the masterpiece before admission to a guild is completely useless: 'Si celui qui se présente à la maîtrise sait très bien son métier, il est inutile de l'examiner; s'il ne le sait pas, cela ne doit pas l'empêcher d'être reçu, il ne fera tort qu'à lui-même; bientôt il sera connu pour mauvais ouvrier et forcé de cesser un travail où, ne réussissant pas, il est nécessaire qu'il se ruine.' There follows a no doubt somewhat caricatural account of how the test tended to be applied rather differently to candidates for admission to the guild:

S'il est fils de maître, assez ordinairement il est dispensé du *chef-d'œuvre*; s'il ne l'est pas, fût-il le plus habile ouvrier d'une ville, il a bien de la peine à faire un *chef-d'œuvre* qui soit agréé de la communauté, quand il est odieux à cette communauté. S'il est agréable au contraire, ou qu'il ait de l'argent, fût-il le plus ignorant de tous les ouvriers, il corrompra ceux qui doivent veiller sur lui tandis qu'il fait son *chef-d'œuvre*; ou il exécutera un mauvais ouvrage qu'on

[93] Ibid., vol. XI, pp. 41-2.
[94] pp. 152-3.

recevra comme un *chef-d'œuvre*; ou il en présentera un excellent qu'il n'aura pas fait. On voit que toutes ces manœuvres anéantissent absolument les avantages qu'on prétend retirer des *chefs-d'œuvre* et que les corps de communauté et de manufacture n'en subsistent pas moins.[95]

The attack is continued by other contributors such as Faiguet de Villeneuve in ÉPARGNE and MAITRISES. The evils of the guild system are summed up in the latter article in one trenchant sentence: 'Les plus riches et les plus forts viennent communément à bout d'exclure les plus faibles et d'attirer ainsi tout à eux, abus constants que l'on ne pourra jamais déraciner qu'en introduisant la concurrence et la liberté dans chaque profession.'[96] The same theme is taken up by the anonymous author of PRIVILÈGE (*Gouv. Comm. Polit.*) who, in a section headed *privilège exclusif*, also includes privileges extended to trading companies and manufacturers of certain products. All these are roundly condemned in the name of economic liberalism: 'La concurrence fera mieux faire et diminuera le prix de la main-d'œuvre.'[97] In denouncing the evil effects of the monopoly acquired by the guilds, he stresses how it leads to the consumer being exploited: 'Le public de sa part y perdit par le renchérissement des marchandises et de la main-d'œuvre. On fut obligé d'acheter 3 livres 10 sols une paire de souliers faits par un maître, qu'on aurait payée bien moins en la prenant d'un ouvrier qui n'y aurait mis que du cuir et sa façon.'[98]

When in 1776 Turgot attempted to abolish the guilds, he found strong support for the move among the *Philosophes*. 'Il est bien clair', wrote Voltaire from Ferney, 'que toutes ces maîtrises et toutes ces jurandes n'ont été inventées que pour tirer de l'argent des pauvres ouvriers, pour enrichir des traitants et pour écraser la nation.'[99] Diderot sent Galiani through Mme d'Épinay an answer to his criticism of Turgot's edict. He does not share his fear that standards will decline: 'Grâce à ces jurandes, ce n'était pas un mauvais ouvrier qui trouvait des difficultés à se faire recevoir maître; c'était un bon. En qualité de fils d'ouvrier, je sais là-dessus des détails qui faisaient écumer de rage mon père pendant le syndicat de sa communauté.' He goes on to quote the example of a large French city (Lyons which had never known guilds outside the silk industry is presumably meant): 'Là se fait perruquier,

---

[95] Vol. III, p. 273a-b.
[96] Vol. IX, p. 911b.
[97] Vol. XIII, p. 391a.
[98] Ibid., p. 390b.
[99] *CW*, vol. 127, p. 14.

menuisier, tapissier, horloger, qui veut l'être, sans qu'il s'en soit jamais suivi ni procès ni plus de friponneries qu'ailleurs; ni émigration d'ouvriers, ni dégradation de manufacture, ni aucun des inconvénients redoutés par l'abbé.'[100]

Before an apostrophe beginning 'O vertueux Turgot ...' d'Holbach's *Éthocratie* contains the expected attack on the guilds as on *privilèges exclusifs* in general. He stresses in particular the contribution their abolition would make to the reduction of poverty:

Enfin le gouvernement, qui doit toujours tendre une main secourable au pauvre industrieux qui fait des efforts pour sortir de la misère, ne manquera pas d'ouvrir le champ le plus libre à l'activité de tous les citoyens disposés à travailler. Les privilèges exclusifs, les jurandes, les droits exigés par les communautés etc. sont des obstacles opposés à l'industrie qui empêchent l'indigent d'améliorer son sort. S'il faut être riche pour avoir le droit de travailler, quelle ressource restera-t-il aux pauvres pour subsister?[101]

In his *Vie de Turgot* Condorcet naturally makes an onslaught on the system when describing Turgot's efforts at reform:

Tous ceux qui, dans les villes, n'avaient pu remplir certaines formalités, souvent bizarres et toujours coûteuses, n'ayant pas le titre de maître dans les communautés de marchands ou d'ouvriers, n'avaient point la liberté de disposer à leur gré de leur intelligence ou de leurs bras. Les maîtres formaient une petite république, dont les chefs, sous prétexte de police, avaient porté à un degré qu'il eût été difficile de prévoir, l'art de resserrer les chaînes des malheureux ouvriers, de surcharger les communautés de dépenses inutiles, et de rendre insupportable même l'état de maître à ceux qui n'avaient que de l'industrie et de l'amour du travail.[102]

Although Condorcet states that the revocation of his edicts on the guilds and the *corvées* caused Turgot more distress than his loss of office,[103] in neither case did France return to the *status quo*. The number of guilds was greatly reduced and some of the worst abuses in the system were removed before 1789.

It was, however, the Constituent Assembly that finally abolished the whole system by a decree of 2-17 March 1791. This was done in a somewhat roundabout fashion when introducing changes in the taxation system by bringing in a new tax on those engaged in the trades and professions, the *patente*.[104] This sweeping change is brought in almost incidentally in Article 7: 'A compter du 1er avril

[100] Roth-Varloot, vol. XIV, p. 191.
[101] pp. 151-2.
[102] *Œuvres*, vol. V, pp. 67-8.
[103] Ibid., vol. V, p. 158.
[104] See below, p. 111.

prochain, il sera libre à toute personne de faire tel négoce, ou d'exercer telle profession, art, ou métier qu'elle trouvera bon; mais elle sera tenue de se pourvoir auparavant d'une patente, d'en acquitter les taux ci-après déterminés et de se conformer aux règlements de police qui sont ou pourront être faits.'[105] If this measure would have met with approval from the *Philosophes*, the attitude taken up by successive revolutionary assemblies on another important economic question—the regulation of the grain trade—could be said to reflect the divided opinions of their group. If Condorcet was in favour of complete freedom from all regulations, including the freedom to export grain, it is notorious that Diderot, for instance, was violently opposed to this application of liberal economic theory. The Constituent Assembly began by removing all controls over the internal trade in grain by a decree of 29 August 1789, which laid down that 'la vente et circulation des grains et farines seront libres dans toute l'étendue du royaume,'[106]—though, like Turgot in 1774, it banned exports for the time being. Though this freedom from controls was confirmed by a series of decrees down to January 1792, the grave problems created by grain shortages led to the gradual introduction of more and more restrictions, including requisition, in the critical years 1793 and 1794. These were only gradually relaxed, and it was not until 9 June 1797 that a law restored complete freedom to the grain trade inside France though exports continued to be banned:

Ier. La circulation des grains sera entièrement libre dans l'intérieur de la République.

II. Toute personne convaincue d'y avoir porté atteinte sera poursuivie et condamnée, outre la restitution, à une amende de la moitié de la valeur des grains arrêtés, pour le paiement de laquelle il sera donné caution, faute de quoi la peine de six mois d'emprisonnement sera prononcée.[107]

The strict control over trade and industry exercised by French governments, particularly since the time of Colbert, was swept away by a decree of 27 September 1791:

Art.Ier. Toutes les chambres de commerce qui existent dans le royaume, sous quelque titre et dénomination qu'elles aient été créées ou formées, sont supprimées à compter de la publication du présent décret.

---

[105] Duvergier, vol. II, pp. 231-2.
[106] Ibid., vol. I, p. 39.
[107] Ibid., vol. IX, p. 376.

II. Les bureaux établis pour la visite et marque des étoffes, toiles et toileries, sont supprimés, ainsi que les dites visites et marques. Les commissions données aux préposés chargés du service des dits bureaux, ainsi qu'aux inspecteurs et directeurs généraux du commerce et des manufactures, inspecteurs ambulants et élèves des manufactures, sont révoquées.

III. Le bureau créé à Paris pour l'administration du commerce et des manufactures, par le règlement du 2 février 1788, ainsi que le bureau de la balance du commerce, sont également supprimés, et toutes les commissions données aux personnes qui composent les dits bureaux sont révoquées.[108]

Another typically liberal doctrine—that of complete freedom of trade between nations—surfaces in the *Histoire des Deux Indes.* Peace, the writer declares, is no longer peace but a state of undeclared war since 'tout état repousse les productions étrangères, ou par des prohibitions, ou par des gênes souvent équivalentes à des prohibitions'. Exactly the opposite policy ought to be followed by all nations: 'Que les peuples, dans quelque contrée où le sort les ait placés, à quelque gouvernement qu'ils soient soumis, quelque culte qu'ils professent, communiquent aussi librement entre eux que les habitants d'un hameau avec ceux d'un hameau voisin, avec ceux de la ville la plus prochaine, avec tous ceux du même empire; c'est-à-dire sans droits, sans formalités, sans prédilection.' Each nation will produce those things which it is best at producing and in exchange for these superior products will be able to satisfy its other needs. Even the obvious objection that the result of unlimited free trade would be the ascendancy of a few nations is brushed aside. 'Heureuse donc et infiniment heureuse', the writer exclaims, 'la puissance qui, la première, se débarrassera des entraves, des taxes, des prohibitions qui arrêtent et oppriment partout le commerce.'[109]

It is notorious that this advice was not heeded in France. The protectionist policy pursued there for generations had been slightly modified in 1786 when she signed a commercial treaty with England which removed all prohibitions on imports and reduced many tariffs. This treaty was extremely unpopular with French industrialists, since the country was flooded with the manufactured goods of a more economically developed country. The reaction against this treaty is reflected in the tariffs laid down by the Constituent Assembly when it came to revise the whole taxation system.[110] However, the decree of 12 February 1791, taken as

---

[108] Ibid., vol. III, p. 374.
[109] Vol. IV, pp. 601-3.
[110] See below, pp. 111-13.

a whole, could be described as only moderately protectionist even though it banned entirely certain imports and imposed higher tariffs on some goods than those laid down by Colbert. When the Revolutionary and Napoleonic wars were over, the demands of the landed interest and of most industrialists for high protective tariffs were acceded to by the governments of the Restoration. Not only were these tariffs often very high (in 1822 that on English iron was raised from 50 per cent to 120), but there was a total ban on certain imports. The same policy was pursued with only minor modifications under the July Monarchy and, although in the 1860s Louis Napoleon attempted to move in the opposite direction by signing trade agreements with Britain, Belgium and the Zollverein, this policy was generally unpopular and it was soon reversed by the Third Republic which, particularly in a new tariff law of 1892, imposed heavy duties on many imported goods.

The way in which the resentment of the middle classes at the nobility's virtual monopoly of all high posts in the state is mirrored in the writings of the *Philosophes* and how the Revolution brought this to an end have already been examined.[111] Another aspect of social life under the Ancien Régime—the buying and selling of official posts (*la vénalité des charges*) and the hereditary nature of many of them—also come under attack in the writings of the *Philosophes*. A great deal of this criticism is, of course, related to their dissatisfaction with the administration of justice, one feature of which was the strange method of recruitment to judicial posts. Thus we find d'Holbach attacking in scandalized terms the way in which such posts were either purchased or inherited: 'Que dirons-nous du délire ou de l'abus que l'on voit régner dans quelques nations où le droit si noble de rendre la justice aux citoyens s'achète à prix d'argent et se transmet comme un héritage? Ainsi dans ce pays il suffit d'être riche ou d'être né d'un juge pour acquérir le droit de décider de la fortune, de la liberté, de la vie de ces concitoyens.'[112] The attack is renewed in *Éthocratie*: 'Par ce commerce étrange la magistrature, faite pour récompenser l'expérience, la science, la probité, les lumières, ne put être le partage que de l'opulence, souvent acquise par les voies les plus iniques et les plus déshonnêtes.'[113] The readers of this anonymous work were not to know that its author had just bought his elder son a post of *conseiller* in the Paris Parlement.

---

[111] See above, pp. 58-67.
[112] *Système social*, vol. III, p. 32.
[113] p. 74.

Voltaire's criticisms are also mainly directed against the way in which judges were recruited. In one of his last works, the *Commentaire sur quelques maximes de l' 'Esprit des lois'*, he attacks Montesquieu's dictum that the *vénalité des charges* was a good thing in a monarchy: 'La fonction divine de rendre justice, de disposer de la fortune et de la vie des hommes, un métier de famille! ... Mais pourquoi la France est-elle la seule monarchie de l'univers qui soit souillée de cet opprobre de la vénalité passée en loi de l'État? Pourquoi cet étrange abus ne fut-il introduit qu'au bout de onze cents années?'[114] On occasion, however, he does broaden the issue by including in his criticism the sale both of high posts in the civil service and commissions in the armed forces. The Englishman in *L'A.B.C.* not only declares: 'On ne vend point chez nous une place de magistrat comme une métairie'; he is also made to add:

Presque toutes les places et les dignités se vendent en France, comme on vend des herbes au marché. Le chancelier de France est tiré souvent du corps des conseillers d'État, mais, pour être conseiller d'État, il faut avoir acheté une charge de maître des requêtes. Un régiment n'est point le prix des services, c'est le prix de la somme que les parents d'un jeune homme ont déposée pour qu'il aille trois fois de l'année tenir table ouverte dans une ville de province.[115]

Criticism of the system is widened further in a striking passage in Voltaire's *Pot-pourri* where he speaks specifically of the impossibility for men of undoubted gifts but devoid of wealth obtaining any opportunity to serve the State:

Feu M. Dumarsais assurait que le plus grand des abus était la vénalité des charges. 'C'est un grand malheur pour l'État, disait-il, qu'un homme de mérite, sans fortune, ne puisse parvenir à rien. Que de talents enterrés et que de sots en place! Quelle détestable politique d'avoir éteint l'émulation!' M. Dumarsais, sans y penser, plaidait sa propre cause; il a été réduit à enseigner le latin, et il aurait rendu de grands services à l'État s'il avait été employé. Je connais des barbouilleurs de papier qui eussent enrichi une province s'ils avaient été à la place de ceux qui l'ont volée. Mais, pour avoir cette place, il faut être fils d'un riche qui vous laisse de quoi acheter une charge, un office, et ce qu'on appelle *une dignité.*[116]

For Diderot, at any rate in his writings of the 1770s, the only solution to this problem was to fill all posts in the State, including the very highest, by competitive examination. This would have the effect of reducing the importance of money in society as well as

---

[114] *OC*, vol. XXX, p. 425. See also vol. XXVII, p. 325 (*L'A.B.C.*) and vol. XIX, pp. 287-8 (*Questions sur l'Encyclopédie*).
[115] Ibid., vol. XXVII, p. 387.
[116] Ibid., vol. XXV, p. 263.

raising educational standards. If competitive examinations were introduced, he tells Helvétius in his *Réfutation de l'homme*:

Alors le père opulent dira à son fils: 'Mon fils, si tu ne veux que des châteaux, des chiens, des femmes, des chevaux, des mets délicats, des vins exquis, tu les auras; mais si tu as l'ambition d'être quelque chose dans la société, c'est ton affaire, ce n'est pas la mienne; travaille le jour, travaille la nuit, instruis-toi, car avec toute ma fortune je ne ferais pas de toi un huissier.'

Alors l'éducation prendra un grand caractère, alors l'enfant en sentira toute l'importance; car s'il demande qui est-ce qui est grand chancelier de France, il arrivera souvent qu'on lui nommera le fils du menuisier ou du tailleur de son père, peut-être celui de son cordonnier.[117]

Both in his *Mémoires pour Catherine II* and in his *Observations sur le Nakaz* Diderot endeavoured to convert the Empress to his idea of a meritocracy.

The *vénalité des charges* was one of the first casualties of the Revolution. The decree of 11 August 1789 which formalized the motions carried on the night of the 4 August lays it down that 'la vénalité des offices de judicature et de municipalité est supprimée dès cet instant'.[118] In practice subsequent legislation abolished *vénalité* in all its forms, repaying in depreciated *assignats* the money invested in such posts as those of judge. This was surely one piece of Revolutionary legislation to which the *Philosophes* would have given wholehearted approval.

(c) *Finances*

If one of the immediate causes of the collapse of absolute monarchy in 1789 was its inability to pay its way, long before that date the management of its finances had been severely criticized by the *Philosophes*, at least as far back as Voltaire's *Lettres philosophiques*. Some thirty years later, in his *Précis du siècle de Louis XV*, he was to renew his unfavourable comparison between the financial administration in France and that in England when he wrote of the Seven Years War:

Les Anglais dans cette guerre ont été plus chargés que les Français; mais, en Angleterre, la nation se taxe elle-même, elle sait sur quoi les emprunts seront remboursés. La France est taxée et ne sait jamais sur quoi seront assignés les fonds destinés au paiement des emprunts. Il n'y a point en Angleterre de particuliers qui traitent avec l'État des impôts publics et qui s'enrichissent aux dépens de la nation; c'est le contraire en France.[119]

---

[117] *OC(AT)*, vol. II, pp. 417-18.
[118] Duvergier, vol. I, p. 34.
[119] *OC*, vol. XV, p. 387.

In face of the heavy debts contracted by the French monarchy there was a partial solution which made a strong appeal to the *Philosophes*—the sale of the substantial property of the Catholic Church.[120] Another method of reducing the national debt favoured by Diderot was the sale of the Crown lands. He several times expounds his views on this subject, in most detail in the *Observations sur le Nakaz*:

Je ne saurais souffrir qu'un souverain ait des domaines qui lui soient propres. 1° Ces domaines sont mal administrés; ils entraînent plus de dépense et rendent moins. 2° Soustraits à l'imposition, le peuple est surchargé du fardeau qu'ils ne portent pas. 3° Ils sont tous engagés, et un engagiste est un homme qui se garde bien d'améliorer un fonds qui ne lui appartient pas, et qui ne manque jamais d'en tirer tout ce qu'il peut tandis qu'il le possède, et de le ravager. Pourquoi ne pas aliéner? Le fonds en serait appliqué aux besoins de l'État; si l'État n'avait point de dettes à acquitter, il dépenserait moins. Ces domaines rendraient davantage; ils seraient sans cesse améliorés et fourniraient au fisc en raison de leur valeur.[121]

The same view is taken by Condorcet in his *Essai sur les Assemblées provinciales* where he suggests that these bodies should be made responsible for the gradual sale of the Crown lands. There is no longer, he argues, any reason to regard them as inalienable 'puisque le trésor du prince est confondu avec celui de la nation', and in any case their administration is so costly that the income from them is much less than it should be. If they were sold, they would fetch a price 'qui, employé à rembourser une partie de la dette perpétuelle, produirait une diminution d'intérêts beaucoup plus forte que le revenu actuel des domaines, tandis qu'il résulterait encore de la meilleure culture, de la meilleure administration de ces biens, une augmentation de produit net, et par conséquent une nouvelle richesse et de nouvelles ressources'. Condorcet suggests that the provincial assemblies should sell the land in small lots for two reasons—'afin de rendre l'opération plus lucrative et de produire une plus grande division dans les propriétés'.[122]

The financial crisis with which the Constituent Assembly was faced led it to decree as early as 19 December 1789 the sale of most of the Crown lands along with 400 m. livres worth of Church property: 'Les domaines de la couronne, à l'exception des forêts et des maisons royales dont Sa Majesté voudra se réserver la jouissance, seront mis en vente ...'[123]

---

[120] See below, pp. 195-8.
[121] *OP*, pp. 453-4. See also *MC*, p. 149 and *Histoire des Deux Indes*, vol. I, p. 474.
[122] *Œuvres*, vol. VIII, pp. 451-2.   [123] Duvergier, vol. I, p. 72.

The exemption of the clergy from direct taxes and that of the nobility from the *taille* were two of the chief points in the taxation system criticized by the *Philosophes*, again from the *Lettres philosophiques* onwards.[124] Voltaire would exempt the poorest section of the community from taxes; in the *Dialogue entre un philosophe et un contrôleur général* he declares: 'L'impôt n'est donc réellement que sur les riches; vous ne pouvez pas demander au pauvre une partie du pain qu'il gagne, et du lait que les mamelles de sa femme donnent à ses enfants. Ce n'est pas sur le pauvre, sur le manœuvre qu'il faut imposer une taxe; il faut, en le faisant travailler, lui faire espérer d'être un jour assez heureux pour payer des taxes.'[125] With this exception taxes should fall on all sections of the community in proportion to their wealth.

It is noticeable that it is the iniquity of the clergy's exemption from direct taxation rather than the nobility's which is stressed in Voltaire's writings. In the pamphlet, *La Voix du sage et du peuple*, which he published in 1750 in support of Machault's attempt to make the clergy pay its share of the *vingtième*, he declared: 'En France, où la raison se perfectionne tous les jours, la raison nous apprend que l'Église doit contribuer aux charges de l'État à proportion de ses revenus et que le corps destiné particulièrement à enseigner la justice doit commencer par en donner l'exemple.'[126] In the article LOIS CIVILES ET ECCLÉSIASTIQUES in the *Dictionnaire philosophique* he lists among the restrictions he would like to see imposed on the clergy the loss of their privileges in the matter of taxation: 'Que les magistrats, les laboureurs et les prêtres payent également les charges de l'État, parce que tous appartiennent également à l'État.'[127] The article DROIT CANONIQUE in the *Questions sur l'Encyclopédie* goes into more detail; Voltaire here argues, not only that the clergy should pay its fair share of taxation, but also that, in order for it to be properly assessed, 'le souverain doit connaître et peut demander un état des biens et des possessions de tout corps comme de tout particulier'.[128]

Exemption from the *taille* was enjoyed by other people besides the members of the first two orders in the State, as the author of the anonymous *Encyclopédie* article PRIVILÈGE (*Gouv. Comm. Polit.*) makes clear with considerable vigour:

Un bourgeois aisé et qui, à lui seul, pourrait payer la moitié de la taille de toute une paroisse s'il était imposé à sa due proportion, pour le montant d'une année

---

[124] See above, p. 59.
[126] Ibid., vol. XXIII, p. 467.
[128] Ibid., vol. XVIII, p. 434.
[125] *OC*, vol. XXIII, p. 505.
[127] Ibid., vol. XIX, p. 626.

ou deux de ses impositions et souvent pour moins, sans naissance, sans éducation et sans talents, achète une charge dans un bureau d'élection ou de grenier à sel, ou une charge inutile et de nul service chez le roi ou chez un prince qui a une maison, charge dont le titre même est souvent ignoré du maître et dont il ne fait jamais aucun usage; ou se fait donner dans les fermes du roi un petit emploi souvent inutile et dont les produits ne sont autres que les exemptions mêmes attachées à la commission, vient jouir à la vue du public de toutes les exemptions dont jouissent la noblesse et la grande magistrature.[129]

It was, however, against the privilege of the nobility that the *Philosophes'* fire was mainly directed, both in such private writings as Diderot's *Mémoires pour Catherine II* and in their published works. Among the plan of reforms put forward by 'le philosophe Denis' is the abolition of all such exemptions:

Je serais le plus injuste et le plus imbécile des souverains si je laissais subsister toutes ces exemptions de militaire, de noblesse, de magistrature. J'acquitterais bien les services de ces hommes utiles; mais parbleu! ils rentreraient tous dans la classe générale de citoyens. Comment! il y aura dix-sept cents ans que ceux qui jouissent le plus des prérogatives et de la protection de la société, seront ceux qui fournissent le moins à ses dépenses; et je le souffrirais plus longtemps! Et l'agricole qui n'a rien, et le citoyen qui a peu, et le manufacturier qui n'a que ses bras, seront toujours écrasés? oh! cela ne se peut. Tous mes prédécesseurs l'ont entendu ainsi. Ç'a été leur bon plaisir, mais ce ne serait pas le mien.[130]

He returns to the attack on the exemptions enjoyed by the privileged orders in the harangue to Louis XVI which he contributed to the *Histoire des Deux Indes*. The king is asked whether it is his intention to 'permettre que les grands, les magistrats, tous les hommes puissants ou protégés de ton empire continuent d'écarter loin d'eux le fardeau de l'impôt pour le faire retomber sur le peuple, espèce de concussion contre laquelle les gémissements des opprimés et les remontrances des hommes éclairés réclament inutilement et depuis si longtemps'.[131]

Similarly in *La Politique naturelle* d'Holbach deplores the way in which many of the wealthiest members of the community push the burden of taxation on to the shoulders of those least able to bear it:

L'impôt doit être universel, c'est un fardeau destiné à être porté par tous les sujets; les exemptions de ce genre mettent entre les citoyens une inégalité aussi injuste qu'affligeante, qui n'est communément favorable qu'à ceux qui sont le plus en état de secourir la nation. Mais par une absurdité tyrannique les hommes les plus riches de l'état sont communément ceux que l'impôt ménage le plus;

---

[129] Vol. XIII, p. 389b.
[130] *MC*, p. 153.
[131] Vol. I, p. 474.

le fardeau tombe sur le malheureux. Le cultivateur, qui fait vivre la société, communément très indigent sous un mauvais gouvernement, est soumis à des taxes souvent très arbitraires, dont le noble opulent est totalement exempté. Quels infâmes privilèges que ceux qui sacrifient cruellement les misérables aux intérêts des plus fortunés!

'L'impôt', he declares, 'doit être proportionné aux facultés de chaque citoyen, aux avantages dont l'État le met à portée de jouir et surtout aux besoins réels de l'État.'[132] The attack on such privileges is continued in *Éthocratie* where he argues that 'des lois plus justes et plus morales peuvent anéantir de prétendus droits qui ne sont que des usurpations réelles, des violations manifestes des droits imprescriptibles des nations'. He also points out that there is no longer any justification for the taxation privileges enjoyed by the nobility since 'ces exemptions sont fondées sur ce qu'autrefois les nobles étaient obligés de faire la guerre à leurs dépens, tandis qu'aujourd'hui les armées sont à la solde du prince, et que le noble n'est plus obligé de servir'.[133]

On the eve of the Revolution, at a moment when the resistance of the privileged orders to reforms in taxation was undermining the position of the monarchy, Condorcet takes up the same theme. In his commentary on the works of Voltaire he denounces the privileges of the nobility as 'une des principales causes de la mauvaise administration des finances et de la misère du peuple',[134] while in his pamphlet of 1788, *Lettres d'un citoyen des États-Unis à un Français sur les affaires présentes*, there is a clear reference to the aristocratic revolt against the attempt of the government to make the privileged orders contribute more in the way of taxation: 'Il s'agit pour vous de détruire un système fiscal qui pèse sur le pauvre pour ménager le riche, de sacrifier à la nécessité de rétablir vos finances des privilèges odieux que des corps puissants se sont arrogés dans des temps d'ignorance et de faiblesse.'[135]

On the whole the *Philosophes'* criticism of the inequalities and the arbitrary nature of the system of direct taxation tends to be rather general. Some of Jaucourt's articles in the *Encyclopédie* are a little more specific. In IMPÔT (*Droit politiq. et Finances*), for instance, he maintains that inequality in assessment leads to all manner of injustices which in the long run are against the general interest:

En France l'on fait des rôles où l'on met les diverses classes de fonds. Il n'y a rien à dire quand ces classes sont distinguées avec justice et avec lumières, mais il est

---

[132] Vol. II, p. 142.   [133] pp. 25, 52n.
[134] *Œuvres*, vol. IV, p. 533.   [135] Ibid., vol. IX, p. 99.

difficile de bien connaître les différences de la valeur des fonds et encore plus de trouver des gens qui ne soient pas intéressés à les méconnaître dans la confection des rôles. Il y a donc deux sortes d'injustices à craindre, l'injustice de l'homme et l'injustice de la chose. Cependant si la taxe est modique à l'égard du peuple, quelques injustices particulières de gens plus aisés ne mériteraient pas une grande attention. Si au contraire on ne laisse pas au peuple sur la taxe de quoi subsister honnêtement, l'injustice deviendra des plus criantes et de la plus grande conséquence. Que quelques sujets par hasard ne paient pas assez dans la foule, le mal est tolérable; mais que plusieurs citoyens qui n'ont que le nécessaire, paient trop, leur ruine se tourne contre le public.

He then proceeds to enter into rather more precise detail.

Il ne faut donc point que la portion des taxes qu'on met sur le fermier d'une terre, à raison de son industrie, soit forte ou tellement décourageante de sa nature qu'il craigne de défricher un nouveau champ, d'augmenter le nombre de ses bestiaux ou de monter une nouvelle industrie de peur de voir augmenter cette taxe arbitraire qu'il ne pourrait payer. Alors il n'aurait plus d'émulation d'acquérir, et en perdant l'espoir de devenir riche, son intérêt serait de se montrer plus pauvre qu'il n'est réellement. Les gens qui prétendent que le paysan ne doit pas être dans l'aisance, débitent une maxime aussi fausse que contraire à l'humanité.[136]

This, as becomes an *Encyclopédie* article, is very cautiously worded.

On the other hand—and this is typical of the *Philosophes* as a whole—even the *Encyclopédie* can be both more precise and more outspoken in its criticism of the whole system of indirect taxation, including both the tax-farmers and individual duties. Even Jaucourt has some harsh words for tax-farmers in such articles as MALTÔTE where he stresses the lowly origins as well as the greed of many of these men:

Quoiqu'il faille distinguer les maltôtiers qui perçoivent des tributs qui ne sont pas dus, de ceux qui ont pris en parti des contributions imposées par une autorité légitime, cependant on est encore dans le préjugé que ces sortes de gens ont par état le cœur dur, parce qu'ils augmentent leur fortune aux dépens du peuple, dont la misère devient la source de leur abondance. D'abord ce furent des hommes qui s'assemblèrent sans se connaître, qui se lièrent étroitement par le même intérêt, qui, la plupart sans éducation, se distinguèrent par leur faste et qui apportèrent dans l'administration de leur emploi une honteuse et sordide avidité, avec la bassesse des vues que donne ordinairement une extraction vile, lorsque la vertu, l'étude, la philosophie, l'amour du bien public n'a point anobli la naissance.[137]

TRAITANT and PARTISAN (*Finances*) are equally severe, the latter calling in La Bruyère to aid in the denunciation of the greed of such men.

[136] Vol. VIII, p. 602a-b.
[137] Vol. IX, p. 953b.

Voltaire too had a low opinion of the whole system of farming out the collection of indirect taxes. In *L'Homme aux quarante écus* he makes his peasant hero ask:

Y a-t-il jamais eu un législateur qui, en fondant un État, ait imaginé … d'entretenir une armée de faquins deux fois plus nombreuse que celle d'Alexandre, comm-andés par soixante généraux qui mettent le pays à contribution, qui remportent des victoires signalées tous les jours, qui font des prisonniers, et qui quelquefois les sacrifient en l'air ou sur un petit théâtre de planches, comme faisaient les anciens Scythes, à ce que m'a dit mon curé?[138]

After he was established at Ferney, his letters are full of complaints about the exactions of the agents of the Fermes Générales in the Pays de Gex. Diderot contributed to the *Histoire des Deux Indes* a virulent diatribe against the whole system:

Le fermier imagine les impôts. Son talent est de les multiplier. Il les enveloppe de ténèbres pour leur donner l'extension qui lui conviendra. Des juges de son choix appuient ses intérêts. Toutes les avenues du trône lui sont vendues, et il fait, à son gré, vanter son zèle ou calomnier les peuples mécontents avec raison des ses vexations. Par ces vils artifices il précipite les provinces au dernier terme de dégradation, mais ses coffres regorgent de richesses. Alors on lui vend au plus vil prix les lois, les mœurs, l'honneur, le peu qui reste de sang à la nation. Ce traitant jouit sans honte et sans remords de ces infâmes et criminels avantages jusqu'à ce qu'il ait détruit l'État, le prince et lui-même.[139]

Declaring that it was absolute governments which practised the farming out of taxes and that peoples that were free generally adopted the milder system of a *régie*, Diderot asks why the French authorities could not have the courage to introduce such a system.

Attacks on the *aides*, excise duties particularly on wine, and the abuses which their collection entailed are common in the writings of the *Philosophes* and do involve the discussion of precise details of the system. In the article GOUVERNEMENT in his *Questions sur l'Encyclopédie* Voltaire makes a satirical attack on the notorious *trop bu*, an extra tax levied on the wine drunk in the household of a winegrower beyond the amount allowed free:

Il y a quelque temps qu'en changeant de chevaux, et me sentant affaibli de fatigue, je demandai un verre de vin au maître de la poste. 'Je ne saurais vous le donner, me dit-il; les commis à la soif, qui sont en très grand nombre, et tous fort sobres, me feraient payer le *trop bu*, ce qui me ruinerait.
- Ce n'est point trop boire, lui dis-je, que de se sustenter d'un verre de vin; et qu'importe que ce soit vous ou moi qui ait avalé ce verre?
- Monsieur, répliqua-t-il, nos lois sur la soif sont bien plus belles que vous ne pensez. Dès que nous avons fait la vendange, les locataires du royaume nous

---

[138] *Romans et contes*, p. 431.
[139] Vol. IV, p. 644.

députent des médecins qui viennent visiter nos caves. Ils mettent à part autant de vin qu'ils jugent à propos de nous en laisser boire pour notre santé. Ils reviennent au bout de l'année; et s'ils jugent que nous avons excédé d'une bouteille l'ordonnance, ils nous condamnent à une forte amende; et pour peu que nous soyons récalcitrants, on nous envoie à Toulon boire de l'eau de la mer. Si je vous donnais le vin que vous me demandez, on ne manquerait point de m'accuser d'avoir trop bu; vous voyez ce que je risquerais avec les intendants de notre santé.'
J'admirai ce régime ...[140]

Damilaville denounces all taxes on consumption in the *Encyclopédie* article, VINGTIÈME, and works in a vivid, if somewhat declamatory passage on the *aides*:

Je me garderai bien de secourir l'homme de bien dont la cabane touche à mon habitation; il est pauvre et malade, un peu de vin fortifierait sa vieillesse et la rappellerait à la vie; c'est un remède efficace pour ceux qui n'en font pas un usage ordinaire. Je ne lui en porterai point, je n'irai point l'arracher à la mort; celui qui a le droit étrange de régler mes besoins et de me prescrire jusqu'à quel point je dois user de ce qui m'appartient, m'en ferait repentir, et ma ruine serait le prix de ma commisération.[141]

The salt-tax, the *gabelle*, is denounced even more frequently and more violently by the *Philosophes*. They criticize its extraordinary variations from province to province; in some salt was untaxed and in the majority was either moderately or very heavily taxed. They attack particularly the savage penalties imposed on those persons caught in the act of smuggling salt from one region to another. In VINGTIÈME these punishments are denounced in trenchant terms: 'L'énorme disproportion entre le prix de la chose et le droit en rend la fraude très lucrative et invite à la pratiquer. Des gens qu'on ne saurait regarder comme criminels, perdent la vie pour avoir tenté de la conserver, et le traitant dont l'intérêt repousse tout remords, poursuit du sein de sa meurtrière opulence toute la rigueur des peines infligées par la loi aux scélérats contre ceux que souvent ses gains illégitimes ont réduits à la cruelle nécessité de s'y exposer.'[142]

Jaucourt also denounces this tax in the article SEL, *impôt sur le*, and he does so in unusually outspoken terms:

La douleur s'empare de notre cœur à la lecture de l'ordonnance des gabelles. Une denrée que les faveurs de la providence entretiennent à vil prix pour une petite partie des citoyens, est vendue chèrement à tous les autres. Des hommes

---

[140] *OC*, vol. XIX, p. 289.
[141] Vol. XVII, p. 875a.
[142] Vol. XVII, p. 875a.

pauvres sont forcés d'acheter au poids de l'or une quantité marquée de cette
denrée, et il leur est défendu, sous peine de la ruine totale de leur famille, d'en
recevoir d'autre, même en pur don. Celui qui recueille cette denrée, n'a point
la permission de la vendre hors de certaines limites, car les mêmes peines le
menacent. Des supplices effrayants sont décernés contre des hommes, criminels
à la vérité envers le corps politique, mais qui n'ont point violé cependant la loi
naturelle.

The article concludes:

Enfin, si la taille arbitraire n'existait pas, *l'impôt de sel* serait peut-être le plus
funeste qu'il fût possible d'imaginer. Aussi tous les auteurs économiques et les
ministres les plus intelligents dans les finances ont regardé le remplacement de
ces deux impositions comme l'opération la plus utile au soulagement des peuples
et à l'accroissement des revenus publics. Divers expédients ont été proposés, et
aucun jusqu'à présent n'a paru assez sûr.[143]

Clearly Jaucourt was not very optimistic about such reforms,
however desirable, ever being carried out.

The subject is touched on briefly by Voltaire in the article LOIS
(DES) in the *Dictionnaire philosophique*. 'Je découvris', he writes,
'qu'il y a de sages lois par lesquelles un berger est condamné à
neuf ans de galères pour avoir donné un peu de sel étranger à
ses moutons.'[144] It is, however, Condorcet who directs the most
vigorous and detailed attacks against this tax. In pamphlets
published in 1775 he twice denounces the extremely severe punishments incurred by those who tried to evade the tax. In his *Lettre
d'un laboureur de Picardie* the spokesman for the peasants is made to
say: 'Nous détestons les lois en vertu desquelles un pauvre père de
famille qui n'a point cent écus d'argent comptant, est envoyé aux
galères et marqué d'un fer chaud pour avoir acheté à bon marché
du sel qui n'est mêlé d'aucune ordure; nous sommes indignés
qu'on ose faire si peu de cas de notre liberté et de notre honneur.
Nous savons que ceux qui nous traitent ainsi n'ont d'autre
avantage au-dessus de nous que de s'être enrichis de nos dépouilles,
et cela redouble notre indignation.'[145] In his *Réflexions sur la jurisprudence criminelle* he quotes the text of the laws on *faux-sauniers*
from the 1670 ordinance on criminal law to show their harshness,
and he then comments:

Ces peines peuvent paraître trop sévères au premier coup d'œil, si on observe
surtout que la peine de mort est prononcée même contre ceux qui sont surpris
sans s'être mis en défense, même contre ceux qui se laissent arrêter sans
résistance. On ne conçoit pas que des hommes puissent solliciter de pareilles

---

[143] Vol. XIV, p. 928a-b.
[144] *OC*, vol. XIX, p. 624.
[145] *Œuvres*, vol. XI, pp. 15-16.

lois ou les prononcer contre leurs semblables, et il faut de toute nécessité, ou que les fermiers ne regardent pas les faux-sauniers comme des êtres de la même espèce, ou que les fermiers eux-mêmes ne soient pas des hommes.

He then goes on to point out that these laws had been made even more severe in 1704 with the result that, for instance, 'ceux qu'on trouvera à la campagne avec de faux-sel, seront réputés faux-sauniers, quand même ils déclareraient que ce faux-sel est pour leur usage'. 'Il suit de là', he continues, 'que si on surprend une demi-douzaine d'hommes revenant de la chasse avec une ou deux livres de faux-sel, les fermiers sont en droit de les faire pendre. Cette disposition peut sembler dure, mais cela ne fait que mieux sentir combien le crime de vendre du sel au peuple à bon marché est un crime abominable.'[146]

The extremely complicated system of internal customs barriers and the taxes (*traites*) levied at them also come under attack in the writings of the *Philosophes*. While it had obvious historical reasons, they deplored the division of the country into three groups of provinces—those which formed the 'cinq grosses fermes', the 'provinces réputées étrangères' and the 'provinces de l'étranger effectif'. The obstacles to trade represented by the *traites* are summed up by Jaucourt in his *Encyclopédie* article, NÉGOCE: 'Le moyen le plus sûr de ruiner le *négoce* dans un royaume est d'auto-riser la finance à son préjudice. L'embarras des formalités, les droits des fermiers, des commis, les charges, les visites, les procès-verbaux, le retard des expéditions, les saisies, les discussions qui en résultent, etc. détruisent en peu d'années dans les provinces le *négoce* le plus lucratif et le mieux accrédité.'[147] In VINGTIÈME Damilaville gives a vivid account of the tribulations undergone by goods in transit across France:

Depuis l'entrée d'une marchandise étrangère, depuis la sortie de la terre, et même avant, pour celles que le sol produit, jusqu'à leur entière consommation, elles sont entourées de gardes et d'exacteurs qui ne les quittent plus. A chaque pas ce sont des douanes, des barrières, des péages, des bureaux, des déclarations à faire, des visites à souffrir, des mesures, des pesées, des tarifs inintelligibles, des appréciations arbitraires, des discussions à avoir, des droits à supporter et des vexations à éprouver.[148]

Voltaire attacked the whole system as early as 1751 in the *Dialogue entre un philosophe et un contrôleur général*: 'Charger de taxes dans ses propres états les denrées de son pays, d'une province à une autre;

---

[146] Ibid., vol. VII, pp. 6-7.
[147] Vol. XI, p. 75a.
[148] Vol. XVII, p. 875b.

rendre la Champagne ennemie de la Bourgogne, et la Guyenne de la Bretagne, c'est encore un abus honteux et ridicule. C'est comme si je postais quelques-uns de mes domestiques dans une antichambre pour arrêter et manger une partie de mon souper lorsqu'on me l'apporte. On a travaillé à corriger cet abus; et, à la honte de l'esprit humain, on n'a pu y réussir.'[149] The attack is renewed in the article GOUVERNEMENT in the *Questions sur l'Encyclopédie*:

Vous voyagez dans une province de cet empire, et vous y achetez des choses nécessaires au vêtir, au manger, au boire, au coucher. Passez-vous dans une autre province, on vous fait payer des droits pour toutes ces denrées, comme si vous veniez d'Afrique. Vous en demandez la raison, on ne vous répond point; ou, si l'on daigne vous parler, on vous répond que vous venez d'une province *réputée étrangère* et que par conséquent il faut payer pour la commodité du commerce. Vous cherchez en vain à comprendre comment des provinces du royaume sont étrangères au royaume.[150]

In a letter to the *avocat général*, Servan, at Grenoble he puts the matter even more succinctly when he declares that future generations in Lyons would not be able to understand that 'les marchandises du Dauphiné aient payé des droits d'entrée comme si elles venaient de Russie'.[151]

In the *Histoire des Deux Indes* Diderot inserted a vigorous attack on all taxes on consumption. After denouncing in somewhat bombastic terms taxes on the necessities of life, he gives a frightening picture of the ravages caused by the whole system of indirect taxation:

Si la taxe porte sur des denrées moins nécessaires, que de bras perdus pour l'agriculture et pour les arts sont employés, non pas à garder les boulevards de l'empire, mais à hérisser un royaume d'une infinité de petites barrières; à embarrasser les portes des villes; à infester les chemins et les passages du commerce; à fureter dans les caves, dans les greniers, dans les magasins! Quel état de guerre entre le prince et le peuple, entre le citoyen et le citoyen! Que de prisons, de galères, de gibets pour une foule de malheureux qui ont été poussés à la fraude, à la contrebande, à la révolte même par l'iniquité des lois fiscales!

He then proceeds to denounce in somewhat more measured terms the placing of customs duties on the export and import of goods:

L'avidité des souverains s'est étendue des consommations aux marchandises que les états se vendent les uns aux autres. Despotes insatiables, ne comprendrez-vous jamais que si vous mettez des droits sur ce que vous offrez à l'étranger, il

---

[149] *OC*, vol. XXIII, p. 506.
[150] Ibid., vol. XIX, pp. 288-9.
[151] *CW*, vol. 119, p. 262.

achètera moins cher, il ne donnera que la valeur qui lui sera donnée par les autres nations? Vos sujets fussent-ils seuls propriétaires de la production assujettie aux taxes, ils ne parviendraient pas encore à faire la loi, parce qu'alors on en demanderait en moindre quantité et que sa surabondance les forcerait à en diminuer le prix pour en trouver la consommation.

L'impôt sur les marchandises que votre empire reçoit de ses voisins n'a pas une base plus raisonnable. Leur prix étant réglé par la concurrence des autres peuples, ce seront vos sujets qui paieront seuls les droits. Peut-être ce renchérissement des productions étrangères en fera-t-il diminuer l'usage? Mais si l'on vous vend moins, on achètera moins de vous. Le commerce ne donne qu'en proportion de ce qu'il reçoit. Il n'est au fond qu'un échange de valeur pour valeur. Vous ne pouvez donc vous opposer aux cours de ces échanges sans faire tomber le prix de vos productions, en rétrécissant leur débit.[152]

Though customs duties gradually ceased to be levied on exports, this plea for the abolition of protective tariffs was not to be heard in France in the nineteenth century.

If the existing system of direct and indirect taxes was both unjust and oppressive, what was to be put in its place? If a poll tax were to be brought in, how was it to be assessed? 'L'asseoira-t-on sur des déclarations?' asked an anguished Diderot who exclaims in horror:

Percera-t-on dans le secret des familles, dans le cabinet du citoyen, pour surprendre et mettre au jour ce qu'il ne veut pas révéler, ce qu'il lui importe même souvent de ne pas révéler? Quelle inquisition! Quelle violence révoltante! Quand même on parviendrait à connaître les ressources de chaque particulier, ne varient-elles pas d'une année à l'autre avec les produits incertains et précaires de l'industrie? Ne diminuent-elles pas avec la multiplication des enfants, avec le dépérissement des forces par la maladie, par l'âge et par le travail? Les facultés de l'humanité, utiles et laborieuses, ne changent-elles pas avec les vicissitudes que le temps apporte dans tout ce qui dépend de la nature et de la fortune? La taxe personnelle est donc une vexation individuelle, sans utilité commune. La capitation est un esclavage affligeant pour l'homme sans profit pour l'État.[153]

Reading these lines helps one to understand why it was not until 1917 that the French Parliament finally passed a bill introducing an income tax.

The solution to the problem accepted by Diderot and other, but by no means all the *Philosophes* was to replace all existing taxes, direct and indirect, by a land tax. The idea, borrowed from the Physiocrats, was expounded by Diderot in this same passage in the *Histoire des Deux Indes*:

Mais quelle est donc la forme d'imposition la plus propre à concilier les intérêts publics avec les droits des citoyens? C'est la taxe sur la terre. Un impôt est une

---

[152] Vol. IV, pp. 639-40.
[153] Ibid., p. 638,

dépense qui se renouvelle tous les ans pour celui qui en est chargé. Un impôt ne peut donc être assis que sur un revenu annuel, car il n'y a qu'un revenu annuel qui puisse acquitter une dépense annuelle. Or on ne trouvera jamais de revenu annuel que celui des terres. Il n'y a qu'elle qui restitue chaque année les avances qui leur sont faites, et de plus un bénéfice dont il soit possible de disposer. On commence depuis longtemps à soupçonner cette importante vérité. De bons esprits la porteront un jour à la démonstration; et le premier gouvernement qui en fera la base de son administration, s'élèvera nécessairement à un degré de prospérité inconnue à toutes les nations et à tous les siècles.

It goes without saying that such a tax would fall on all land irrespective of the rank of its owner:

Pour que rien ne puisse diminuer les avantages de cette heureuse innovation, il faudra que toutes les terres, indistinctement, soient assujetties à l'impôt. Le bien public est un trésor commun dans lequel chaque citoyen doit déposer ses tributs, ses services et ses talents. Jamais des noms et des titres ne changeront la nature des hommes et des possessions. Ce serait le comble de la bassesse et de la folie de faire valoir les distinctions qu'on a reçues de ses pères pour se soustraire aux charges de la société ... Qu'ont de commun les taxes avec les rangs, les titres et les conditions? Elles ne touchent qu'aux revenus; et ces revenus sont à l'État dès qu'ils sont nécessaires à sa défense.[154]

Such a desirable reform, he does admit, could not be achieved until a cadastral survey had been carried out to establish the extent and value of all land.

The idea of replacing all existing taxes by a single tax on land had earlier been expounded by Damilaville in his *Encyclopédie* article, VINGTIÈME. Here it is argued that, while all taxes ultimately fall on the land and that a single tax on the land would be borne by all citizens, 'la répartition et la perception s'en forment d'une manière simple et naturelle, au lieu que celle des autres se font avec des incommodités, des dépenses, des embarras et une foule de répétitions étonnantes'. The introduction of a land tax would transform the state of France:

Les monuments, l'appareil et tous les instruments de la servitude anéantis; les règlements qui ne sont que des déclarations de guerre contre les peuples, abolis, les douanes abattues, les bureaux démolis, les péages fermés, les barrières renversées, une multitude de citoyens, aujourd'hui la terreur et le fléau des autres, rendus aux affections sociales qu'ils ont abjurées, à la culture des terres qu'ils ont abandonnée, à l'art militaire et aux arts mécaniques qu'ils auraient dû suivre; enfin, devenant utiles à la société en cessant de la persécuter.[155]

D'Holbach is also convinced of the desirability of such a tax; he too stresses the need for a cadastral survey to make it more equitable,[156] and he also argues that it might perhaps be desirable to

---

[154] Ibid., pp. 640-1.   [155] Vol. XVII, pp. 873b-874a, 876b.
[156] *Éthocratie*, p. 25n.

collect the tax in kind: 'Il paraît au moins certain que l'impôt en nature serait plus facile à percevoir sur-le-champ et sans fraude que l'impôt en argent, vu que le cultivateur n'a pas toujours pu trouver le débit prompt de sa denrée; s'il est pauvre,la nécessité de payer ses impôts en argent l'oblige de vendre à tout prix, l'empêche d'attendre des occasions plus favorables et de se tirer ainsi de sa misère.'[157] Condorcet was also a strong supporter of a single land tax to replace all existing taxes but, in recognizing the necessity for a cadastral survey of all the land of France, he was also clear that such a reform could only be introduced very gradually: 'Quelque exactitude qu'on suppose dans ce cadastre, quelque sagacité que l'on ait mise dans la distribution de la taxe qui remplace les impôts indirects, il est impossible de ne pas commettre des erreurs très sensibles. Il est donc nécessaire de ne faire cette opération que successivement.'[158]

There was, of course, one prominent *philosophe* who totally rejected the *impôt unique*. In *L'Homme aux quarante écus* Voltaire uses all his considerable powers of ridicule to dispose of the whole notion. The peasant hero meets a man who has inherited an enormous fortune and who sees no reason why, as he owns no land, he should pay any taxes at all:

- Moi! dit-il, que je contribue aux besoins de l'État! Vous voulez rire, mon ami: j'ai hérité d'un oncle qui avait gagné huit millions à Cadix et à Surate; je n'ai pas un pouce de terre; tout mon bien est en contrats, en billets sur la place; je ne dois rien à l'État: c'est à vous de donner la moitié de votre subsistance, vous qui êtes un seigneur terrien. Ne voyez-vous pas que, si le ministre des Finances exigeait de moi quelques secours pour la patrie, il serait un imbécile qui ne saurait pas calculer? Car tout vient de la terre; l'argent et les billets ne sont que des gages d'échange: au lieu de mettre sur une carte au pharaon cent setiers de blé, cent boeufs, mille moutons et deux cents sacs d'avoine, je joue des rouleaux d'or qui représentent ces denrées dégoûtantes. Si, après avoir mis l'*impôt unique* sur ces denrées, on venait encore me demander de l'argent, ne voyez-vous pas que ce serait un double emploi? que ce serait demander deux fois la même chose?

The exemption of the manufacturer and merchant from the *impôt unique* is attacked in another passage in which the peasant is made to ask:

N'y a-t-il pas aussi une prodigieuse injustice démontrée à me prendre la moitié de mon blé, de mon chanvre, de la laine de mes moutons, etc., et de n'exiger aucun secours de ceux qui auront gagné dix ou vingt ou trente mille livres de rente avec mon chanvre, dont ils ont tissé de la toile, avec ma laine, dont ils ont fabriqué des draps; avec mon blé, qu'ils auront vendu plus cher qu'ils ne l'ont acheté?[159]

---

[157] *La Politique naturelle*, vol. II, pp. 143-4.
[158] *Œuvres*, vol. IV, p. 430.   [159] *Romans et contes*, pp. 418, 427.

While the Revolution was to sweep away the flagrant injustices of the taxation system against which the *Philosophes* had so vehemently protested, it was not to seek a solution in the *impôt unique* but in a variety of taxes.

On 17 June 1789 the Tiers État declared that all existing taxes, 'n'ayant point été consenties par la nation, sont illégales', though it decreed that for the present they should continue to be levied.[160] The night of the 4 August disposed of the grievance presented by the exemption of the privileged orders from certain direct taxes; Article 9 of the decree of 11 August reads: 'Les privilèges pécuniaires personnels ou réels, en matière de subsides, sont abolis à jamais. La perception se fera sur tous les citoyens et sur tous les biens, de la même manière et dans la même forme...'[161] The *Déclaration des Droits* devotes two articles to laying down this principle and that of the right of the nation to exercise control through its representatives over both expenditure and taxation:

Art. 13. Pour l'entretien de la force publique, et pour les dépenses d'administration, une contribution commune est indispensable; elle doit être également répartie entre tous les citoyens, en raison de leurs facultés.

Art. 14. Les citoyens ont le droit de constater, par eux-mêmes ou par leurs représentants, la nécessité de la contribution publique, de la consentir librement, d'en suivre l'emploi, et d'en déterminer la quotité, l'assiette, le recouvrement et la durée.

These were only general principles. It remained for the Constituent Assembly to replace the existing system of taxation by new laws.

Though it rejected the idea of the *impôt unique*, it did seek to derive most revenue from direct taxes and, as was natural in a country which was still essentially agricultural, from the *contribution foncière*, established by a law of 17 March 1791. The possibility that it might be paid in kind was discussed, but finally rejected. Income derived from trade and industry was covered by the *contribution mobilière*, created by a law of 13 January 1791, while the law of 2 March which abolished the guilds introduced the *patente*, a new tax to be levied on trades and professions. With slight adjustments these direct taxes were to remain in force down to 1914. One improvement to the *contribution foncière* which would have been welcomed by many *Philosophes* was made by a Napoleonic law of 15 September 1807; this began the process of establishing

[160] Duvergier, vol. I, p. 23.
[161] Ibid., p. 34.

a 'cadastre général parcellaire' which was continued under the Restoration. Though in the nature of things never popular, these new direct taxes would no doubt have been accepted by the *Philosophes* as a great advance on such arbitrary taxes as the *taille* from which so many wealthy people managed to gain exemption, throwing the burden on to the shoulders of those least able to bear it.

The indirect taxes—the *gabelle, aides*, and *traites*—which the *Philosophes* had bitterly attacked were all abolished by the Constituent Assembly. The unpopularity which the tax-farmers had brought upon themselves through the collection of these taxes led to them being rounded up and executed during the Reign of Terror; among the victims was the famous chemist, Lavoisier. As early as 7 September 1789 the Constituent Assembly reduced the price of salt throughout the kingdom and abolished what was called 'le sel du devoir', a fixed quantity which the inhabitants of certain provinces were required to buy. The *gabelle* was finally abolished by a decree of 21 March 1790. It is true that Napoleon brought back a salt tax by a law of 24 April 1806, but it was relatively light (20 centimes a kilo) and, unlike the *gabelle*, it was levied at a uniform rate throughout the country. The Constituent Assembly abolished the *aides* by a decree of 29 October 1790 and even rejected by a large majority a proposal to put a very small tax on alcoholic drinks. However, as in a number of other spheres Napoleon put the clock back. He sought a higher revenue from indirect taxes under the collective name of *droits réunis*. Under a law of 25 February 1804 these included not only such items as tobacco and playing cards, but also alcoholic drinks. Not only did he keep on raising the tax, but employees of the *Régie des droits réunis*, like the hated *rats de cave* employed by the tax-farmers under the Ancien Régime, were even allowed to enter the premises of wine merchants to inspect their cellars. However, this highly unpopular tax was later made less heavy during the Restoration and especially after the July Revolution. The *traites* and with them the ancient system of internal customs barriers were abolished by a decree of 30-31 October 1790 so that all fiscal obstacles to the development of trade inside the country were removed, although, as we have seen,[162] as regards foreign trade France was to remain protectionist.

Sterne opened *A Sentimental Journey* with an ironical attack on the *droit d'aubaine*, a fiscal measure in accordance with which, to quote his own footnote, 'all the effects of strangers (Swiss and

---

[162] See above, pp. 94-5.

Scotch excepted) dying in France, are seized by virtue of this law, though the heir be upon the spot—the profit of these contingencies being farmed, there is no redress'. Though in practice there were a great many other exemptions besides those mentioned by Sterne and the revenue obtained by this means was very small by this date, 'le barbare droit d'aubaine' is none the less denounced in the *Histoire des Deux Indes* as a 'droit qui s'oppose au commerce réciproque des nations; qui repousse le vivant et dépouille le mort; qui déshérite l'enfant de l'étranger; qui condamne celui-ci à laisser son opulence dans sa patrie, et qui lui interdit ailleurs toute acquisition, soit mobilière, soit foncière; droit qu'un peuple qui aura les premières notions de bonne politique, abolira chez lui, et dont il se gardera bien de solliciter l'extinction dans les autres contrées'.[163] On 6 August 1790 it was abolished 'pour toujours' by the Constituent Assembly, 'considérant ... que la France libre doit ouvrir son sein à tous les peuples de la terre, en les invitant à jouir, sous un gouvernement libre, des droits sacrés et inaliénables de l'humanité'.[164] As in many other fields, the Code Napoléon went back on this to some extent. Article 726 laid it down that 'un étranger n'est admis à succéder aux biens que son parent, étranger ou Français, possède dans le territoire de l'empire, que dans les cas et de la manière dont un Français succède à son parent dans le pays de cet étranger', and Article 912: 'On ne pourra disposer au profit d'un étranger, que dans le cas où cet étranger pourrait disposer en faveur d'un Français.' However, these restrictions were repealed by a law of 14 July 1819 which decreed that 'les étrangers auront le droit de succéder, de disposer et de recevoir de la même manière que les Français dans toute l'étendue du royaume'.[165]

(d) *The Problem of Poverty*

If the *Philosophes* were generally hostile to the nobility because of its privileges and the higher social status which it claimed over mere *roturiers*, they were far from accepting the idea of being on the same level as the masses of their countrymen either in the towns or on the land. Indeed it is clear that they stood in some fear of the multitude, particularly of the urban masses. Nowhere is this emotion expressed more openly than by d'Holbach in discussing the problem of crime and punishment: 'L'homme du

---

[163] Vol. III, p. 373.
[164] Duvergier, vol. I, p. 272.
[165] Ibid., vol. XXII, p. 197.

peuple, grossier lui-même et entouré d'êtres qui lui ressemblent, n'a aucune idée de la décence, de l'honneur, du mérite ou du blâme; il demeure un automate incapable de réfléchir, et par conséquent peu susceptible de honte ou de remords. C'est, comme on l'a dit, un vrai sauvage qui porte dans les villes la brutalité, la stupidité, l'imprudence et la déraison de l'habitant des forêts.'[166]

Though expressed in less brutal terms, this fear of the urban masses also comes out clearly in Condorcet's famous work, *Sur l'instruction publique*. By the time it appeared in 1791-2, he had already developed much more radical political ideas than those which he had expounded in the period before the Revolution. On the other hand he was obviously somewhat alarmed by the part which the masses had already played in events, especially in Paris. In a section of this work entitled 'Avantages de l'instruction destinée aux arts mécaniques' he begins by summarizing in very clear terms the point which he is trying to make: 'Enfin, l'instruction des ouvriers rassemblés dans les villes a une utilité politique trop peu sentie.' He goes on to describe how the increasing division of labour makes the job of the average worker more and more circumscribed and monotonous while 'c'est auprès de lui que se rassemblent et s'agitent ceux qui ont besoin de tromper les hommes et dont les projets coupables demandent des instruments aveugles dont ils puissent se faire tour à tour des appuis et des victimes'. Condorcet has to admit that it is less easy for workers in towns than in the country to see the identity which he postulated between their interests and the general interest. 'Enfin, plus près les uns des autres, leurs erreurs sont plus contagieuses, leurs mouvements se communiquent plus rapidement, et, agitant de plus grandes masses, peuvent avoir des dangers plus réels. La liberté a toujours été plus difficile à établir dans les villes qui renferment un grand nombre d'ouvriers.' For Condorcet the remedy for this state of affairs lies not in repressive measures but in education: 'Des connaissances acquises dans les écoles publiques, en relevant les ouvriers à leurs propres yeux, en exerçant leur raison, en occupant leurs loisirs, serviront à leur donner des mœurs plus pures, un esprit plus juste, un jugement plus sain.'[167] It was, however, repression rather than education which was to be tried and for a long period.

---

[166] *Système social*, vol. III, pp. 44-5.
[167] *Œuvres*, vol. VII, pp. 387-8.

When strikes broke out in Paris in the spring of 1791 the Assembly intervened on 14 June with the famous *Loi Le Chapelier*, named after the member who proposed it. This was to have a long life since it was not repealed until 1864:

Art. 1ᵉʳ. L'anéantissement de toutes espèces de corporations du même état ou profession étant une des bases fondamentales de la constitution française, il est défendu de les rétablir de fait, sous quelque prétexte et quelque forme que ce soit. ...

Art. 4. Si, contre les principes de la liberté et de la constitution, des citoyens attachés aux mêmes professions, arts et métiers, prenaient des délibérations, ou faisaient entre eux des conventions tendant à n'accorder qu'à un prix déterminé le secours de leur industrie ou de leurs travaux, lesdites délibérations et conventions, accompagnées ou non du serment, sont déclarées inconstitutionnelles, attentatoires à la liberté et à la déclaration des droits de l'homme, et de nul effet; les corps administratifs et municipaux seront tenus de les déclarer telles. Les auteurs, chefs, et instigateurs, qui les auront provoquées, rédigées ou présidées, seront cités devant le tribunal de police, à la requête du procureur de la commune, condamnés chacun en cinq cents livres d'amende, et suspendus pendant un an de l'exercice de tous droits de citoyen actif, et de l'entrée dans toutes les assemblés primaires.

Art. 6. Si lesdites délibérations ou convocations ... contenaient quelques menaces contre les entrepreneurs, artisans, ouvriers ou journaliers étrangers qui viendraient travailler dans le lieu, ou contre ceux qui se contenteraient d'un salaire inférieur, tous auteurs, instigateurs et signataires des actes ou écrits, seront punis d'une amende de mille livres chacun et de trois mois de prison.

Art. 7. Ceux qui useraient de menaces ou de violences contre les ouvriers usant de la liberté accordée par les lois constitutionnelles au travail et à l'industrie, seront poursuivis par la voie criminelle et punis suivant la rigueur des lois, comme perturbateurs du repos public.

Art. 8. Tous attroupements composés d'artisans, ouvriers, compagnons, journaliers, ou excités par eux contre le libre exercice de l'industrie et du travail appartenant à toutes sortes de personnes, et sous toute espèce de conditions convenues de gré à gré, ou contre l'action de la police et l'exécution des jugements rendus en cette matière, ainsi que contre les enchères et adjudications publiques de diverses entreprises, seront tenus pour attroupements séditieux, et, comme tels, ils seront dissipés par les dépositaires de la force publique, sur les réquisitions légales qui leur en seront faites, et punis selon toute la rigueur des lois sur les auteurs, instigateurs et chefs desdits attroupements, et sur tous ceux qui auront commis des voies de fait et des actes de violence.[168]

While this law bans employers' organizations, it is quite clear against whom its clauses and its penalties are really directed.

Various Napoleonic laws weighted the scales still further against the workers. It is true that the law of 12 April 1803 also imposed penalties on employers, but these were much less severe:

---

[168] Duvergier, vol. III, p. 22.

Art. 6. Toute coalition entre ceux qui font travailler des ouvriers, tendant à forcer injustement ou abusivement à l'abaissement des salaires, et suivie d'une tentative ou d'un commencement d'exécution, sera punie d'une amende de cent francs au moins, de trois mille francs au plus; et s'il y a lieu, d'un emprisonnement qui ne pourra excéder un mois.

Art. 7. Toute coalition de la part des ouvriers pour cesser en même temps de travailler, interdire le travail dans certains ateliers, empêcher de s'y rendre et d'y rester avant ou après de certaines heures, et en général pour suspendre, empêcher, enchérir les travaux, sera punie, s'il y a tentative ou commencement d'exécution, d'un emprisonnement qui ne pourra excéder trois mois.

Art. 8. Si les actes prévus dans l'article précédent ont été accompagnés de violences, voies de fait, attroupements, les auteurs et complices seront punis des peines portées au Code de police correctionnelle, ou au Code pénal, suivant la nature des délits.[169]

When it was promulgated in 1810, the *Code pénal* further increased the disparity between the penalties imposed on employer and employed. While under Article 414 the former risked imprisonment varying between six days and a month and a fine of between 200 and 3,000 francs, in the following article the latter not only were liable to one month's to three month's imprisonment, but were further threatened by the warning: 'Les chefs ou moteurs seront punis d'un emprisonnement de deux ans à cinq ans.' These laws were not repealed until 1864 and trade unions were not legalized until twenty years later.

Other harsh measures were brought in during the Napoleonic period. The law of 12 April 1803 had inroduced the famous *livret* the details of which were laid down in an *arrêté* of 1 December:

Art. 1ᵉʳ. A compter de la publication du présent arrêté, tout ouvrier travaillant en qualité de compagnon ou garçon devra se pourvoir d'un livret.

Art. 3. Indépendamment de l'exécution de la loi sur les passeports, l'ouvrier sera tenu de faire viser son dernier congé par le maire ou son adjoint, et de faire indiquer le lieu où il se propose de se rendre.

Tout ouvrier qui voyagerait sans être muni d'un livret ainsi visé sera réputé vagabond, et pourra être arrêté et puni comme tel.

Art. 4. Tout manufacturier, entrepreneur, et généralement toutes personnes employant des ouvriers, seront tenus, quand ces ouvriers sortiront de chez eux, d'inscrire sur leurs livrets un congé portant acquit de leurs engagements, s'ils les ont remplis.

Les congés seront inscrits, sans lacune, à la suite les uns des autres; ils énonceront le jour de la sortie de l'ouvrier.[170]

---

[169] Ibid., vol. XIV, p. 65.
[170] Ibid., p. 287.

This State surveillance of the worker and his subjection to the arbitrary will of employers were much resented, but, although after the passing of laws of 14 May 1851 and 22 June 1854 the *livret* fell into disuse, it was not formally abolished until 1890.

Article 1781 of the *Code civil* was equally one-sided in dealing with the relations between master and man: 'Le maître est cru sur son affirmation, pour la quotité des gages; pour le paiement du salaire de l'année échue; et pour les à-comptes donnés pour l'année courante.' Although clearly contrary to the principles on which the *Code civil* was based, this clause was not removed until 1868.

Such laws of the Revolutionary and Napoleonic period which remained in force for a considerable part of the nineteenth century were not specifically demanded in any of the writings of the *Philosophes*. Yet one cannot help feeling that in view of their mistrust of the masses several of them would have welcomed such legislation.

There is, of course, no doubt that the *Philosophes* were very conscious of the extremes of wealth and poverty which existed in the France of their day. At times they could even be said to have exaggerated the amount of inequality by speaking as if there was nobody in between the tiny minority living an ostentatious life of luxury and the great mass of men, women, and children on the verge of starvation. 'Il est contre le droit naturel et contre l'humanité', wrote d'Alembert in the article FORTUNE (*Morale*) in the *Encyclopédie*, 'que des millions d'hommes soient privés du nécessaire, comme ils le sont dans certains pays, pour nourrir le luxe scandaleux d'un petit nombre de citoyens oisifs.'[171] Diderot echoes this in *INDIGENT: 'Homme qui manque des choses nécessaires à la vie, au milieu, de ses semblables qui jouissent, avec un faste qui l'insulte, de toutes les superfluités possibles. Une des suites les plus fâcheuses de la mauvaise administration, c'est de diviser la société en deux classes d'hommes, dont les uns sont dans l'opulence et les autres dans la misère.'[172] Much later, in 1770, d'Alembert declares in a letter to Frederick that 'la distribution des fortunes dans la société est d'une inégalité monstrueuse'.[173]

Helvétius paints the same sort of black and white picture when he writes: 'Il n'est dans la plupart des royaumes que deux classes de citoyens, l'une qui manque du nécessaire, l'autre qui regorge

[171] Vol. VII, p. 206a.
[172] Vol. VIII, p. 676a.
[173] Frederick, *Œuvres*, vol. XXIV, p. 482.

de superflu. La première ne peut pourvoir à ses besoins que par un travail excessif. Ce travail est un mal physique pour tous; c'est un supplice pour quelques-uns. La seconde classe vit dans l'abondance, mais aussi dans les angoisses de l'ennui.' When he goes on to paint a picture of the happiness enjoyed by the workman 'qui, par un travail modéré, pourvoit à ses besoins et à ceux de sa famille',[174] Diderot reminds him sharply of two causes of poverty—illness and old age:

> Toute condition qui ne permet pas à l'homme de tomber malade sans tomber dans la misère est mauvaise.
>
> Toute condition qui n'assure pas à l'homme une ressource dans l'âge de la vieillesse est mauvaise.[175]

D'Holbach too tends to indulge in such sweeping generalizations as in *La Politique naturelle* where he declares: 'Dans presque toutes les nations plus des trois quarts des sujets n'ont rien, tandis que toutes les richesses et les propriétés se rassemblent entre les mains d'un petit nombre d'hommes qui semblent s'attirer tous les soins du gouvernement.' A nation of beggars and vagabonds can only breed more and more crimes. 'L'intérêt de la société', he concludes, 'demande que le plus grand nombre de ses membres jouisse de quelque chose.'[176] How this was to be brought about he does not explain. He returns to the connection between poverty and crime in the *Système social*: 'Si l'opulence est la mère des vices, l'indigence est la mère des crimes. Lorsqu'un état est mal gouverné, que les richesses et l'aisance sont trop inégalement réparties de manière que des millions d'hommes manquent du nécessaire, tandis qu'un petit nombre de citoyens regorgent de superflu, on y voit communément beaucoup de malfaiteurs, et les châtiments ne diminueront point le nombre des criminels.'[177]

However much the *Philosophes* may have been troubled, even at times appalled, by the amount of poverty which they saw around them, they took the view that inequality was simply a fact of life and that, while steps could and should be taken to reduce the amount of economic and social inequality, the basic division between rich and poor must remain when that between *noble* and *roturier* had been swept away. Voltaire, for instance, has no difficulty in recognizing that all men are equal, but it is a somewhat

---

[174] *De l'homme*, vol. II, pp. 206, 258.
[175] *OC (AT)*, vol. II, p. 440.
[176] Vol. II, p. 152.
[177] Vol. III, p. 37.

theoretical equality, as he goes on to explain in his *Pensées sur le gouvernement*:

Cette égalité n'est pas l'anéantissement de la subordination: nous sommes tous également hommes, mais non membres égaux de la société. Tous les droits naturels appartiennent également au sultan et au bastangi; l'un et l'autre doivent disposer avec le même pouvoir de leurs personnes, de leurs familles, de leurs biens. Les hommes sont donc égaux dans l'essentiel, quoiqu'ils jouent sur la scène des rôles différents.[178]

He makes the same point in the *Essai sur les mœurs* when he writes: 'Ceux qui disent que tous les hommes sont égaux disent la plus grande vérité, s'ils entendent que tous les hommes ont un droit égal à la liberté, à la propriéte de leurs biens, à la protection des lois. Ils se tromperaient beaucoup s'ils croyaient que les hommes doivent être égaux par les emplois, puisqu'ils ne le sont point par leurs talents.'[179] While he goes on to suggest that the existence of a nobility in European countries is a very strange phenomenon, he speaks of this basic form of inequality as 'cette inégalité necéssaire entre les conditions'. In the article ÉGALITÉ in the *Dictionnaire philosophique* he concedes that 'chaque homme, dans le fond de son coeur, a droit de se croire entièrement égal aux autres hommes', but, he adds, 'il ne s'ensuit pas de là que le cuisinier d'un cardinal doive ordonner à son maître de lui faire à dîner'. He again concedes that there is too much inequality, but he none the less proceeds to put in the strongest terms what seems to him the stark truth: 'Il est impossible, dans notre malheureux globe, que les hommes vivant en société ne soient pas divisés en deux classes, l'une de riches qui commandent, l'autre de pauvres qui servent; et ces deux se subdivisent en mille, et ces mille ont encore des nuances différentes.' Or again: 'Le genre humain, tel qu'il est, ne peut subsister, à moins qu'il n'y ait une infinité d'hommes utiles qui ne possèdent rien du tout; car certainement un homme à son aise ne quittera pas sa terre pour venir labourer la vôtre; et si vous avez besoin d'une paire de souliers, ce ne sera pas un maître des requêtes qui vous la fera.' From all of this he draws the simple conclusion: 'L'égalité est donc à la fois la chose la plus naturelle et en même temps la plus chimérique.'[180]

Rousseau's *Discours sur l'inégalité* comes under heavy fire in the *Questions sur l'Encyclopédie*, in particular for the famous opening to the second part, 'Le premier qui, ayant enclos un terrain,…'

---

[178] *OC*, vol. XXIII, p. 527.
[179] Vol. II, p. 26.
[180] *OC*, vol. XVIII, pp. 475-7.

'Ainsi', comments Voltaire, 'selon ce beau philosophe, un voleur, un destructeur aurait été le bienfaiteur du genre humain,' and he rounds off this onslaught on Jean-Jacques sarcastically: 'Quelle est donc l'espèce de philosophie qui fait dire des choses que le sens commun réprouve du fond de la Chine jusqu'au Canada? N'est-ce pas celle d'un gueux qui voudrait que tous les riches fussent volés par les pauvres afin de mieux établir l'union fraternelle entre les hommes?'[181] In his *Idées républicaines*, in attacking sumptuary laws, he does, however, try to offer some consolation to the poor—that the high living of the rich provides them with work: 'Le citoyen qui par son faste humilie le pauvre enrichit le pauvre par ce même faste beaucoup plus qu'il ne l'humilie.'[182]

The *Histoire des Deux Indes* contains two striking statements on equality both of which are attributed to Diderot. The first, which occurs in a passage on the Anabaptists of Münster, rejects the whole notion in the bluntest terms: 'La chimère de l'égalité est la plus dangereuse de toutes dans une société policée. Prêcher ce système au peuple, ce n'est pas lui rappeler ses droits; c'est l'inviter au meurtre et au pillage; c'est déchaîner des animaux domestiques et les changer en bêtes féroces. Il faut adoucir et éclairer ou les maîtres qui les gouvernent, ou les lois qui les conduisent; mais il n'y a dans la nature qu'une égalité de droit et jamais une égalité de fait.' In a famous passage on the American revolution which he contributed to the 1780 edition of the work Diderot denies that all men are born equal: 'On a dit que nous étions tous nés égaux; cela n'est pas ... Il y a entre les hommes une inégalité originelle à laquelle rien ne peut remédier. Il faut qu'elle dure éternellement; et tout ce qu'on peut obtenir de la meilleure législation, ce n'est pas de la détruire; c'est d'en empêcher les abus.'[183]

Helvétius has relatively little to say on this subject. Like Voltaire he comes to the conclusion that, if there is too much inequality in the distribution of wealth, then at least the luxury of the rich serves as a palliative: 'Une telle répartition est sans doute un grand mal, mais ..., une fois établie, le luxe devient, sinon un remède efficace, du moins un palliatif à ce mal. C'est la magnificence des grands qui rapporte journellement l'argent et la vie dans la classe inférieure des citoyens.'[184]

---

[181] Ibid., vol. XIX, p. 380.
[182] Ibid., vol. XXIV, p. 417.
[183] Vol. IV, pp. 268, 392.
[184] *De l'homme*, vol. II, p. 124.

While d'Holbach repeatedly declares that government and laws must have as their aim the happiness of the greatest number,[185] he offers a whole series of justifications of inequality. At the beginning of *La Politique naturelle* he declares that inequality is both natural and advantageous to society:

> La nature a mis entre les hommes la même diversité que nous voyons régner dans ses autres ouvrages ... Cette inégalité, loin de nuire, contribue à la vie et au maintien de la société ... Il y eut, dès l'origine, inégalité dans les propriétés et les possessions ... Tout est échange dans la société; l'inégalité que la nature a mise entre les individus, loin d'être la source de leurs maux, est la vraie base de leur félicité. Par là les hommes sont invités et forcés à recourir les uns aux autres, à se prêter des secours mutuels.

Inequality is just since it is right that society should reward those who are most useful to it:

> L'on voit donc que la société, de même que la nature, établit une inégalité nécessaire et légitime entre ses membres. Cette inégalité est juste parce qu'elle est fondée sur le but invariable de la société, je veux dire sur sa conservation et son bonheur. Elle doit évidemment son amour, ses bienfaits, son estime, ses récompenses à ses membres à proportion des avantages qu'elle en retire.

D'Holbach cannot agree with Montesquieu that virtue is the principle of a republic; it is rather equality—an absurd notion: 'Il est pour les républiques une autre idole à qui la vertu même fut toujours sacrifiée: c'est l'égalité. On a déjà fait voir combien cette égalité était chimérique; on a prouvé que la nature ne l'avait accordée à aucun des êtres de notre espèce; vainement les hommes tenteraient-ils de l'établir entre eux.'[186]

In the *Système social* he goes even further in his defence of inequality when he writes:

> Une égalité parfaite entre les membres d'une société serait une injustice véritable. Les avantages que chacun procure aux autres, sont la source naturelle des distinctions et des rangs entre les citoyens. Les plus utiles de tous doivent, pour l'intérêt général, être les plus chéris, les plus respectés, les plus récompensés. Le pouvoir, les honneurs, les richesses, les louanges, la gloire, les dignités, les places, les titres etc. sont des récompenses qu'une nation reconnaissante doit à ceux qui la servent plus utilement que les autres.[187]

Social harmony, he argues in *Éthocratie*, can be secured provided that both rich and poor do their duty by their country:

> Le bon citoyen est celui qui est utile à son pays, dans quelque classe qu'il se trouve placé. Le pauvre remplit sa tâche sociale par un travail honnête ou dont

---

[185] *La Politique naturelle*, vol. I, pp. 29, 73, 75.
[186] Ibid., pp. 18-21, 44-5, 68.
[187] Vol. I, p. 132.

il résulte un bien solide et réel pour ses concitoyens. Le riche remplit sa tâche lorsqu'il aide le pauvre à remplir la sienne; c'est en secourant l'indigence active et laborieuse, c'est en payant ses travaux, c'est en lui facilitant les moyens de subsister, en un mot, c'est par sa bienfaisance que le riche peut acquitter ses dettes envers la société. C'est donc en détournant l'esprit des citoyens riches des fantaisies insensées et nuisibles du luxe et de la vanité pour le porter vers la bienfaisance utile à la patrie que le législateur établira chez lui l'harmonie sociale sans laquelle il ne peut y avoir de félicité pour personne.[188]

In other words the enormous gap between rich and poor can be bridged only by charity (*bienfaisance*) on the part of the rich; the extremes of wealth and poverty are part of the natural order of things.

In his commentary on Voltaire's *Le Mondain* Condorcet accepts the view that the luxury of the rich serves as a palliative to inequality: 'Le luxe diminue en grande partie les effets de cette inégalité en faisant vivre les pauvres aux dépens des fantaisies des riches.'[189] However, his most significant comments on the problem of inequality are all to be found in his writings from 1789 onwards. In the first of these, his *Idées sur le despotisme*, he starts from the principle that 'l'égalité que le droit naturel exige entre les hommes, exclut toute inégalité qui n'est pas une suite nécessaire de la nature de l'homme et des choses et qui, par conséquent, serait l'ouvrage arbitraire des institutions sociales'. Unless inequality of wealth is founded on arbitrary laws such as the law of primogeniture and entail, it is not contrary to natural law: 'Elle est une suite nécessaire du droit de propriété, puisque ce droit, renfermant l'usage libre de la propriété, renferme par conséquent la liberté de les accumuler indéfiniment.'[190]

As events took a more and more radical turn during the Revolution, Condorcet found that the principles of his economic liberalism came under attack. In December 1792, faced with the demands of some of the peasants of Eure-et-Loir for a redistribution of the land, he reaffirmed those principles, arguing that the only kind of equality compatible with the proper organization of society was not to be attained 'en bornant l'étendue des propriétés territoriales, en faisant des distributions de terre':

Cette égalité consiste dans la faculté qu'aurait chaque père de famille d'acquérir, par son travail, au-delà de sa subsistance ou de son entretien, un petit capital. Il faut donc que les salaires deviennent plus forts par rapport au prix des denrées, ce qui ne peut être le fruit que d'une augmentation d'industrie et de culture; et

[188] p. 140.
[189] *Œuvres*, vol. IV, p. 234.
[190] Ibid., vol. IX, p. 166.

cette augmentation ne peut naître que par la liberté, la sûreté de toute espèce de propriété, et par le respect pour la loi.

Here and elsewhere Condorcet does propose various means by which inequality might be to some extent reduced, but it is clear that a very considerable amount would still remain.

Significant for an understanding of his ideas is the very title of one of the last of his published writings, 'Que toutes les classes de la société n'ont qu'un même intérêt.' This appeared only a month before he was compelled to go into hiding. After a brief enumeration of the different social classes—'des hommes pouvant vivre sans travail, et d'autres n'ayant que leur travail pour vivre; des cultivateurs, des manufacturiers et des commerçants; des entrepreneurs, des ouvriers et des consommateurs; des propriétaires de fonds et des capitalistes'—he continues: 'Si donc chacune de ces distinctions nécessaires dans la fortune, dans les professions, dans la manière de vivre, donnait à chacune de ces classes qui en résultent des intérêts réellement opposés, la société entière serait perpétuellement agitée par une guerre sourde entre ces classes ennemies.' Condorcet then goes on to demonstrate, at least to his own satisfaction, that this is not the case.[191]

He returns to the problem of inequality in the *Esquisse* when considering the future progress of mankind in the 'Xe Époque'. He defines three forms of inequality—inequality of wealth, inequality between those who own sufficient wealth for their own needs and can pass it on to their descendants, and those whose income depends on their ability to work, and inequality in education. While he anticipates that these three forms of inequality will diminish and suggests ways in which this might be brought about, he does not imagine that they will ever vanish entirely 'car elles ont des causes naturelles et nécessaires qu'il serait absurde et dangereux de vouloir détruire'.[192]

It would not be far from the truth to say that the *Philosophes* shared the view of the *Thermidoriens* who drew up the constitution of 1795 that equality could mean no more than equality before the law. The *Déclaration des droits et des devoirs des citoyens* placed at the beginning of this constitution states that 'l'égalité consiste en ce que la loi est la même pour tous, soit qu'elle protège, soit qu'elle punisse'. It has to be remembered that the *Philosophes* were concerned not only with equality between rich and poor, but also with the destruction of the Ancien Régime inequality between

[191] Ibid., vol. XII, pp. 316, 645-6.
[192] p. 211.

noble and *roturier*. 'Il n'y a de pays dignes d'être habités par des hommes', wrote Voltaire in the *Essai sur les mœurs*, 'que ceux où toutes les conditions sont également soumises aux lois.'[193] Writing to Frederick the Great in 1770 d'Alembert declares:

C'est une grande sottise d'accuser les philosophes, au moins ceux qui méritent ce nom, de prêcher l'égalité; cette égalité est une chimère impossible dans quelque état que ce puisse être. La vraie égalité des citoyens consiste en ce qu'ils soient tous également soumis aux lois, également punissables quand ils les enfreignent; c'est ce qui a lieu dans tous les états bien gouvernés, où le supérieur n'a jamais le droit d'opprimer son inférieur impunément; mais c'est malheureusement ce qui n'a pas lieu partout.

Two months later he returns to the same theme:

Je ne dirai, sire, qu'un seul mot sur les gouvernements. Je pense que la forme du gouvernement est indifférente en elle-même, pourvu que le gouvernement soit juste, que tous les citoyens aient également droit à sa protection, qu'ils soient également soumis aux lois, et également punis s'ils les violent; que les supplices ne soient pas réservés pour les petits coupables, et les honneurs pour les grands.[194]

Writing, of course, after the Revolution, Morellet attacks what he calls the 'doctrines funestes' of the *Contrat social*—'cet absurde système d'égalité, non pas devant la loi, vérité triviale et salutaire, mais *égalité* de fortunes, de propriétés, d'autorité, d'influence sur la législation, principes vraiment destructeurs de tout ordre social'.[195] Even Rousseau, at a time when, according to d'Alembert who quotes the passage,[196] 'il n'était pas encore brouillé avec les philosophes et se piquait lui-même de l'être', maintained that such equality was all that they sought: 'Ils voudraient qu'on fît justice des grands fripons comme des petits, enfin que toutes les conditions fussent également sous la protection et sous la sévérité des lois. Vous savez que c'est là l'égalité qu'ils demandent et qui est nécessaire dans tout état bien gouverné.'

There is a striking passage on equality before the law in Diderot's *Mémoires pour Catherine II*:

Mais surtout des lois, des lois si générales qu'elles n'exceptent personne.
    La généralité de la loi est un des plus grands principes de l'égalité des sujets.
    Que personne ne puisse impunément en frapper, en maltraiter, en injurier grièvement un autre.
    L'homme le plus vil prend de la hauteur, du courage, de la fermeté, quand il sait qu'il a un défenseur dans la loi.

[193] Vol. II, p. 21.
[194] Frederick, *Œuvres*, vol. XXIV, pp. 487, 496.
[195] *Mémoires*, vol. I, p. 116.
[196] *Histoire des membres de l'Académie française morts depuis 1700 jusqu'en 1771*, Paris, 1785, 6 vols., vol. III, pp. 520-2.

Employez surtout votre commission à établir cette sorte d'égalité légale; elle est si naturelle, si humaine, qu'il n'y aurait que des bêtes féroces qui pussent s'y refuser.[197]

In *La Politique naturelle* d'Holbach states the general principle: 'La loi doit être uniforme et commander également à tous,' and he then proceeds to relate it to the absence of social and economic equality which for him is something to be taken for granted: 'Étant l'expression du vœu public, n'ayant pour but que le bien général, destinée à mettre un frein aux passions des hommes, enfin faite pour remédier aux inconvénients résultant de l'inégalité que les forces, les talents et les richesses pourraient mettre entre eux, aucun de ces objets ne serait rempli si elle ne parlait à tous avec la même force.'[198]

In the *Système social* he rejects any other form of equality—political, social, or economic: 'La vraie liberté', he maintains, 'consiste à se conformer à des lois qui remédient à l'inégalité naturelle des hommes, c'est-à-dire, qui protègent également le riche et le pauvre, les grands et les petits, les souverains et les sujets.'[199] In the same work there is also a bitter passage on the very different kind of justice meted out to rich and poor:

De quel droit la société peut-elle punir de mort un voleur domestique qui aura été le témoin des rapines impunies et des concussions de son maître, ou qui verra les voleurs publics marcher le front levé, jouir de la considération et des hommages de leurs concitoyens, étaler sans pudeur, aux yeux même des chefs de l'État, un faste insolent, fruit de leurs extorsions? Comment fera-t-on respecter la propriété des autres à des malheureux qui ont été eux-mêmes les victimes de la rapacité du riche ou qui ont vu à tout moment les biens de leurs concitoyens impunément envahis par la violence ou par la fraude? Enfin, comment engager à se soumettre aux lois des hommes à qui tout prouve que ces lois, armées contre eux seuls, sont indulgentes pour les grands et les heureux de la terre et ne sont inexorables que pour le malheureux et le pauvre?[200]

We shall meet this problem again when we come to consider the reforms in the criminal law which the *Philosophes* demanded.[201]

When we turn to the remedies or palliatives which they proposed for poverty and in particular their views on the serious problem of 'mendicité' which eighteenth-century France had to face, we find that their views tend to be somewhat harsh.

In the *Encyclopédie* article MENDIANT Jaucourt, normally extremely compassionate, takes a tough line from the very opening

[197] p. 63.
[198] Vol. I, pp. 159-60.
[199] Vol. II, p. 43.
[200] Vol. III, pp. 39-40.
[201] See Chapter III.

definition—'gueux ou vagabond de profession qui demande l'aumône par oisiveté et par fainéantise, au lieu de gagner sa vie par le travail'. He would reserve hospitals for the sick and those who are no longer capable of working. As a qualified physician and a humanitarian he is horrified by the inadequacy of the provision made for the sick in contrast to the money wasted on the undeserving poor:

Ces hôpitaux sont précisément les moins rentés, le nécessaire y manque quelquefois; et tandis que des milliers d'hommes sont richement vêtus et nourris dans l'oisiveté, un ouvrier se voit forcé de consommer dans une maladie tout ce qu'il possède, ou de se faire transporter dans un lit commun avec d'autres malades, dont les maux se compliquent au sien. Que l'on calcule le nombre des malades qui entrent dans le cours d'une année dans les hôtels-Dieu du royaume, et le nombre des morts, on verra si, dans une ville composée du même nombre d'habitants, la peste ferait plus de ravage.

Jaucourt would like to see most of the money from these foundations spent on hospitals for the sick. As for the able-bodied poor, they should be put to work:

Et serait-il impossible, pour la subsistance de ceux-ci, d'affermer leur travail à un entrepreneur dans chaque lieu? Les bâtiments sont construits, et la dépense d'en convertir une partie en atelier serait assez médiocre. Il ne s'agirait que d'encourager les premiers établissements. Dans un hôpital bien gouverné la nourriture d'un homme ne doit pas coûter plus de cinq sous par jour. Depuis l'âge de dix ans les personnes de tout sexe doivent les gagner; et si l'on a l'attention de leur laisser bien exactement le sixième de leur travail lorsqu'il excédera les cinq sous, on en verra monter le produit beaucoup plus haut.

These workhouses, in which even the children would be set to honest toil, would not be available to all poor people: 'Quant aux vagabonds de profession, on a des travaux utiles dans les colonies où l'on peut employer leurs bras à bon marché.'[202]

The views expressed in Diderot's own article *HÔPITAL are developed further in the passages on the subject which he contributed some twenty years later to the *Histoire des Deux Indes*. Here one finds once again an attack on able-bodied beggars:

Les pays prétendus policés sont couverts d'hommes paresseux qui trouvent plus doux de tendre la main dans les rues que de se servir de leurs bras dans les ateliers. Certes notre dessein n'est pas d'endurcir les cœurs; mais nous prononcerons sans balancer que ces misérables sont autant de voleurs du véritable pauvre et que celui qui leur donne des secours se rend leur complice. La connaissance de leur hypocrisie, de leurs vices, de leurs débauches, de leurs nocturnes saturnales affaiblit la commisération qui est due à l'indigence réelle. On souffre sans doute à priver un citoyen de sa liberté, la seule chose qu'il

<hr />

[202] Vol. X, p. 332a.

possède, et d'ajouter la prison à la misère. Cependant celui qui préfère la condition abjecte de mendiant à un asile où il trouverait le vêtement et la nourriture à côté du travail, est un vicieux qu'il faut y conduire par la force.

Diderot does, however, allow of the existence of other causes of poverty besides pure laziness:

If faut qu'il y ait des pauvres sans nombre partout où il y a sans nombre des hommes qui n'ont que leurs bras à opposer à la misère. Pour tous ces malheureux un jour de maladie est un jour d'indigence. Tout vieillard est un pauvre. Tout estropié par accident ou maléficié par nature, jeune ou vieux, est un pauvre. Tout ouvrier, tout soldat, tout matelot hors de service est un pauvre. La pauvreté engendre la pauvreté, ne fût-ce que par l'impossibilité où se trouve le pauvre de donner aucune sorte d'éducation ou d'industrie à son enfant.

Poverty, he goes on to argue, is something which can suddenly afflict people from a wide variety of social classes:

Un grand incendie, une inondation, une grêle, un long et rigoureux hiver, une épidémie, une disette, une guerre, de grandes et subites réductions de rentes, des faillites, de mauvaises, quelquefois même de bonnes opérations de finance, l'invention d'une nouvelle machine: toutes les causes qui privent les citoyens de leur état et suspendent ou diminuent brusquement les travaux journaliers, font éclore en un instant une foule incroyable de pauvres.

All that he has to suggest as a remedy is that it would be better if the government paid out sums of money for relief purposes after public disasters rather than support hospitals for the poor: 'Ils préviendraient la mendicité, et les hôpitaux ne font que la fomenter.'

After denouncing the corrupt practices of many hospital administrators Diderot turns to the deplorable state of hospitals for the sick: 'A l'Hôtel-Dieu de Paris et à Bicêtre le cinquième et le sixième des malades périssent; à l'hôpital de Lyon, le huitième et le neuvième.' Then comes the conclusion: 'Laissons subsister les hôpitaux; mais occupons-nous à diminuer par l'aisance générale la multitude des malheureux qui sont forcés de s'y réfugier. Qu'ils soient employés dans les maisons de charité à des travaux sédentaires; que la paresse y soit punie, que l'activité y soit récompensée.'[203]

D'Holbach too takes up a harsh attitude towards the workshy. 'Dans un état bien réglé, he writes in *Éthocratie*, 'tout homme jouissant de ses membres doit trouver à subsister par le travail; la loi doit y contraindre celui qui refuse d'être bon à quelque chose.' He is hostile to religious foundations for the poor and to indiscriminate charity; he also attacks the English Poor Law,

---

[203] Vol. III, pp. 261-4.

laying down as a general principle that 'la charité devient funeste toutes les fois qu'elle encourage la paresse. Le pauvre, quand il le peut, doit vivre de son travail; c'est quand il ne le peut pas que la société doit aller à son secours.' After criticizing rich people who batten on charities which ought to be capable of dealing with the needs of all sick people, he suggests that government aid both to the able-bodied and to the disabled and sick might best be distributed on a local basis: 'Peut-être serait-il plus avantageux que chaque village ou district fût chargé du soin de ses pauvres, qui, étant mieux connus chez eux qu'ailleurs, ne seraient pas à portée de tromper le public trop crédule par des infirmités supposées.' And, after declaring that the government must also see that the rich fulfil their duty towards the poor, he drops the subject.[204]

Given his voluminous writings one might expect that Voltaire would have a great deal to say on this subject, but this is not the case. The article CHARITÉ, *Maisons de charité, de bienfaisance, hôpitaux, hôtels-Dieu, etc.* in the *Questions sur l'Encyclopédie* is mainly historical. So far as the France of his day is concerned there is little except on the subject of hospitals for the sick. People, he declares, are afraid to go into such institutions because of their poor facilities:

L'Hôtel-Dieu, par exemple, était très bien placé autrefois dans le milieu de la ville auprès de l'Evêché. Il l'est très mal quand la ville est trop grande, quand quatre ou cinq malades sont entassés dans chaque lit, quand un malheureux donne le scorbut à son voisin dont il reçoit la vérole, et qu'une atmosphère empestée répand les maladies incurables et la mort, non seulement dans cet hospice destiné pour rendre les hommes à la vie, mais dans une grande partie de la ville à la ronde.

L'inutilité, le danger même de la médecine en ce cas, sont démontrés. S'il est si difficile qu'un médecin connaisse et guérisse une maladie d'un citoyen bien soigné dans sa maison, que sera-ce de cette multitude de maux compliqués, accumulés les uns sur les autres dans un lieu pestiféré?[205]

On the other hand in a letter in which he complains of the shortage of labour on the land there is a furious outburst against beggars in which the 'seigneur de Ferney et autres lieux' comes out with a rather surprising suggestion for a solution to the problem of 'mendicité':

On a donné des édits pour extirper l'infâme profession de mendiants, profession si réelle, et qui se soutient malgré les lois, au point que l'on compte deux cent mille mendiants vagabonds dans le royaume. Ils échappent tous aux châtiments décernés par les lois, et il faut pourtant les nourrir parce qu'ils sont hommes. Peut-être si on donnait aux seigneurs et aux communautés le droit de les arrêter

---

[204] pp. 145-8.
[205] *OC*, vol. XVIII, p. 136.

et de les faire travailler, on viendrait à bout de rendre utiles des malheureux qui surchargent la terre.[206]

In his *Essai sur les Assemblées provinciales* Condorcet deals in a few pages with a wide variety of social problems. The problem of poverty, he maintains, is not to be solved by imitating the English Poor Law or by setting up more charitable institutions. The existing ones could be made really useful by confining them to three purposes—the nursing of those with incurable diseases, the education of blind and deaf and dumb children, and the care of the disabled who are only partially fit to earn a living. In the country the sick should be treated at home where they would receive the necessary assistance, but in the towns hospitals are necessary, though Condorcet insists that these are best kept small. Hospitals for foundlings must be provided; the State's share in the cost would be reduced by the work done by the children and the unmarried mothers. Unlike other *Philosophes* Condorcet defends the right of beggars and vagrants to lead their own lives. 'Mais pourquoi', he asks, 'un mendiant valide, vivant d'aumônes volontaires, serait-il traité comme un criminel? Il est paresseux, il est vil; mais renferme-t-on tous les hommes vils et paresseux? Non; on leur donne souvent des pensions, des abbayes, des charges. Quel crime commet envers la société un homme qui vit de ce qu'un autre homme juge à propos de lui donner librement?' Vagrants also deserve to be left alone: 'Quoi! parce qu'un homme porte un habit malpropre ou déchiré, on peut se permettre à son égard les mêmes interrogations, les mêmes recherches qui seraient une insulte contre un homme dont l'habit annoncerait l'aisance ou la richesse! D'ailleurs, qui peut marquer la ligne où cette inquisition doit s'arrêter?'[207]

Although at moments Condorcet seems to have a touching faith in the ability of the principles of economic liberalism to reduce inequality and consequently poverty, he also has some forward-looking ideas which give his belief in economic freedom a more radical tinge. He was acutely aware of the state of economic instability in which most of the active population and their families lived, faced constantly with the threat of illness, premature death of the bread-winner, and old age. Modern society, he argues in

---

[206] *CW*, vol. 119, p. 56. The same suggestion is put forward in the article FERTILISATION in the *Questions sur l'Encyclopédie*, though in rather less violent terms (*OC*, vol. XIX, p. 112). See also GUEUX, MENDIANT (pp. 322-3).

[207] *Œuvres*, vol. VIII, pp. 467-8.

the 'Xe Époque' of his *Esquisse*, is so organized that it could not support the same population.

si un grand nombre d'individus cessaient de n'avoir, pour subvenir presque entièrement à leurs besoins ou à ceux de leur famille, que leur industrie et ce qu'ils tirent des capitaux employés à l'acquérir ou à en augmenter le produit. Or, la conservation de l'une et de l'autre de ces ressources dépend de la vie, de la santé même du chef de chaque famille. C'est, en quelque sorte, une fortune viagère, ou même plus dépendante du hasard; et il en résulte une différence très réelle entre cette classe d'hommes et celle dont les ressources ne sont point assujetties aux mêmes risques, soit que le revenu d'une terre ou l'intérêt d'un capital presque indépendant de leur industrie fournisse à leurs besoins.

Il existe donc une cause nécessaire d'inégalité, de dépendance et même de misère, qui menace sans cesse la classe la plus nombreuse et la plus active de nos sociétés.[208]

In slightly earlier writings Condorcet had seen one possible remedy for this state of affairs in the setting up of what he calls 'caisses d'accumulation' or 'caisses d'économie'[209]—in other words, savings banks. In the *Esquisse* he goes much further; his interest in the theory of probability leads him to the notion of various forms of social insurance which would reduce this source of inequality:

Nous montrerons qu'on peut la détruire en grande partie, en opposant le hasard à lui-même; en assurant à celui qui atteint la vieillesse un secours produit par ses épargnes, mais augmenté de celles des individus qui, en faisant le même sacrifice, meurent avant le moment d'avoir besoin d'en recueillir le fruit; en procurant, par l'effet d'une compensation semblable, aux femmes, aux enfants, pour le moment où ils perdent leur époux ou leur père, une ressource égale et acquise au même prix, soit pour les familles qu'afflige une mort prématurée, soit pour celles qui conservent leur chef plus longtemps; enfin, en préparant aux enfants qui atteignent l'âge de travailler pour eux-mêmes et de fonder une famille nouvelle, l'avantage d'un capital nécessaire au développement de leur industrie, et s'accroissant aux dépens de ceux qu'une mort trop prompte empêche d'arriver à ce terme.[210]

If the last form of insurance advocated by Condorcet has never been realized, insurance against sickness, disablement, and old age has gradually been introduced, but in France it was a peculiarly slow process.

It could not be said that the Revolutionary assemblies ignored the problem of public assistance. The Constituent Assembly had its Comité de Mendicité which presented several reports, but nothing concrete was achieved. The constitution of 1791 speaks

---

[208] p. 212.
[209] *Œuvres*, vol. XII, pp. 316, 649.
[210] p.213.

only of future plans to deal with the problem: 'Il sera créé et organisé un établissement général de *Secours publics*, pour élever les enfants abandonnés, soulager les pauvres infirmes, et fournir du travail aux pauvres valides qui n'auraient pu s'en procurer.' (Titre I). Able-bodied beggars were sternly dealt with in the law on 'la police correctionnelle' of 19 July 1791:

22. Les mendiants valides pourront être saisis et conduits devant le juge de paix, pour être statué à leur égard, conformément aux lois sur la suppression de la mendicité.

23. Les circonstances aggravantes seront:
    1° De mendier avec menaces et violences;
    2° De mendier avec armes;
    3° De s'introduire dans l'intérieur des maisons ou de mendier la nuit;
    4° De mendier deux ou plusieurs ensemble;
    5° De mendier avec faux certificats ou congés, infirmités supposées ou déguisement;
    6° De mendier après avoir été repris de justice;
    7° De mendier hors du canton du lieu de sa naissance.

24. Les mendiants contre lesquels il se réunira une ou plusieurs de ces circonstances aggravantes pourront être condamnés à un emprisonnement qui n'excédera pas une année, et la peine sera double en cas de récidive.[211]

The Legislative Assembly had its Comité de Secours, but although a number of projects were presented to it nothing had been organized before its sittings came to an abrupt end. The Convention was much more active in this field, at least on paper. Article 21 of the *Déclaration des droits de l'homme* in the 1793 constitution lays down the principle that 'les secours publics sont une dette sacrée. La société doit la subsistance aux citoyens malheureux, soit en leur procurant du travail, soit en assurant les moyens d'exister à ceux qui sont hors d'état de travailler.'

It produced a good deal of legislation on the subject. On 19 March 1793 it passed a decree based on the following principles: '1° que tout homme a droit à sa subsistance par le travail, s'il est valide; par des secours gratuits, s'il est hors d'état de travailler; 2° que le soin de pourvoir à la subsistance du pauvre est une dette nationale.'[212] This decree laid down the methods by which the sums voted each year by the national assembly were to be distributed. Three months later, on 28 June, the Convention decreed a system of child allowances for 'familles indigentes', the setting up in every *district* of 'une maison où la fille enceinte

---

[211] Duvergier, vol. III, pp. 122-3.
[212] *Moniteur*, vol. XV, p. 748; Duvergier, vol. V, pp. 204-5.

pourra se retirer pour y faire ses couches', and arrangements for the education of the resulting children.[213] Finally on 11 May 1794, at the height of the Terror, the Committee of Public Safety produced an elaborate decree on public assistance which set up in each department a 'Livre de la bienfaisance nationale'.[214] However all this legislation, while in many ways very much in advance of its time, remained almost entirely on paper. Characteristically the 1795 constitution, drawn up during the 'réaction thermidorienne', dropped all mention of public assistance in its *Déclaration des droits de l'homme.*

The problem of *mendicité* remained unsolved under the Directory and grew even worse after the 18 Brumaire. A decree of 5 July 1808 set up in each department a 'dépôt de mendicité' to which all beggars were ordered to go. 'La mendicité', it declared, 'est interdite sur tout le territoire de l'Empire.'[215] In practice very few of these institutions were set up before the collapse of the Empire. Two years later the *Code pénal* introduced severe penalties for vagrants and beggars. Article 269 declares: 'Le vagabondage est un délit'; while Article 271 imposes a penalty of three to six months' imprisonment on 'les vagabonds ou gens sans aveu qui auront été légalement déclarés tels' and adds that, after serving this sentence, they will remain 'à la disposition du Gouvernement pendant le temps qu'il déterminera, eu égard à leur conduite'. Article 274 on begging reads: 'Toute personne qui aura été trouvée mendiant dans un lieu pour lequel il existera un établissement public organisé afin d'obvier à la mendicité, sera punie de trois à six mois d'emprisonnement, et sera, après l'expiration de sa peine, conduite au dépôt de mendicité.' Where there was no such establishment, the penalty was from one to three months' imprisonment, and a beggar found outside the *canton* where he resided was liable to be imprisoned for a period of from six months to two years. This stiffer penalty was to be imposed on beggars who entered a house or its grounds without permission, or feigned sores or infirmities, or sought alms together except in the case of husband and wife or father or mother with their young children. Even more severe punishments were prescribed in articles 277-82 for vagrants and beggars found guilty of certain crimes such as being equipped with files or skeleton keys. Quite a number of these articles dealing with vagrants and beggars are still in the Penal Code today.

[213] Duvergier, vol. V, pp. 362-7.
[214] Ibid., vol. VII, pp. 164-7.
[215] Ibid., vol. XVI, p. 291.

It cannot be said that the *Philosophes* in general (Condorcet is an obvious exception) would have disapproved of such severe measures against vagrants and beggars. The various forms of national insurance which he had advocated were slow in being introduced as France lagged far behind Germany and even England in social legislation. The schemes brought forward in the closing decades of the nineteenth century gave rise to interminable debates. It took from 1880 to 1898 for the first piece of such legislation to be passed—a law making the employer responsible for compensation for industrial injury or death. The 1910 law on retirement pensions which aroused considerable hostility on the Left as well as the Right took twenty years to be passed from the time of the first bill on the subject. In practice three-quarters of all wage-earners did not bother to take out cards under the scheme, and it was not until the 1928 act which also covered sickness and disablement came into force that retirement pensions became a reality. Unemployment insurance was introduced in England in 1911, but in France it was argued that it was less necessary than in more heavily industrialized countries and it was not brought in until 1958. Certainly Condorcet's ideas were well ahead of his time.

III   The Law. Crime and Punishment

During the Ancien Régime most of the southern half of France
was under Roman law (*droit écrit*), while the rest of the country
was under customary law (*droit coutumier*) which varied not only
from province to province, but even from district to district. This
chaotic state of the law was constantly attacked by the *Philosophes*,
especially by Voltaire. Its critics often coupled with it protests
against the chaos of weights and measures. Thus in the article
LOIS CIVILES ET ECCLÉSIASTIQUES in the *Dictionnaire philosophique*
Voltaire puts forward a demand for uniformity in both spheres:
'Qu'il n'y ait qu'un poids, une mesure, une coutume,'[1] while in
Diderot's *Mémoires pour Catherine II* the Génie de la France is made
to ask Peter the Great:

Sais-tu qu'il y a autant de codes que de villes et de villages?
Sais-tu qu'à chaque lieue on change de poids et de mesures?[2]

In the *Essai sur les mœurs* Voltaire (wrongly) attributes to Henry I
the introduction of a uniform system of weights and measures for
the whole of England, adding that this measure was 'aisément
exécuté en Angleterre, et toujours inutilement proposé en France'.[3]
He makes use of the example of England in other criticisms of
conditions in France as in his *Dialogue entre un plaideur et un avocat*.
When the litigant asks why France cannot have a uniform system
of laws, the following piece of dialogue ensues:

L'AVOCAT

Ce que vous demandez est aussi impossible que de n'avoir qu'un poids et qu'une
mesure. Comment voulez-vous que la loi soit partout la même, quand la pinte ne
l'est pas? Pour moi, après avoir profondément rêvé, j'ai trouvé que, comme la
mesure de Paris n'est point la mesure de Saint-Denis, il faut nécessairement que
les têtes ne soient pas faites à Paris comme à Saint-Denis. La nature se varie à
l'infini, et il ne faut pas essayer de rendre uniforme ce qu'elle a rendu si différent.

LE PLAIDEUR

Mais il me semble qu'en Angleterre il n'y a qu'une loi et une mesure.

L'AVOCAT

Ne voyez-vous pas que les Anglais sont des barbares? Ils ont la même mesure,
mais ils ont en récompense vingt religions différentes.[4]

---

[1] *OC*, vol. XIX, p. 626.   [2] p. 200.
[3] Vol. I, p. 525.   [4] *OC*, vol. XXIII, pp. 495-6.

The same demand for a uniform system of weights and measures is put forward by Jaucourt more solemnly, but with the same reference to the example of England, in his *Encyclopédie* article, MESURE (*Gouvernement*):

Ne nous objectez pas que cette idée n'est qu'un projet spécieux, rempli d'inconvénients dans son exécution et qui dans l'examen n'est qu'une peine inutile, une dispute de mots, parce que le prix des choses suit bientôt leur poids et leur *mesure*. Mais ne serait-il pas encore plus naturel d'éviter cette marche, de la prévenir, de simplifier et de faciliter le cours du commerce intérieur qui se fait toujours difficilement lorsqu'il faut sans cesse avoir présent à son esprit ou devant les yeux le tarif des poids et des *mesures* des diverses provinces d'un royaume pour y ajuster ses opérations?[5]

The *philosophe* most concerned with this problem was obviously Condorcet. In an early work, his *Observations sur le XXIXe livre de l''Esprit des lois'*, he sketched out his ideas on the subject and spoke of the opposition such a reform would be likely to encounter: 'L'uniformité de poids et de mesures ne peut déplaire qu'aux gens de loi qui craignent de voir diminuer le nombre des procès, et les négociants qui craignent tout ce qui rend les opérations du commerce faciles et simples.'[6] As *Inspecteur des monnaies* during Turgot's period in office he was involved in attempts to establish a uniform system which would have a scientific basis and would be of value to scientists as well as in everyday life. Though these were interrupted by Turgot's fall, he continued to interest himself in the problem.

When the Revolution came, Condorcet as secretary of the Académie des Sciences was involved in the early stages of the adoption of the decimal metric system. On 8 May 1790 the Constituent Assembly, 'désirant faire jouir à jamais la France entière de l'avantage qui doit résulter de l'uniformité des poids et mesures', decreed that the departments should send to Paris, 'pour être remis au secrétaire de l'Académie des sciences, un modèle parfaitement exact des différents poids et des mesures élémentaires qui y sont en usage'.[7] In the following year, on 26 March, Talleyrand read to the assembly a letter from Condorcet accompanying a report from the Academy on a new unit of length. Thereupon the assembly decreed 'qu'elle adopte la grandeur du quart du méridien terrestre pour base du nouveau système de mesure; qu'en conséquence les opérations nécessaires pour déterminer

---

[5] Vol. X, p. 423a.
[6] *Œuvres*, vol. I, p. 377.
[7] Duvergier, vol. I, p. 170.

cette base ... et notamment la mesure d'un arc du méridien depuis Dunkerque jusqu'à Barcelone seront incessamment exécutées'.[8]

The new system took a considerable time to work out, and Condorcet did not live to see the passing of the law of 7 April 1795 which formally decreed its adoption. As with the *nouveau franc* in our own day, its use inside France proved a very slow and gradual business. During the Consulate an *arrêté* of 4 November 1800 fixed the official date for its coming into force as 23 September 1801 (the beginning of the year X in the Revolutionary calendar). With the idea of encouraging its adoption Napoleon issued on 12 February 1812 a decree allowing the use of such old weights as the *livre* (= ½ kilogram) and the *demi-livre*; these have remained current down to the present day. Under the July Monarchy yet another law had to be passed making the use of the metric system compulsory from 1 January 1840.

Voltaire's campaign against the lack of uniformity in the civil laws of France began in 1751 with the publication of his pamphlet, *Dialogue entre un plaideur et un avocat*. In it he offers, if in somewhat jocular style, a historical explanation of the endless variations in customary laws.

L'AVOCAT

Nous avons plus de lois que toute l'Europe ensemble; presque chaque ville a la sienne.

LE PLAIDEUR

Oh! oh! voici bien une autre merveille!

L'AVOCAT

Ah! si vos pupilles étaient nés à Guignes-la-Putain, au lieu d'être natifs de Melun près Corbeil!

LE PLAIDEUR

Eh bien! qu'arriverait-il alors?

L'AVOCAT

Vous gagneriez votre procès haut la main; car Guignes-la-Putain se trouve située dans une commune qui vous est tout à fait favorable; mais à deux lieues de là c'est tout autre chose.

LE PLAIDEUR

Mais Guignes et Melun ne sont-ils pas en France? et n'est-ce pas une chose absurde et affreuse que ce qui est vrai dans un village se trouve faux dans un autre? Par quelle étrange barbarie se peut-il que des compatriotes ne vivent pas sous la même loi?

[8] Ibid., vol. II, p. 271.

C'est qu'autrefois les habitants de Guignes et ceux de Melun n'étaient pas compatriotes. Ces deux belles villes faisaient, dans le bon temps, deux empires séparés; et l'auguste souverain de Guignes, quoique serviteur du roi de France, donnait des lois à ses sujets. Ces lois dépendaient de la volonté de son maître d'hôtel, qui ne savait pas lire, et leur tradition respectable s'est transmise aux Guignois de père en fils; de sorte que, la race des barons de Guignes étant éteinte pour le malheur du genre humain, la manière de penser de leurs premiers valets subsiste encore et tient lieu de loi fondamentale. Il en est ainsi de poste en poste dans le royaume; vous changez de jurisprudence en changeant de chevaux. Jugez où en est un pauvre avocat quand il faut plaider, par exemple, pour un Poitevin contre un Auvergnat.

LE PLAIDEUR

Mais les Poitevins, les Auvergnats, et messieurs de Guignes ne s'habillent-ils pas de même façon? Est-il plus difficile d'avoir les mêmes lois que les mêmes habits? Et puisque les tailleurs et les cordonniers s'accordent d'un bout du royaume à l'autre, pourquoi les juges n'en font-ils pas autant?

At this point comparison with England and its uniformity both of laws and of weights and measures is made; this leads to the ironical conclusion:

LE PLAIDEUR

Quoi! des peuples qui vivent sous les mêmes lois ne vivent pas sous la même religion?

L'AVOCAT

Non, et cela seul prouve évidemment qu'ils sont abandonnés à leur sens réprouvé.[9]

The article LOIS (DES) in the *Dictionnaire philosophique* attacks another anomaly in the administration of justice—that the same *coutume* might be interpreted differently by different courts in the same Parlement. The person speaking here had a lawsuit which was judged by the Paris Parlement:

Le lendemain mon procès fut jugé en une chambre du parlement, et je perdis tout d'une voix; mon avocat me dit que je l'aurais gagné tout d'une voix en une autre chambre. 'Voilà qui est bien comique, lui dis-je; ainsi donc chaque chambre, chaque loi. - Oui, dit-il, il y a vingt-cinq commentaires sur la coutume de Paris; c'est-à-dire, on a prouvé vingt-cinq fois que la coutume de Paris est équivoque, et, s'il y avait vingt-cinq chambres de juges, il y aurait vingt-cinq jurisprudences différentes.

Voltaire then returns to the theme of the variety of different customary laws: 'Nous avons, continua-t-il, à quinze lieues de Paris une province nommée Normandie, où vous auriez été tout autrement jugé qu'ici.'[10]

[9] *OC*, vol. XXIII, pp. 494-6.   [10] Ibid., vol. XIX, p. 623.

He hammers home both points in the *Commentaire sur le livre des délits et des peines*, this time with a string of questions: 'Jugera-t-on toujours différemment la même cause en province et dans la capitale? Faut-il que le même homme ait raison en Bretagne, et tort en Languedoc? Que dis-je? il y a autant de jurisprudences que de villes; et dans le même parlement la maxime d'une chambre n'est pas celle de la chambre voisine.'[11] The same themes are taken up again in the *Questions sur l'Encyclopédie*, though the form in which they are presented is again different:

Votre coutume de Paris est interprétée différemment par vingt-quatre commentaires: donc il est prouvé vingt-quatre fois qu'elle est mal conçue. Elle contredit cent quarante autres coutumes, ayant toutes force de loi chez la même nation, et toutes se contredisent entre elles. Il est donc dans une seule province de l'Europe, entre les Alpes et les Pyrénées, plus de cent quarante petits peuples qui s'appellent *compatriotes*, et qui sont réellement étrangers les uns pour les autres, comme le Tonkin l'est pour la Cochinchine.[12]

Finally, in his *Éloge funèbre de Louis XV*, Voltaire predicts that the day will come when all these different customary laws will be swept away: 'Un jour viendra que toutes ces coutumes si différentes seront rendues uniformes, et qu'on fera vivre sous les mêmes lois les citoyens de la même patrie.'[13] Though he was not to live quite long enough to see this happen, the process was to be at least begun within fifteen years of these lines being written.

In contrast with these vivid pages of Voltaire what d'Holbach has to say on the subject of legal reform appears somewhat vague:

Que le législateur, ou ceux qui sous ses ordres travailleront à la rédaction d'un nouveau code, laissent là cet amas informe de lois sur lesquelles tant de têtes depuis tant de siècles se sont inutilement épuisées; qu'ils fassent main basse sur tant d'usages bizarres et surannés qui règlent si mal la conduite des hommes actuels; qu'ils dédaignent ces vaines coutumes qui font que, suivant un magistrat éclairé, *dans tous les états il existe deux sortes d'équité, l'équité naturelle et l'équité civile, qui contredit très souvent la première.*[14]

Diderot makes some much more pointed comments on the chaos of laws in France in the 'Essai historique sur la police' with which he opens his *Mémoires pour Catherine II*. Delving back into the past of France to explain this state of affairs, he concludes:

Rien n'a changé en France sur tous ces points. La même diversité des lois subsiste.

[11] Ibid., vol. XXV, p. 577.
[12] Ibid., vol. XIX, p. 614.   [13] Ibid., vol. XXIX, p. 296.
[14] *Éthocratie*, pp. 84-5. D'Holbach adds the following note: 'Voyez *Discours de M. Guyton de Morveau, sur les devoirs des avocats*. Le même magistrat prétend qu'il existe en France 285 codes différents. Tome I, page 53.'

La coutume de Bourgogne n'est point celle qui régit la Normandie. Le pays de droit écrit a des règles fort différentes de celles du pays coutumier. La loi des roturiers n'est point celle des nobles. Le clergé a des constitutions particulières à son état. Il en est de même du militaire, de l'ecclésiastique et du magistrat.

Much as he thought a uniform code was desirable, he was extremely pessimistic about it ever being produced: 'La France est condamnée à n'avoir jamais de code. Notre droit coutumier est immense. Il est lié avec l'état et la fortune de tous les particuliers. Celui qui projetterait le renversement de ce colosse monstrueux ébranlerait toutes les propriétés. Il n'achèverait pas son entreprise sans commettre une foule d'injustices criantes. Il soulèverait les différentes ordres de l'État.' Even so he held that the attempt ought to be made 'car je pense qu'il faut faire un grand mal d'un moment pour un grand bien qui dure'.[15]

In his *Observations sur le XXIXe livre de l' 'Esprit des lois'* Condorcet argues against Montesquieu the case for uniformity of laws, but in very general terms. Unlike Voltaire he does not criticize the anomalies which resulted from the existing variety of laws; his approach is highly abstract: 'Comme la vérité, la raison, la justice, les droits des hommes, l'intérêt de la propriété, de la liberté, de la sûreté sont les mêmes partout, on ne voit pas pourquoi toutes les provinces d'un état, ou même tous les états, n'auraient pas les mêmes lois criminelles, les mêmes lois civiles, les mêmes lois de commerce, etc.' He maintains that a uniform civil code could be introduced without causing a great upheaval, even in such matters as the regulation of inheritance. If a uniform system of laws is introduced, it will mean that 'les gens de loi perdront l'avantage de posséder exclusivement la connaissance des formes; que tous les hommes sachant lire seront également habiles sur cet objet; et il est difficile d'imaginer qu'on puisse regarder cette égalité comme un mal'.[16] One may, however, regard it as somewhat illusory.

In their attempts to replace the chaotic state of the law under the Ancien Régime by a uniform system applicable throughout the whole of France, the Constituent Assembly and its successors passed a torrent of legislation affecting the lives of private individuals. Early in the Revolution there was a demand for its codification as we see from the promise contained in the last sentence of Titre I of the Constitution of 1791: 'Il sera fait un Code de lois civiles communes à tout le Royaume.'

[15] pp. 3-5.
[16] *Œuvres*, vol. I, pp. 378, 379.

The Legislative Assembly continued to pass new laws, but did not last long enough to produce a civil code, and, although the Convention twice had a detailed code put before it, nothing came of either project. During the Directory yet another code was drawn up, but it too came to nothing. When Napoleon became First Consul, he set up a committee of four to produce a civil code, and after long discussions this became law on 21 March 1804. Though frequently amended, the *Code Napoléon*, as it was officially named during the First and Second Empires, still remains in force down to the present day.

It is notorious that, while it incorporated a good deal of the legislation passed during the Revolution, it is also strongly authoritarian.[17] However, this is not the place for a disquisition on the *Code Napoléon* and the changes made in it since its promulgation. It certainly provided France with the uniform system of civil law which the *Philosophes* had demanded.

The main weight of the criticism directed against the legal system by the *Philosophes* concerned criminal procedure and the harsh punishments meted out to criminals. There was the same lack of uniformity in the penalties imposed by the different courts in criminal as in civil cases. In his *Commentaire sur le livre des délits et des peines* Voltaire quotes the example of the variations in the use of the penalty of confiscation of property:

La confiscation n'est point admise dans les pays où le droit romain est établi, excepté le ressort du parlement de Toulouse. Elle ne l'est point dans quelques pays coutumiers, comme le Bourbonnais, le Berry, le Maine, le Poitou, la Bretagne, où au moins elle respecte les immeubles. Elle était établie autrefois à Calais, et les Anglais l'abolirent lorsqu'ils en furent les maîtres. Il est assez étrange que les habitants de la capitale vivent sous une loi plus rigoureuse que ceux des petites villes; tant il est vrai que la jurisprudence a été souvent établie au hasard, sans uniformité, comme on bâtit des chaumières dans un village.

In contrast criminal procedure was uniform throughout the country as a result of the promulgation in 1670 of the *Ordonnance sur les matières criminelles* which applied to all courts. 'C'est la seule loi', wrote Voltaire, 'qui soit uniforme dans tout le royaume.'[18]

This ordinance is subjected to severe criticism not only by Voltaire, but also by several other *Philosophes*, including Jaucourt in some of his *Encyclopédie* articles. In HABEAS CORPUS he expands considerably the text of the article in Chambers's *Cyclopaedia*, ending with a lengthy quotation from the *Esprit des lois* and inserting

---

[17] See, for instance, p. 211 below.
[18] *OC*, vol. XXV, pp. 571, 572-3.

the following comment which must have had obvious implications for readers in a country where arbitrary arrest and imprisonment without trial were common: 'C'est un des plus beaux privilèges dont une nation libre puisse jouir; car, en conséquence de cet acte, les prisonniers d'État ont le droit de choisir le tribunal où ils veulent être jugés et d'être élargis sous caution si on n'allègue point la cause de leur détention ou qu'on diffère de les juger.'[19]

One of the most striking articles contributed by Jaucourt on these matters is QUESTION (*Procédure criminelle*), a strong attack on the use of torture to extract confessions. It follows on the purely factual QUESTION *ou* TORTURE by the lawyer, Boucher d'Argis, on which Jaucourt comments at the beginning of his article: 'On vient de lire des détails instructifs pour des juges criminels.' Lawyers, the Fathers, theologians, Quintilian, Montaigne, and La Bruyère are all brought in to condemn the use of torture. The final argument advanced against it is its abolition in England: 'Enfin, la *question* contre les criminels n'est point dans un cas forcé. Nous voyons aujourd'hui une nation très polie et aussi éclairée que respectueuse envers l'humanité, qui a rejeté ce supplice sans inconvénient, même dans le cas de haute trahison. Il n'est donc pas nécessaire par sa nature.'[20]

There is no article JURY in the *Encyclopédie* for the very good reason that the word was not yet established in French,[21] but the English system of trial by jury is praised in Jaucourt's article, PAIRS (*Hist. d'Anglet.*):

Un droit des sujets anglais, dont ils jouissent encore aujourd'hui, est sans doute un des plus beaux et des plus estimables qu'une nation puisse avoir. Un Anglais accusé de quelque crime ne peut être jugé que par ses *pairs*, c'est-à-dire par des personnes de son rang. Par cet auguste privilège il se met hors de danger d'être opprimé, quelque grand que soit le crédit de ses ennemis. Ces douze hommes ou *pairs*, choisis avec l'approbation de l'accusé entre un grand nombre d'autres, sont appelés du nom collectif de *jury*.[22]

This was an institution which was also to appeal to other *Philosophes*.

Voltaire's criticisms of the Ordinance of 1670, scattered through a variety of works and his correspondence, is undoubtedly the most detailed and the best informed. His most important writings

---

[19] Vol. VIII, p. 5b. There is a sharp criticism of *lettres de cachet* and praise of the *Habeas Corpus* Act in D'Argens's *Lettres juives* (vol. IV, p. 245) and in d'Holbach's *Éthocratie* (p. 20n.).

[20] Vol. XIII, p. 704a-b.

[21] *Jurés* and *juri* or *jury* are listed in the 'Supplément contenant les mots nouveaux en usage depuis la Révolution' in the 1798 edition of the *Dictionnaire de l'Académie française*.

[22] Vol. XI, p. 766a.

on the subject are the *Commentaire sur le livre des délits et des peines* (1766) and the *Prix de la justice et de l'humanité* (1777). The section devoted to criminal procedure in the first of these works begins: 'L'ordonnance criminelle, en plusieurs points, semble n'avoir été dirigée qu'à la perte de l'accusé ... Ne devrait-elle pas être aussi favorable à l'innocent que terrible au coupable?' Yet, in contrast to England where compensation is given to persons wrongly accused, in France 'l'innocent qui a été plongé dans les cachots, qui a été appliqué à la torture, n'a nulle consolation à espérer, nul dommage à répéter contre personne; il reste flétri pour jamais dans la société'.

He next proceeds to compare the treatment of accused persons in ancient Rome and in France: 'Chez les Romains les témoins étaient entendus publiquement, en présence de l'accusé qui pouvait leur répondre, les interroger lui-même ou leur mettre en tête un avocat ... Chez nous tout se fait secrètement. Un seul juge, avec son greffier, entend chaque témoin l'un après l'autre.' Not only were the witnesses dealt with separately without the accused person being present, but when on a later occasion their evidence was read over to them, they faced a charge of perjury if later they changed it in any essential detail:

Les déposants sont, pour l'ordinaire, des gens de la lie du peuple, et à qui le juge enfermé avec eux peut faire dire tout ce qu'il voudra. Ces témoins sont entendus une seconde fois, toujours en secret, ce qui s'appelle *récolement*. Et si, apres ce récolement, ils se rétractent dans leurs dépositions, ou s'ils les changent dans des circonstances essentielles, ils sont punis comme faux témoins. De sorte que lorsqu'un homme d'un esprit simple, et ne sachant pas s'exprimer, mais ayant le cœur droit et se souvenant qu'il en a dit trop ou trop peu, qu'il a mal entendu le juge ou que le juge l'a mal entendu, révoque ce qu'il a dit par un principe de justice, il est puni comme un scélérat et il est forcé souvent de soutenir un faux témoignage par la seule crainte d'être traité en faux témoin.

The accused person was compelled to give evidence on oath and did not discover until he was at last confronted with the witnesses what charges were being brought against him.

Un homme est-il accusé d'un crime, vous l'enfermez d'abord dans un cachot affreux; vous ne lui permettez communication avec personne; vous le chargez de fers, comme si vous l'aviez déjà jugé coupable. Les témoins qui déposent contre lui sont entendus secrètement; il ne les voit qu'un moment à la confrontation; avant d'entendre leurs dépositions, il doit alléguer les moyens de reproches qu'il a contre eux; il faut les circonstancier; il faut qu'il nomme au même instant toutes les personnes qui peuvent appuyer ces moyens; il n'est plus admis aux reproches après la lecture des dépositions. S'il montre aux témoins, ou qu'ils ont exagéré des faits, ou qu'ils en ont omis d'autres ou qu'ils se sont trompés sur des détails, la crainte du supplice les fera persister dans leur parjure. Si des circonstances que l'accusé aura énoncées dans son interrogatoire sont rapportées différemment par les témoins, c'en sera assez à des juges, ou ignorants, ou prévenus, pour condamner un innocent.

'La loi', Voltaire concludes, 'semble obliger le magistrat à se conduire envers l'accusé plutôt en ennemi qu'en juge.' The 1670 Ordinance did not even make it compulsory to confront the accused person with the witnesses; in practice, says Voltaire, some confrontations always took place, but not necessarily with all the witnesses: 'Cependant tel témoin qui n'a rien dit contre l'accusé dans l'information peut déposer en sa faveur à la confrontation. Le témoin peut avoir oublié des circonstances favorables au prévenu; le juge même peut n'avoir pas senti d'abord la valeur de ces circonstances et ne les avoir pas rédigées.'

The Ordinance did not allow the accused person the assistance of a lawyer despite the protest made, when it was being drawn up, by Lamoignon, the Premier Président of the Paris Parlement, whose views Voltaire quotes: 'L'avocat ou conseil qu'on avait accoutumé de donner aux accusés n'est point un privilège accordé par les ordonnances ni par les lois; c'est une liberté acquise par le droit naturel, qui est plus ancien que les lois humaines.' To this Voltaire adds the question: 'S'il peut se trouver une seule occasion où un innocent serait justifié par le ministère d'un avocat, n'est-il pas clair que la loi qui l'en prive est injuste?'[23]

The use of torture to extract a confession from persons against whom there was not sufficient evidence to secure a conviction— the so-called *question préparatoire*— was strongly attacked in the same work:

On leur inflige, dans l'incertitude où l'on est de leur crime, un supplice beaucoup plus affreux que la mort qu'on leur donne quand on est cetain qu'ils la méritent. Quoi! j'ignore encore si tu es coupable, et il faudra que je te tourmente pour m'éclairer; et si tu es innocent, ie n'expierai point envers toi ces mille morts que je t'ai fait souffrir, au lieu d'une seule que je te préparais! Chacun frissonne à cette idée.

Voltaire also points to the example of other countries which have abolished this practice:

Quand il n'y aurait qu'une nation sur la terre qui eût aboli l'usage de la torture, s'il n'y a pas plus de crimes chez cette nation que chez une autre, si d'ailleurs elle est plus éclairée, plus florissante depuis cette abolition, son exemple suffit au reste du monde entier. Que l'Angleterre seule instruise les autres peuples; mais

[23] *OC*, vol. XXV, pp. 572-6.

elle n'est pas seule: la torture est proscrite dans d'autres royaumes, et avec succès. Tout est donc décidé.[24]

Voltaire also hits out at the curious attitude to proofs of guilt held by the judges of his day who were prepared to accept 'demi-preuves' in coming to a verdict. Under PREUVE in the 1762 edition of the *Dictionnaire de l'Académie française* we find the following: 'En style de pratique on appelle *semi-preuve* ou *demi-preuve* une preuve judiciaire qui n'est pas suffisante pour l'éclaircissement entier du fait dont il s'agit, mais dont on tire de puissants indices.' It gives the example: 'Il n'y avait pas de preuve entière contre lui, mais il y avait des semi-preuves.' In order to ridicule this attitude Voltaire characteristically chooses an example of it being carried to extreme lengths in a provincial Parlement, the one which had condemned Calas:

Le parlement de Toulouse a un usage bien singulier dans les preuves par témoins. On admet ailleurs des demi-preuves, qui au fond ne sont que des doutes; car on sait qu'il n'y a point de demi-vérités; mais à Toulouse on admet des quarts et des huitièmes de preuves. On y peut regarder, par exemple, un ouï-dire comme un quart, un autre ouï-dire plus vague comme un huitième, de sorte que huit rumeurs qui ne sont qu'un écho d'un bruit mal fondé peuvent devenir une preuve complète; et c'est à peu près sur ce principe que Jean Calas fut condamné à la roue.[25]

Given the extreme rigour of the criminal procedure laid down by the 1670 Ordinance, an accused person could scarcely be blamed for simply disappearing. 'Quand l'accusé a pris la fuite,' exclaims Voltaire, 'vous commencez par saisir et annoter tous ses biens; vous n'attendez pas seulement que la procédure soit achevée. Vous n'avez encore aucune preuve, vous ne savez pas encore s'il est innocent ou coupable, et vous commencez par lui faire des frais immenses! C'est une peine, dites-vous, dont vous punissez sa désobéissance au décret de prise de corps. Mais l'extrême rigueur de votre pratique criminelle ne le force-t-elle pas à cette désobéissance?'[26]

The campaign against the 1670 Ordinance is continued in one of his last works, the *Prix de la justice et de l'humanité*. 'Est-ce à la justice d'être secrète?' he asks. 'Il n'appartient qu'au crime de se cacher. C'est la jurisprudence de l'Inquisition.' He makes here a particularly strong attack on conditions in prisons:

Il ne faut pas qu'une prison ressemble à un palais; il ne faut pas non plus qu'elle

---

[24] Ibid., p. 558.
[25] Ibid., p. 576.
[26] Ibid., p. 574.

ressemble à un charnier. On se plaint que la plupart des geôles en Europe soient des cloaques d'infection qui répandent la maladie et la mort, non seulement dans leur enceinte, mais dans le voisinage. Le jour y manque, l'air n'y circule point. Les détenus ne s'entre-communiquent que des exhalaisons empestées. Ils éprouvent un supplice cruel avant d'être jugés. La charité et la bonne police devraient remédier à cette négligence inhumaine et dangereuse.[27]

On numerous occasions he praises trial by jury as practised in England; in *L'A.B.C.* he makes use of his favourite device of criticising French institutions through praise of the corresponding English ones. The Englishman is made to praise the criminal procedure of his country:

Nous avons aboli la torture, contre laquelle la voix de la nature s'élève en vain dans tant d'autres pays; ce moyen affreux de faire périr un innocent faible et de sauver un coupable robuste a fini avec notre infâme chancelier Jeffreys qui employait avec joie cet usage infernal sous le roi Jacques II.

Chaque accusé est jugé par ses pairs; il n'est réputé coupable que quand ils sont d'accord sur le fait; c'est la loi seule qui le condamne sur le crime avéré, et non sur la sentence arbitraire des juges ... On ne refuse point comme ailleurs un conseil à l'accusé; on ne met point un témoin qui a porté trop légèrement son témoignage dans la nécessité de mentir, en le punissant s'il se rétracte; on ne fait point déposer les témoins en secret, ce serait en faire des délateurs; la procédure est publique; les procès secrets n'ont été inventés que par la tyrannie.[28]

The *Dictionnaire philosophique* offers a particularly biting attack on the use of torture to extract a confession:

Le grave magistrat qui a acheté pour quelque argent le droit de faire ces expériences sur son prochain, va conter à dîner à sa femme ce qui s'est passé le matin. La première fois madame en a été révoltée, à la seconde elle y a pris goût, parce qu'après tout les femmes sont curieuses; et ensuite la première chose qu'elle lui dit lorsqu'il rentre en robe chez lui: 'Mon petit cœur, n'avez-vous fait donner aujourd'hui la question à personne?'

Les Français, qui passent, je ne sais pourquoi, pour un peuple fort humain, s'étonnent que les Anglais, qui ont eu l'inhumanité de nous prendre tout le Canada, aient renoncé au plaisir de donner la question.[29]

One other English practice which Voltaire singles out for praise is the use made of the royal prerogative to grant a reprieve or a pardon. In the article CRIMINEL in the *Questions sur l'Encyclopédie* he writes that in England

nul jugement ne peut être exécuté que l'on n'en ait rendu compte au roi, qui peut et qui doit faire grâce à ceux qui en sont dignes, et à qui la loi ne la peut faire. Ce cas arrive assez souvent. Un homme violemment outragé aura tué

---

[27] Ibid., vol. XXX, pp. 580, 583.
[28] Ibid., vol. XXVII, p. 386.
[29] Ibid., vol. XX, p. 534.

l'offenseur dans un movement de colère pardonnable; il est condamné par la rigueur de la loi et sauvé par la miséricorde qui doit être le partage du souverain.[30]

French Kings possessed similar powers, but, as the death sentence was often carried out very rapidly, it was by no means easy to invoke them.

Unexpected allies in this campaign were found in two young *parlementaires*— Michel de Servan, the *avocat général* of the Dijon Parlement, and Charles Dupaty, *avocat général* and later *président à mortier* in the Bordeaux Parlement—both of whom were hailed as *philosophes* by Voltaire at Ferney and by men like Diderot, d'Alembert, d'Holbach, and Helvétius in Paris. Though Dupaty's writings on the subject did not appear until the eve of the Revolution, as early as 1767 the thirty-year-old Servan published his *Discours sur l'administration de la justice criminelle* which was greeted with applause by the *Philosophes*, though d'Alembert did tell the author that he would have preferred 'un peu moins de recherche dans l'expression, et un peu moins d'étalage de métaphysique et d'éloquence'.[31] In this somewhat windy oration Servan denounces the long delays before accused persons were brought to trial and the horrible conditions under which they were kept in prison, the absence of legal advice, and the use of torture to extract confessions.[32]

Although most of the *Philosophes* who criticized the criminal procedure entered into less detail than Voltaire, they covered very much the same ground. For Helvétius, as we have seen, *habeas corpus* and trial by jury were two of the main foundations of English liberty.[33] In one short paragraph of the *Observations sur le Nakaz* Diderot pens a scathing criticism of French criminal procedure:

Notre procédure criminelle est une espèce d'inquisition. Il semble que le juge ait tâché de trouver un coupable. On ne dit point au prisonnier la cause de sa détention. On débute avec lui par des questions captieuses. On lui cache scrupuleusement les charges et informations. On ne lui confronte les témoins qu'à la dernière extrémité. J'appellerais volontiers cela l'art de faire et non de découvrir les coupables.[34]

Although it does not seem to be attributed to Diderot by the experts, a paragraph in the *Histoire des Deux Indes* is surely a more detailed version of the above passage. This attack on French

[30] Ibid., vol. XVIII, p. 278.
[31] Servan, *Œuvres choisies*, vol. I, p. cxxxiii.
[32] Ibid., vol. II, pp. 25-33, 52-6.
[33] *De l'homme*, vol. II, p. 186.
[34] *OP*, p. 393.

criminal procedure crops up in the section dealing with the English take-over of Canada and explains why its inhabitants had every reason to welcome the introduction of the English system:

Auparavant un coupable, vrai ou présumé, était saisi, jeté dans une prison, interrogé, sans connaître ni son délit, ni son accusateur, sans pouvoir appeler auprès de lui ou ses parents, ou ses amis, ou des conseils. On lui faisait jurer de dire la vérité, c'est-à-dire, de s'accuser lui-même, et pour comble d'absurdité, sans attacher aucune valeur à son témoignage. On s'étudiait ensuite à l'embarrasser de questions captieuses, dont il était plus facile au crime impudent qu'à l'innocence troublée de se démêler. On eût dit que la fonction d'un juge n'était que l'art subtil de trouver des coupables. On ne le confrontait avec ceux qui avaient déposé contre lui qu'un instant avant le jugement qui prononçait ou l'absolution, ou le plus ample informé, ou la torture et le supplice. Dans le cas d'absolution l'innocent n'obtenait aucune indemnité. Au contraire, la sentence capitale était toujours suivie de confiscation, car telle est en abrégé la procédure criminelle française. Le Canadien conçut facilement et sentit vivement le prix d'une législation qui ne laissait subsister aucun de ces désordres.[35]

Although it does not mention trial by jury, this paragraph contains a concentrated indictment of the workings of the 1670 Ordinance.

D'Holbach too was highly critical of the existing criminal procedure, particularly in *Éthocratie*. What he calls 'cet esprit despotique et féroce' ought, he maintains, to be banished from the administration of the criminal law:

Alors la jurisprudence criminelle, au lieu de supposer que tout accusé doit être coupable, viendrait à son secours, ne lui montrerait jamais une humeur tyrannique et vindicative; le juge ne se ferait pas un point d'honneur de trouver des coupables; des procédures clandestines, des interrogatoires secrets, ne convaincraient pas un malheureux à son insu; il aurait la liberté de se défendre aux yeux du public; et sa vie ne dépendrait pas d'un rapporteur qui peut être ignorant ou prévenu.

He introduces his attack on the use of torture to extract a confession almost apologetically since 'assez d'auteurs amis de l'humanité se sont justement élevés contre un usage aussi barbare qu'inutile'. He also finds it appalling that accused persons should be held in shocking prison conditions and, if acquitted, receive no compensation:

N'est-ce donc pas assez que des indices peu sûrs et des soupçons quelquefois mal fondés fassent priver un homme de sa liberté, sans aggraver ses afflictions par des chaînes pesantes et par un séjour infect et capable de donner des maladies cruelles? Est-ce réparer le tort qu'a pu souffrir dans ce séjour d'horreur un citoyen injustement arrêté que de lui permettre d'en sortir, au bout d'une longue captivité, dénué de secours, chargé d'infirmités, ruiné?[36]

[35] Vol. IV, pp. 196-7.
[36] pp. 226-8.

Two of the younger *philosophes*—Dupaty and Condorcet—also made severe and detailed criticisms of French criminal procedure. Dupaty made a great stir in 1786 with the publication of his *Mémoire justificatif pour trois hommes condamnés à la roue* in which he took up the case of some Chaumont peasants who had been sentenced to this cruel death for a night-time burglary. In his denunciation of the whole system one of the main points which he makes is that the rigours of the criminal procedure could have been to some extent overcome if only the three men in question had had money:

Ils auraient pu, ces malheureux, profiter des ressources que leur accordait l'Ordonnance; ils auraient pu même avoir un conseil. Comment? par quel moyen? Le dirai-je? S'ils n'eussent pas été pauvres. Hélas! oui, s'ils n'avaient pas été pauvres, comme les riches ils auraient eu des conseils; comme les riches, ils auraient fait appel; comme les riches, ils auraient connu le secret de la procédure à l'audience, ou ils l'auraient acheté dans les greffes, ils auraient présenté des requêtes, ils auraient publié des mémoires; enfin croit-on que les juges de Chaumont eussent enseveli pendant trente mois dans leurs cachots trois hommes riches?[37]

In other words there was one law for the rich and another for the poor.

Two years later, shortly before his death at the age of forty-two, he published his *Lettres sur la procédure criminelle de la France, dans lesquelles on montre sa conformité avec celle de l'Inquisition* in which he delivered a strong attack not only on criminal procedure, but also on excessively harsh punishments. Among the reforms he proposes is that the whole investigation of a crime should be in public and that all the judges, not just one, should be present. The accused should be entitled to be assisted by a lawyer if he asked for one; 'Les mineurs, les femmes, les illettrés en auraient toujours un.' Serious crimes would not be tried by local courts, but would be dealt with by a *bailliage royal* or *présidial*. In cases which came before the Parlements, after the closing speech for the prosecution, 'l'accusé aurait le droit de faire plaider de son côté et d'employer pour la défense les moyens tirés tant de la forme que du fond'. In such trials there should be at least twelve judges and a two-thirds majority should be necessary for a verdict of guilty. What is more, the opinions of the judges should be sought three times altogether at twenty-four hour intervals. Dupaty was also in favour of a form of trial by jury.[38]

The reform of criminal procedure was one of the many topics in which Condorcet was interested. His *Réflexions sur l'esclavage des*

[37] pp. 235-6.
[38] pp. 168-75.

nègres, given out as the work of a foreigner, contains a long ironical list of the accusations brought against the *Philosophes* by their enemies. This includes a reference to the use of torture, both to the *question préparatoire*, abolished in 1781, and the *question préalable*, which was used to try to extract the names of his accomplices from a condemned criminal and was not abolished until 1788: 'Si on a supprimé depuis peu l'usage de briser les os des accusés entre les planches pour les engager à dire la vérité, c'est que les philosophes ont déclamé contre la question; et c'est malgré les philosophes que la France a eu le bonheur de sauver un débris des anciennes lois et de conserver l'habitude précieuse d'appliquer à la torture les criminels condamnés.'[39] In 1786 he joined Dupaty (in that year he married one of the judge's nieces) in writing about the case of the 'roués de Chaumont'. His *Réflexions d'un citoyen non gradué sur un procès bien connu* contains some sharp criticisms of the existing criminal procedure and various suggestions for reforms. He protests against the secrecy with which an investigation was conducted and urges that an accused person should be entitled to the assistance of a lawyer:

On a demandé pourquoi des hommes auxquels il est physiquement impossible d'entendre la loi d'après laquelle on les juge et par conséquent de réclamer à temps contre les dénis de justice qu'ils éprouvent, contre les irrégularités de la procédure dont leur sort dépend, n'ont pas le droit d'avoir un conseil? Pourquoi ce conseil n'a pas le droit de connaître la procédure, de l'examiner? Pourquoi tout se passe dans l'ombre du secret, comme si l'on craignait que l'accusé ne se défendît trop bien, ne détruisît trop facilement les simulacres de preuves amassés contre lui; que le public ne jugeât les juges et ne soumît leur conduite à sa censure?

He also argues that use ought to be made of the royal prerogative before the carrying out of sentences:

On a demandé comment, le roi ayant le droit de surseoir à l'exécution des arrêts, de faire examiner la procédure, de faire grâce, ce droit était devenu illusoire, puisque les arrêts sont souvent exécutés sans que le roi ou le ministre chargé du département de la justice en aient eu, en aient pu avoir connaissance? Combien ne serait-il pas à désirer qu'en France, comme en Prusse et dans plusieurs pays où le monarque est absolu, comme en Angleterre où l'humanité a fait respecter cette partie de la prérogative royale, aucun homme ne subit la peine de mort, ni même une flétrissure, sans la signature, sans l'aveu du monarque![40]

In his *Essai sur les Assemblées provinciales* he strongly recommends that France should follow the English and American example and

[39] *Œuvres*, vol. VII, p. 136.
[40] Ibid., pp. 153-4.

introduce trial by jury. He enters into some detail on this question, suggesting that both criminal and civil cases should be dealt with in this fashion by elected jurymen 'dont les fonctions dureraient assez longtemps pour qu'ils pussent acquérir de l'expérience, regarder leur élection comme une marque honorable de l'estime de leurs concitoyens; au lieu qu'en Angleterre, nommés par un seul homme et pour une seule session, on doit peu compter sur leurs lumières'. He also rejects the English practice of insisting on unanimous verdicts; he proposes instead that with juries of sixteen members a majority of twelve to four should be required for conviction in criminal cases, 'pluralité qu'on doit regarder comme plus favorable et plus sûre que l'unanimité exigée en Angleterre'.[41]

In a short, undated work entitled *Essai sur quelques changements à faire dans les lois criminelles de France*[42] Condorcet lists a certain number of reforms which should be carried out immediately, adding: 'On est bien éloigné de croire ces réformes suffisantes, ou de regarder ces dispositions comme bonnes. On a voulu seulement effacer de notre code pénal les barbaries qui le déshonorent.'[43] The changes in criminal procedure which he suggests are that only the Parlements should be entitled to 'juger en dernier ressort les causes criminelles toutes les fois que le jugement doit prononcer, soit la mort, soit une peine afflictive', and that such cases should be tried by at least ten judges with a majority of four necessary for a conviction. He proposes that each Parlement should appoint a permanent official who would serve as legal adviser to accused persons and who would have under him in each lower court an *avocat* to safeguard their interests: 'Les conseils et les substituts auraient le droit de voir les accusés, même lorsqu'ils sont au secret, de réclamer pour eux, s'ils le désiraient, l'avantage d'avoir un conseil particulier; ils veilleraient à ce que les juges, les geôliers, les huissiers, etc. eussent pour les accusés les égards que l'humanité exige.' An accused person would be allowed to call fresh witnesses on his behalf at any stage in the trial, and the defence lawyer would be entitled to receive a copy of all the evidence once the witnesses had had it read over to them. Witnesses who changed their evidence would not be charged with perjury 'si ce n'est pour avoir fait une fausse rétractation'. Any accused person who had been kept in prison for two years before his case was dealt with at the appeal stage, excluding delays which he himself had requested,

---

[41] Ibid., vol. VIII, pp. 500, 502.
[42] Published in L. Cahen, *Condorcet et la Révolution française*, Paris, 1904, pp. 549-59.
[43] Ibid., p. 556.

should be set free and not charged again with the same crime.[44] Finally he urges that use should be made of the royal prerogative: 'Aucun arrêt de mort ou portant peine afflictive ne sera exécuté qu'avec le consentement du roi, après l'examen qui aura été fait du procès par ses ordres, soit sur la demande des accusés, soit sur la réclamation de leur conseil d'office.'[45] It is clear that, like Voltaire, Condorecet had given a great deal of thought to the administration of justice in the France of his day and to possible reforms.

Just over a year before the fall of the Bastille, on 1 May 1788, Louis XVI issued a royal edict making a limited number of reforms in criminal procedure. A week later this was presented to the Paris Parlement for registration at a *lit de justice*. While naturally playing down criticism of an ordinance issued by Louis XIV 'de glorieuse mémoire', the king is made to concede 'que depuis la rédaction de cette ordonnance le seul progrès des lumières suffirait pour nous inviter à en revoir attentivement les dispositions'. The edict abolished the use of the *sellette*—'Petit siège de bois fort bas', according to the 1762 edition of the *Dictionnaire de l'Académie française*, 'sur lequel on oblige un accusé de s'asseoir quand on l'interroge pour le juger.' Henceforth accused persons were not to be humiliated in this way, but were to be allowed to sit on a bench or to stand while they were being examined by the court. More important, in future all judgements had to be motivated: 'Ne pourront nos juges, même nos cours, prononcer en matière criminelle *pour les cas résultant du procès*; voulons que tout arrêt ou jugement énonce et qualifie expressément les crimes et les délits dont l'accusé aura été convaincu.' The *question préalable*—the use of tortune, after sentence had been passed, in order to extract the names of accomplices—was also abolished, and henceforth the majority of judges necessary for the passing of the death sentence was raised from two to three. In order to allow time for the king to use his power to commute such a sentence, the edict laid it down that it could only be carried out one month after it had been passed. Finally, if the accused person was found to be innocent, the judgment of the court was to be 'imprimé et affiché'.[46]

While this edict promised some of the changes for which the *Philosophes* had fought, it came too late ever to be applied, so that early in its career the Constituent Assembly had to take up the

[44] Ibid., pp. 550-3.   [45] Ibid., p. 558.

[46] F. A. Isambert (ed.), *Recueil général des anciennes lois françaises depuis l'an 420 jusqu'à la Révolution de 1789*, Paris, 1821-33, 29 vols., vol. XXVIII, pp. 526-32.

reform of criminal procedure. On 8-9 October 1789 it passed a decree which was concerned merely with the most urgent changes until an entirely new code of criminal procedure could be worked out. Though for the time being the Ordinance of 1670 was to remain in force, it was modified in certain important respects. While the procedure before the trial continued to be conducted in secret, the examining magistrate was to be assisted by two *adjoints*, ordinary citizens appointed by the local authorities. After this first stage was completed, the proceedings were to become public, and from this point onwards the accused person was to have the assistance of a legal adviser. He was no longer required to give evidence on oath, and a witness who changed his evidence when confronted with the accused person was no longer to be charged with perjury. While at his trial the accused person could be present only during his examination as laid down in the Ordinance of 1670, there was an important innovation in that, not only were the *sellette* and torture abolished, but 'son conseil pourra être présent pendant la séance entière, et parler pour sa défense'. The judges were now compelled to motivate all their judgments: 'Toute condamnation à peine afflictive ou infamante, en première instance ou en dernier ressort, exprimera les faits pour lesquels l'accusé sera condamné, sans qu'aucun juge puisse employer la formule, *pour les cas résultant du procès.*' For a verdict of this kind there had in future to be a two-thirds majority among the judges, and for a death sentence without appeal one of four-fifths.[47]

The law finally produced by the Constituent Assembly at the end of its life, on 16-29 September 1791, carried further this reform of criminal procedure with the adoption of the jury system.[48] The example of English and American usage was followed closely, to the extent of adopting not only the common jury (*jury de jugement*), but also the grand jury (*jury d'accusation*). Under the new system a case began before the *juge de paix*, who, if he thought it proper to do so, passed it on to the *jury d'accusation* set up in every district, and if, on considering the indictment, a majority of its eight members considered there was sufficient evidence against the accused person, the case went to the criminal court established in each department. There it was tried by a presiding judge and three others together with a jury of twelve members. The trial was both public and oral, in contrast to the secret examination and the accumulation of written evidence customary in the past.

---

[47] Duvergier, vol. I, pp. 48-50.
[48] Ibid., vol. III, pp. 288-305.

A unanimous verdict was not required; three votes in favour of the accused were sufficient for acquittal. There was no appeal against the verdict of the jury except on points of law which could be put before the newly created Cour de Cassation.

Four years later, on 25 October 1795, at the very end of its life the Convention produced a *Code des délits et des peines* which was mainly a code of criminal procedure. Already here there were signs of a slight reaction against the earlier law, particularly in the increased importance given to the written element in the preliminary examination of the accused person, but this process was to be carried much further in the *Code d'instruction criminelle* which, at the end of several years of discussion after Napoleon's seizure of power, was finally promulgated in 1808.

The *jury d'accusation* was abolished, but the *jury de jugement*, though severely criticized by the supporters of the Ordinance of 1670, was in the end retained. However, there was a marked return to the criminal procedure of the Ancien Régime in that it was to be both secret and written. The witnesses, Article 73 reads, 'seront entendus séparément, et hors de la présence du prévenu, par le juge d'instruction assisté de son greffier', one of the numerous features of the old system of the administration of justice to which the *Philosophes* had objected. What is more, the accused person might well be left in complete ignorance of the charges brought against him as there was nothing to oblige the examining magistrate to tell him what they were. On the other hand, when it came to the trial before the *cour d'assises*, the reforms introduced during the Revolution were retained; the trial had to be in public before a jury and the accused person must have a legal adviser:

294. L'accusé sera interpellé de déclarer le choix qu'il aura fait d'un conseil pour l'aider dans sa défense; sinon le juge lui en désignera un sur-le-champ, à peine de nullité de tout ce qui suivra. - Cette désignation sera comme non avenue, et la nullité ne sera pas prononcée, si l'accusé choisit un conseil.

The jury (its members were drawn from a very narrow section of society) was not required to produce a unanimous verdict:

347. La décision du jury se formera pour ou contre l'accusé, à la majorité; à peine de nullité. - En cas d'égalité de voix, l'avis favorable à l'accusé prévaudra.

The new code made it even clearer to members of the jury than the law of 1791 that their task was not to seek for the so-called 'preuves légales' against which *Philosophes* like Voltaire had inveighed. The following instruction had to be read out to the jury:

342. La loi ne demande pas compte aux jurés des moyens par lesquels ils se sont convaincus. Elle ne leur prescrit point de règles, desquelles ils doivent faire particulièrement dépendre la plénitude et la suffisance d'une preuve. Elle leur prescrit de s'interroger eux-mêmes dans le silence et le recueillement, et de chercher, dans la sincérité de leur conscience, quelle impression ont fait sur leur raison les preuves rapportées contre l'accusé, et les moyens de sa défense. La loi ne leur dit point: *Vous tiendrez pour vrai tel fait attesté par tel ou tel nombre de témoins*: elle ne leur dit pas non plus: *Vous ne regarderez pas comme suffisamment établie toute preuve qui ne sera pas formée de tel procès-verbal, de telle pièce, de tant de témoins ou de tant d'indices:* elle ne leur fait que cette seule question qui renferme toute la mesure de leurs devoirs: *Avez-vous une intime conviction?*

Various features of this Napoleonic *Code d'instruction criminelle* were modified over the years in a sense favourable to the accused person. A law of 8 December 1897 ensured that from his first interrogation he was informed of the charges against him, and was made aware of his right to say nothing except in the presence of a lawyer. The new *Code de procédure pénale* of 1958 has further strengthened the position of the accused person. What is perhaps most striking is the way in which the jury, which was introduced during the Revolution, as a close imitation of the English model, has in recent times become very different both in composition and functions from anything we are familiar with. Under the present law, after the public hearing the presiding judge and his two assessors retire with the nine members of the jury and they deliberate together both on their verdict and, where it is one of guilty, on the sentence to be imposed. A majority of eight to four is required for a verdict of guilty and for the rejection of extenuating circumstances, which means that it must include the votes of at least five out of the nine members of the jury; in other words the views of the three judges can only prevail if they secure the support of a majority of members of the jury. It is claimed that the new system operates better than the old under which juries sometimes returned some very strange verdicts.

Voltaire once again played a leading part in the campaign waged by the *Philosophes* against excessively harsh punishments for those convicted of crimes. Despite his admiration for many features of life in England he was well aware of the large number of crimes for which the penalty there was death (in 1800 there were two hundred). In the *Prix de la justice et de l'humanité* he wrote: 'En Angleterre on n'a point encore abrogé la loi qui punit de mort tout larcin au-dessus de douze sous.'[49] However, in the same work he condemned the barbarous cruelty of the punishment of breaking

---

[49] *OC*, vol. XXX, p. 536.

on the wheel, which shocked English travellers as well as many *Philosophes*. 'Aucun supplice', he declares in a section of this work headed 'Des supplices recherchés', 'n'est permis au delà de la simple mort.'[50] Earlier in *L'A.B.C.* his Englishman proclaims among the advantages of the penal system of this country that 'la peine capitale est la simple mort, et non une mort accompagnée de tourments recherchés. Étendre un homme sur une croix de Saint-André, lui casser les bras et les cuisses, et le mettre en cet état sur une roue de carrosse, nous parait une barbarie qui offense trop la nature humaine.'[51]

What Voltaire repeatedly attacks is the excessive use of the death penalty. 'Un homme pendu n'est bon à rien', he declares in the *Dictionnaire philosophique*, adding: 'et un homme condamné aux ouvrages publics sert encore la patrie et est une leçon vivante.'[52] This was an idea which he was to endeavour to hammer home on many later occasions. In the *Commentaire sur les délits et les peines*, after quoting this sentiment, he continues: 'Il est évident que vingt voleurs vigoureux condamnés à travailler aux ouvrages publics toute leur vie, servent l'État par leur supplice et que leur mort ne fait de bien qu'au bourreau que l'on paie pour tuer les voleurs en public.' He points here to the English practice of transportation which he claims generally turns criminals into reformed characters. In the same work he agrees that counterfeiting coins is an extremely serious crime, and yet he continues, 'C'est beaucoup que la mort.'[53]

For Voltaire even murder did not necessarily merit capital punishment. 'Je ne propose pas, sans doute, l'encouragement au meurtre', he declares, 'mais le moyen de le punir sans un meurtre nouveau.' He asks 's'il est bien raisonnable que, pour apprendre aux hommes à détester l'homicide, des magistrats soient homicides et tuent un homme en grand appareil'. He would make use of the death penalty in only one case: 'C'est celui où il n'y aurait pas d'autre moyen de sauver la vie du plus grand nombre. C'est le cas où l'on tue un chien enragé.' A convicted murderer should normally be compelled to work continually for his country since he has done harm to it: 'Il faut réparer le dommage; la mort ne répare rien.'[54]

[50] Ibid., p. 584.
[51] Ibid., vol. XXVII, p. 386.
[52] Ibid., vol. XIX, p. 626.
[53] Ibid., vol. XXV, pp. 555, 566-7.
[54] Ibid., vol. XXX, p. 540.

He repeatedly attacks the use of the death penalty as a punishment for petty theft, arguing that this is extremely dangerous for society as a whole:

N'est-il pas une invitation même au larcin? Car s'il arrive qu'un maître livre son serviteur à la justice pour un vol léger et qu'on ôte la vie à ce malheureux, tout le voisinage a ce maître en horreur; on sent alors que la nature est en contradiction avec la loi et que par conséquent la loi ne vaut rien.

Qu'arrive-t-il donc? Les maîtres volés, ne voulant pas se couvrir d'opprobre, se contentent de chasser leurs domestiques, qui vont voler ailleurs et qui s'accoutument au brigandage. La peine de mort étant la même pour un petit larcin que pour un vol considérable, il est évident qu'ils chercheront à voler beaucoup. Ils pourront même devenir assassins quand ils croiront que c'est un moyen de n'être pas découverts.

If the punishment were made to fit the crime and the convicted thief sentenced to public works, then thefts would be denounced and would become fewer. 'Tout prouve cette grande vérité', Voltaire concludes, 'qu'une loi rigoureuse produit quelquefois les crimes.'[55] The same theme is treated ironically in *André Destouches à Siam*, published like the *Commentaire* in 1766:

Si un homme a volé adroitement trois ou quatre cent mille pièces d'or, nous le respectons et nous allons dîner chez lui; mais si une pauvre servante s'approprie maladroitement trois ou quatre pièces de cuivre qui étaient dans la cassette de sa maîtresse, nous ne manquons pas de tuer cette servante en place publique: premièrement, de peur qu'elle ne se corrige; secondement, afin qu'elle ne puisse donner à l'État des enfants en grand nombre, parmi lesquels il s'en trouverait peut-être un ou deux qui pourraient voler trois ou quatre petites pièces de cuivre ou devenir de grands hommes; troisièmemment, parce qu'il est juste de proportionner la peine au crime et qu'il serait ridicule d'employer dans une maison de force, à des ouvrages utiles, une personne coupable d'un forfait si énorme.

Both in this work and elsewhere Voltaire attacks the use of the death penalty for infanticide. Here he employs the same irony: 'Il y a mille circonstances où, une fille étant accouchée d'un enfant mort, nous réparons la perte de l'enfant en faisant pendre la mère, moyennant quoi elle est manifestement hors d'état de faire une fausse couche.'[56] Elsewhere he attacks 'le célèbre édit du roi de France Henri II, qui ordonne qu'on punisse de mort toute femme ou fille qui, ayant celé sa grossesse, accouche d'un enfant trouvé mort sans avoir été baptisé'. Instead of bringing in such a law, he declares, 'il eût bien mieux valu doter les hôpitaux où l'on eût

---

[55] Ibid., vol. XXV, p. 567. See also his account of the recent execution at Lyons of 'une fille de dix-huit ans d'une rare beauté. Quel était son crime? Elle avait pris dix-huit serviettes à une cabaretière, sa maîtresse, qui ne lui payait point ses gages.' (vol. XXX, p. 536.)   [56] Ibid., vol. XXVI, p. 100.

secouru toute personne du sexe qui se fût présentée pour accoucher secrètement. Par là on aurait à la fois sauvé l'honneur des mères et la vie des enfants.'[57]

In this same work he attacks the penalty—burning at the stake— exacted in Catholic countries for the theft of a chalice or a ciborium. He writes on this in his most pungent style:

On n'examine pas si, dans un temps de famine, un père de famille aura dérobé ces ornements pour nourrir sa famille mourante, si le coupable a voulu outrager Dieu, si on peut l'outrager, si un ciboire lui est nécessaire, si le voleur a su ce que c'est qu'un ciboire, si ce ciboire d'argent doré n'était pas abandonné par négligence, ce qui diminuerait le délit. Le sacristain qui a fait cette loi a-t-il bien songé qu'un homme brûlé vif ne peut plus se repentir et réparer ses fautes?[58]

To this passage the Kehl editors appended the following note: 'En 1780 un malheureux fut condamné, par arrêt du parlement de Paris, à être brûlé vif, comme véhémentement soupçonné d'avoir volé un calice. Cependant il n'existe aucune loi formelle qui prononce la peine du feu contre ce délit; aussi le même tribunal n'a-t-il condamné pour ce crime qu'aux galères, toutes les fois qu'un des juges a eu le courage de réclamer les droits de la raison et ceux de l'humanité.'

Perhaps surprisingly, though the theme was treated in *drames* by two prominent playwrights of the time,[59] Voltaire also showed solicitude for deserters who were put to death even in peace-time. Desertion was very common in the French army owing to the poor pay and the curious way in which soldiers were recruited, as he insinuates in his attack:

Nous traitons si bien nos guerriers qui nous vendent leur vie, nous leur donnons un si prodigieux salaire, ils ont une part si considérable à nos conquêtes, qu'ils sont sans doute les plus criminels de tous les hommes lorsque, s'étant enrôlés dans un moment d'ivresse, ils veulent s'en retourner chez leurs parents dans un moment de raison. Nous leur faisons tirer à bout portant douze balles de plomb dans la tête pour les faire rester en place après quoi ils deviennent infiniment utiles à leur patrie.[60]

These lines were written in 1766; Voltaire lived long enough to see a reform, for in 1775 the Minister for War, Saint-Germain, issued an ordinance reducing the penalty for desertion in peace-time to the galleys. Voltaire welcomed this move in the *Prix de la justice et de l'humanité*. The king, he writes, 'leur remit la peine de

---

[57] Ibid., vol. XXX, pp. 543-4.
[58] Ibid., p. 537.
[59] *Le Déserteur* by Sedaine (with music by Monsigny) and by Mercier.
[60] *OC*, vol. XXVI, pp. 100-1.

mort et leur donna des facilités de réparer leur faute en leur accordant quelques jours pour revenir au drapeau. Et lorsqu'on les punit, c'est par une peine qui les enchaîne au service de la patrie qu'ils ont abandonnée. Ils sont forçats pendant plusieurs années.'[61]

Another penalty to which Voltaire objected was confiscation of property, whether in the case of an accused person who failed to appear to stand trial or in that of a suicide. Both are attacked in a letter to Servan:

Si un homme qui a reçu un assigné pour être ouï est absent du royaume et s'il ignore le tour qu'on lui joue, on commence par confisquer son bien. Que dis-je? la confiscation dans tous les cas est-elle autre chose qu'une rapine? et si bien rapine que ce fut Sylla qui l'inventa? Dieu punissait, dit-on, jusqu'à la quatrième génération chez le misérable peuple welche. Cette volerie n'est pas connue dans votre province; mais pourquoi réduire ailleurs des enfants à l'aumône parce que leur père a été malheureux? Un Welche dégoûté de la vie et souvent avec très grande raison, s'avise de séparer son âme de son corps, et pour consoler son fils on donne son bien au Roi, qui en accorde presque toujours la moitié à la première fille d'opéra qui le fait demander par un de ses amants. L'autre moitié appartient de droit à messieurs les fermiers généraux.[62]

The treatment of suicide as a crime was one that angered Voltaire, though in public he treated the question more solemnly as in the following passage from the *Commentaire*:

Nous traînons encore sur la claie, nous traversons d'un pieu le cadavre d'un homme qui est mort volontairement; nous rendons sa mémoire infâme; nous déshonorons sa famille autant qu'il est en nous; nous punissons le fils d'avoir perdu son père, et la veuve d'être privée de son mari. On confisque même le bien du mort, ce qui est en effet ravir le patrimoine des vivants auxquels il appartient. Cette coutume, comme plusieurs autres, est dérivée de notre droit canon, qui prive de la sépulture ceux qui meurent d'une mort volontaire. On conclut de là qu'on ne peut hériter d'un homme qui est censé n'avoir point d'héritage au ciel.[63]

He goes on to point out that the children of the suicide as of the murderer are plunged into poverty: 'Ainsi une famille entière est punie dans tous les cas par la faute d'un seul homme.'[64]

Into his criticism of the shocking conditions in the prisons of the time Voltaire works an attack on the treatment of persons imprisoned for debt: 'Faut-il plonger dans le fond du même cachot', he asks, 'un malheureux débiteur insolvable et un scélérat violem-

---

[61] Ibid., vol. XXX, p. 585.
[62] *CW*, vol. 119, p. 262.
[63] See also *Prix de la justice et de l'humanité* (vol. XXX, p. 542).
[64] *OC*, vol. XXV, pp. 569, 570.

ment soupçonné d'un parricide?'[65] It could not, however, be deduced from this that he was necessarily opposed to imprisonment for debt.

However, Diderot denounces the whole system in violent terms in a passage which he contributed to the *Histoire des Deux Indes*:

> Quoi donc! parce qu'un débiteur infidèle ou indigent n'est pas en état de s'acquitter, faut-il le réduire à l'inutilité pour la société, à l'insolvabilité pour vous, en le renfermant dans une prison? Ne conviendrait-il pas mieux à l'intérêt public et au vôtre qu'il fît quelque usage de son industrie et de ses talents, sauf à l'action que vous avez légitimement intentée contre lui, à le suivre partout et à s'y saisir d'une portion de son lucre, fixée par quelque sage loi?

To the creditor who objects that the debtor will simply flee abroad Diderot offers the somewhat odd consolation that French exports will still benefit if he goes to another country and gets rich there: 'C'est des vins de France qu'il s'enivrera à Londres; c'est des soies de Lyon que sa femme se vêtira à Cadix ou à Lisbonne.' Yet Diderot is compelled to concede that such ideas are far above the head of a cruel creditor 'qui, tourmenté de son avarice et de sa vengeance, aime mieux tenir son malheureux débiteur dans les fers, couché sur de la paille, et l'y nourrir de pain et d'eau, que de le rendre à la liberté'. It is, he concludes, the fault of governments if such barbarous practices are followed in so-called civilized countries.

In this same passage he makes a strong attack on excessively severe punishments and particularly on the abuse of capital punishment:

> Il n'y a aucune contrée où l'on ne connaisse le prix de tout, de tout excepté de l'homme. Les nations les plus policées n'en sont pas encore venues jusque-là. Témoin la multitude de peines capitales infligées partout et pour des délits assez frivoles. Il n'y a pas d'apparence que des nations où l'on condamne à la mort une jeune fille de dix-huit ans, qui pourrait être mère de cinq ou six enfants, un homme sain et vigoureux de trente ans, pour le vol d'une pièce d'argent, aient médité sur ces tables de la probabilité de la vie humaine, qu'ils ont si savamment calculées, puisqu'elles ignorent combien la cruauté de la nature immole d'individus avant que d'en amener un à cet âge. On répare, sans s'en douter, un petit dommage fait à la société par un plus grand. Par la sévérité du châtiment on pousse le coupable du vol à l'assassinat. Quoi donc! est-ce que la main qui a brisé la serrure d'un coffre-fort ou même enfoncé un poignard dans le sein d'un citoyen, n'est plus bonne qu'à être coupée?[66]

The same line is taken in a passage in the *Observations sur le Nakaz* where he suggests replacing excessive use of capital punishment

---

[65] Ibid., vol. XXX, p. 583.
[66] Vol. I, pp. 300–1.

by work for society and by the greater use of fines: 'Peu de peines capitales; parce qu'un homme a été tué, il n'en faut pas tuer un second; l'assassin qui est mort n'est plus bon à rien; et il y a tant de travaux publics auxquels il peut être condamné! Beaucoup de peines pécuniaires dont partie serait applicable à l'offensé.'[67] Banishment from one's country of origin he also criticizes. Voltaire had attacked banishment out of the jurisdiction of a particular court: 'C'est comme si nous jetions dans les champs de nos voisins les pierres qui nous incommoderaient dans les nôtres.'[68] Banishment from one's country Diderot denounces as a violation of international law: 'C'est introduire un malfaiteur dans la maison de son voisin, l'envoyer faire le mal ailleurs que chez soi.'[69]

Like other *Philosophes* Diderot condemns confiscation of property as a penalty in the *Observations sur le Nakaz*: 'La confiscation des biens, pour quelque crime que ce soit, excepté le cas où un citoyen est tellement isolé que personne n'a droit à sa succession, me paraît une injustice. C'est prendre le bien d'autrui, c'est punir l'enfant de la faute du père, c'est ruiner une famille innocente; pourquoi condamner à la misère ceux qui n'ont point failli?'[70] Yet despite his claim that he is an admirer of Beccaria whose *Dei Delitti e delle Pene* (1764) strongly influenced the *Philosophes*, and that he sets as high a value as anyone on the lives of innocent people, he embarks on a statistical calculation which can scarcely be said to prove his concern for them.

On ne met pas à la mort dans notre capitale 150 hommes par an. Dans tous les tribunaux de la France, on en supplicie à peine autant. C'est 300 hommes sur 25,000,000; ou un homme sur 83,000. Où est le vice, la fatigue, le bal, les fêtes, le péril, la courtisane gâtée, le cabriolet, la tuile, le rhume, le mauvais médecin qui ne cause plus de dégât? Sauver la vie à un homme est toujours une excellente action, quoiqu'il y ait contre cet homme une présomption qui n'est pas contre la victime du mauvais médecin. Je conclus seulement de là à la multitude d'inconvénients qui sont bien autrement graves et auxquels on ne donne aucune attention.

He was certainly determined to make an execution as impressive a spectacle as possible when he wrote: 'On ne saurait rendre l'appareil des supplices trop effrayant. Un cadavre que l'on déchire fait plus d'impression que l'homme vivant à qui on coupe la tête'.[71]

[67] *OP*, p. 374.
[68] *OC*, vol. XVII, p. 533.
[69] *OP*, p. 374.
[70] Ibid., p. 375.
[71] Ibid., pp. 395-6.

In his *Discours sur l'administration de la justice criminelle* Servan repeatedly denounces the abuse of the death penalty and he does so in some striking formulae. 'Quelle différence avons-nous dans nos supplices?' he asks. 'La mort, toujours la mort, et presque sous la même forme,' or again: 'On y voit souvent le vol puni comme l'assassinat.' He attacks the death penalty for burglary and for thefts by servants as well as for infanticide.[72] He also deplores the absence of fixed penalties for specific crimes and consequently the arbitrary nature of sentences: 'C'est une espèce de maxime que les peines sont arbitraires dans ce royaume; cette maxime est accablante et honteuse ... La peine des galères ne varie-t-elle pas au gré du juge? Tous les jours les magistrats délibèrent s'ils doivent condamner un criminel aux galères à temps ou à perpétuité; les lois sont muettes, il faut les suppléer.'[73] What was needed, he maintained, was precise definitions of crimes and precise penalties: 'Les lois criminelles doivent offrir au magistrat un tableau si exact des délits et de leurs châtiments qu'il n'ait plus qu'à choisir, sans peine et sans incertitude, à mesure que les maux de la société se présentent, le remède indiqué par la loi.'[74] This attitude to the criminal law was to be adopted by the reformers in the Constituent Assembly.

D'Holbach argues that the death penalty should be much more rarely imposed and that it would be more useful to set convicted criminals to work: 'Il est très peu de crimes qui méritent la mort aux yeux de l'équité. La crainte de la mort ferait une impression plus grande si la peine de mort était moins prodiguée. La société ne serait-elle pas mieux dédommagée par le travail des coupables que par le supplice qui les anéantit?'[75] He expresses his horror at the use of the death penalty to punish petty theft: 'Qui est-ce qui ne serait pas révolté à la vue du supplice d'un infortuné qu'un larcin, souvent peu considérable, fait condamner à la mort? Il faut que l'on fasse un grand cas de l'argent et bien peu de la vie d'un homme puisqu'on la ravit si souvent pour des bagatelles.'[76]

He also attacks the excessively cruel way in which the death penalty was often inflicted. Death should be reserved for cases of deliberate murder and the sentence should not be carried out 'par des tourments inutiles et révoltants pour l'humanité'. Here he puts forward an idea which was soon to be realized though not

---

[72] *Œuvres choisies*, vol. II, pp. 79-86.
[73] Ibid., pp. 78-9.
[74] Ibid., pp. 75-6.
[75] *La Politique naturelle*, vol. II, p. 170.
[76] *Système social*, vol. III, p. 43.

exactly in the form he proposed—that without suffering any more than the penalty of death the authors of particularly shocking crimes should be executed with 'un appareil propre à frapper très vivement l'esprit des spectateurs étonnés de la nouveauté du supplice'. He suggests that 'les régicides, les parricides, les empoisonneurs, par exemple, pourraient être écrasés publiquement sous un bloc de pierre, ou bien étranglés et coupés en pièces ensuite'.[77]

Like other *Philosophes* he attacks the confiscation of the property of a person sentenced to death and the consequent ruin of an innocent family. 'Si les crimes et les fautes doivent être personnels,' he declares, 'il faut tous les sophismes d'une jurisprudence avide et despotique pour colorer ces injustices criantes, avec lesquelles pourtant une longue suite de siècles a familiarisé les peuples.'[78] However, while he would spare the lives of many people who under existing legislation would be put to death, they would not be allowed to get off lightly. He has no use for life sentences of imprisonment on both utilitarian and humanitarian grounds: 'Un malheureux que l'on condamne à la prison perpétuelle, n'est-il pas perdu pour la patrie? n'est-il pas condamné à un supplice continué plus affligeant que la mort?' He goes on to denounce 'les maisons de force où l'on enferme, sans les occuper, des troupes de malfaiteurs qui ne font que se pervertir de plus en plus et qui en sortent pour commettre des crimes plus noirs encore'. Convicted criminals would become 'les esclaves du public' and be set to work. Here d'Holbach felt that two birds might be killed with one stone as the 'ateliers publics' he recommends could provide employment for beggars and vagrants as well as criminals:

Des chemins à construire, des rivières à rendre navigables, des canaux à creuser fourniraient aux indigents des occupations continuelles, serviraient à punir les malfaiteurs qu'on aurait soin de séparer des autres travailleurs, purgeraient les nations d'une foule de mendiants et de vagabonds et dédommageraient amplement l'État des dépenses qu'il aurait consacrées à ces établissements utiles.[79]

There follows a fierce attack on the inequality with which the law was administered: 'Des lois cruelles pour le pauvre sont adoucies ou abrogées en faveur des riches et des grands, qui semblent toujours autorisés à faire le mal impunément. La naissance et la qualité des coupables les soustraient aux supplices

---

[77] *Éthocratie*, pp. 232-3.
[78] Ibid., pp. 230-1.
[79] Ibid., pp. 233-4.

qui, pour des crimes souvent moins noirs, sont infligés aux misérables.' Here a footnote gives an extraordinary example of such injustice: 'Tout le monde sait en France que le feu comte de Charolais s'amusait dans sa jeunesse à tirer des couvreurs pour se donner le plaisir de les voir rouler sur les toits.' He contrasts the death penalty inflicted on a petty thief with the impunity which great noblemen enjoyed in leading their scandalous lives:

> Les lois qui font pendre un voleur pour cinq sous, ne punissent point un homme de qualité et ne déshonorent point un grand qui, pour contenter sa lubricité, déshonore une famille honnête, ou qui, pour repaître sa vanité, ruine ses créanciers, réduit des commerçants à la mendicité, devient, sans aucun danger pour sa personne, l'assassin de plusieurs familles; il n'en marche pas moins le front levé; il s'applaudit d'avoir fait des dupes; il rit avec ses pareils de leur simplicité.[80]

On the other hand d'Holbach shares Diderot's disapproval of imprisonment for debt: 'Dans les nations les plus riches vous verrez les prisons remplies par des milliers de citoyens ruinés, que leurs créanciers impitoyables tiennent quelquefois dans des liens aussi durables que la vie. Ils les mettent par là hors d'état de rien faire pour leurs familles et pour la société.' Despite this protest d'Holbach does not show any great sympathy for such debtors since he maintains that their unhappy lot is due 'à la sotte vanité de vouloir sortir de sa sphère, à des projets insensés pour s'enrichir trop promptement, et plus souvent encore à des vices honteux qu'on a voulu satisfaire'.[81]

One of the contributors to the *Histoire des Deux Indes* is a warm advocate of transportation as a possible substitute for the death penalty. The colonists in the British West Indies, he points out, were assisted in clearing and cultivating the land by

> les scélérats des trois royaumes d'Angleterre qui, pour des crimes capitaux, avaient mérité la mort, mais que, par un esprit de politique humaine et raisonnée, on faisait vivre et travailler pour le bien de la nation. Transportés aux Îles où ils devaient passer un certain nombre d'années dans l'esclavage, ces malfaiteurs contractèrent dans les fers le goût du travail et des habitudes qui les remirent sur la voie de la fortune. On en vit qui, rendus à la société par la liberté, devinrent cultivateurs, chefs de famille, et propriétaires des meilleures habitations; tant cette modération dans les lois pénales, si conforme à la nature humaine qui est faible et sensible, capable de bien même après le mal, s'accorde avec l'intérêt des états civilisés![82]

Dupaty was also impressed by the English example. In his view the death penalty should remain, but only for what he calls 'les

---

[80] Ibid., pp. 235-7.
[81] Ibid., pp. 240-1.
[82] Vol. III, p. 518.

grands crimes'. For other crimes it would be replaced either by 'les travaux publics à vie ou à temps' or by 'des peines infamantes, suivant l'état, la fortune, la condition des coupables'. Transportation would take the place of banishment; it would be 'très bien appliquée contre ceux qui, sans être parvenus au dernier degré de corruption, laisseraient l'espoir de pouvoir être ramenés à une vie plus réglée'. He then offers a very original addition to the penal laws by suggesting that 'les criminels dont on voudrait absolument se débarrasser' should be exchanged for those held as slaves in North Africa and Turkey.[83]

In his *Essai sur quelques changements à faire dans les lois criminelles de France,* Condorcet puts forward ideas for some immediate reforms of the penal code as well as of criminal procedure. The death penalty should be reserved for cases of homicide, and the only form of execution should be beheading or hanging, not by breaking on the wheel, which would be abolished along with other barbarous punishments. Theft and other crimes for which the present penalty was death would be punished by the galleys for men and imprisonment for women.[84] His attack on the savage penalties for the smuggling of salt has already been noted in connection with the *gabelle.*[85] In his commentary on Voltaire he seeks to support his master's demands for reforms of the penal system. Like other *Philosophes* who favoured the abolition of the death penalty for a great many crimes, he did not feel that those convicted of them were entitled to a life of ease, as he makes clear in this comment on Volatire's article, CRIMINELS:

> Il ne serait ni dispendieux, ni difficile d'employer les criminels d'une manière utile, pourvu qu'on ne les rassemblât point en grand nombre dans un même lieu. On pourrait les employer dans les grandes villes à des travaux dégoûtants et dangereux, lorsqu'ils n'exigent ni adresse ni bonne volonté. On peut aussi les employer, dans les maisons où ils sont renfermés, à des opérations des arts qui sont très pénibles ou malsaines. Des privations pour la paresse, des châtiments pour la mutinerie et le refus de travail, des adoucissements pour ceux qui se conduiraient bien, suffiraient pour maintenir l'ordre; et tous ceux qui sont valides gagneraient au delà de ce qu'ils peuvent coûter, si leur travail était bien dirigé.[86]

Like Voltaire he protests against the treatment of suicide, arguing that, while in certain cases it may be condemned on moral grounds, it can never be regarded as a crime. 'La peine infligée pour le

[83] *Lettres sur la procédure criminelle de la France*, pp. 167-8.
[84] Cahen, *Condorcet et la Révolution française*, pp. 555-6.
[85] See above, pp. 105-6.
[86] *Œuvres*, vol. IV, p. 392.

suicide', he points out, 'ne peut ni prévenir le crime ni le réparer; elle ne tombe point sur le coupable.' Hence his strong condemnation of the laws on the subject: 'Des mœurs féroces, une vile superstition ont inspiré à nos grossiers aïeux l'idée de ces farces barbares, et l'avarice y a joint la confiscation.' Here he adds an interesting remark: 'Cette loi est presque tombée en désuétude en France. Si on l'exécute encore quelquefois pour contenter les sots et amuser la populace, c'est contre des malheureux dont la famille, trop pauvre ou trop obscure, ne mérite pas que son honneur soit compté pour quelque chose.'

From this he passes to a discussion of the punishment of infanticide, raising a number of important issues in the process. He begins by agreeing with Voltaire in condemning the law of Henry II on this subject:

Cette loi est du cardinal Bertrand, chancelier sous Henri II. Forcer une fille à déclarer à un juge ce qu'on appelle sa honte; la punir du dernier supplice si, n'ayant pas voulu se soumettre à cette humiliation ou ayant trop tardé à la subir, elle accouche d'un enfant mort; présumer le crime; punir, non le délit, puisqu'on n'attend pas qu'il soit prouvé, mais la désobéissance à une loi cruelle et arbitraire, c'est violer à la fois la justice, la raison, l'humanité; et pourquoi? pour prévenir un crime qu'on ne peut commettre qu'en étouffant les sentiments de la nature, qu'en s'exposant à des accidents mortels. Cependant ce ne sont point les malheureuses qui commettent ce crime que l'on en doit accuser; c'est le préjugé barbare qui les condamne à la honte et à la misère, si leur faute devient publique; c'est la morale ridicule qui perpétue ce préjugé dans le peuple.

He next proceeds to develop Voltaire's idea that hostels should be provided for such expectant mothers:

Il faudrait que ces hôpitaux fussent dirigés par des médecins qui ne verraient, dans les infortunées confiées à leurs soins, que des femmes coupables d'une faute légère, déjà trop expiée par ses suites. Il faudrait qu'on y fût assuré du secret; que les soins qu'on y prendrait des accouchées ne fussent point bornés à quelques jours; qu'elles pussent, si elles n'avaient point d'autre ressource, rester dans l'hôpital comme ouvrières ou comme nourrices. On pourrait, en retenant les enfants dans ces maisons jusqu'à un âge fixé, et en leur apprenant des métiers et surtout les métiers nécessaires à la consommation de la maison, en y attachant des jardins, des terres qu'ils cultiveraient, rendre leur éducation très peu coûteuse; épargner même de quoi donner des dots aux garçons et aux filles si, en sortant de la maison, ils se mariaient à une fille ou à un garçon qui y aurait été élevé comme eux. Ces mariages auraient l'avantage d'épargner à ces infortunés les dégoûts auxquels leur état les expose parmi le peuple.

This leads him to make a suggestion which was to find its way into legislation during the Revolution: 'Au lieu d'empêcher les legs faits aux bâtards, il faudrait que la loi accordât à tout bâtard reconnu une portion dans les biens du père et de la mère.' He goes even further than this. 'Il faudrait permettre les dispositions en faveur des concubines, ou mères d'un enfant reconnu, ou résidant dans la maison d'un homme libre; défendre aux juges d'admettre, dans aucun cas, contre une donation l'allégation qu'elle a eu pour cause une liaison de ce genre; ne point avoir d'autres lois, une autre police contre les courtisanes que contre les autres citoyens domiciliés.' These, he declares, are the only laws of this kind which could prevent the moral corruption brought about by inequality of wealth.[87]

Although the Constituent Assembly did not finally pass a decree establishing a new penal code covering crimes to be tried by jury until near the very end of its life, on 25 September 1791, a reform of the criminal law had been from the beginning one of its main preoccupations, as we see from the *Déclaration des droits de l'homme*. Equality before the law is proclaimed in Article 6 which declares that the law 'doit être la même pour tous, soit qu'elle protège, soit qu'elle punisse', while Article 8 rules out both excessively harsh punishments and retrospective legislation: 'La loi ne doit établir que des peines strictement et évidemment nécessaires, et nul ne peut être puni qu'en vertu d'une loi établie et promulguée antérieurement au délit, et légalement appliquée.'

A few months later, on 21 January 1790, the Assembly decreed the following general principles, rejecting such Ancien Régime practices as different punishments for *noble* and *roturier*, the involvement of the whole family in the crime of a convicted person, and the confiscation of his property:

1° Les délits du même genre sont punis par le même genre de peines, quels que soient le rang et l'état des coupables.

2° Les délits et les crimes étant personnels, le supplice d'un coupable et les condamnations infamantes quelconques n'impriment aucune flétrissure à sa famille; l'honneur de ceux qui lui appartiennent n'est nullement entaché et tous continuent d'être admissibles à toutes les sortes de professions, d'emplois et de dignités.

3° La confiscation des biens des condamnés ne pourra jamais être prononcée en aucun cas.

4° Le corps du supplicié sera délivré à sa famille, si elle le demande. Dans tous les cas, il sera admis à la sépulture ordinaire et il ne sera fait sur les registres aucune mention du genre de mort.[88]

The debates on the penal code began in May 1791 after the presentation of a report by Le Peletier de Saint-Fargeau, a former

---

[87] Ibid., pp. 563-5.
[88] Duvergier, vol. I, p. 95.

judge in the Paris Parlement. The part played by the *Philosophes* in creating a demand for reform of the penal law is acknowledged in his introductory remarks: 'Dès longtemps l'humanité avait emprunté la voix de la philosophie et de l'éloquence pour dénoncer à l'opinion publique ces funestes erreurs de notre législation criminelle.'[89] The *rapporteur* speaks as a true *philosophe* when he declares that there will be no mention of imaginary crimes in the new code: 'Vous n'y retrouverez plus ces grands crimes d'hérésie, de lèse-majesté divine, de sortilège et de magie, dont la poursuite vraiment sacrilège a si longtemps offensé la Divinité et pour lesquels, au nom du ciel, tant de sang a souillé la terre.'[90]

Reacting against the arbitrary penalties imposed by the courts under the Ancien Régime, Le Peletier argues that, since the jury system has been introduced, there must be fixed penalties for every crime: 'Les jurés jugent de la vérité du fait, le tribunal applique la loi; cette forme exclut tout arbitraire.' The judge, he continues, 'ne connaît que le fait posé par le verdict du jury. Il faut qu'il ouvre la loi et qu'il y trouve une peine précise applicable au fait déterminé; son seul devoir est de prononcer cette peine.'[91]

The report left open the question whether the death penalty should be abolished (after a long debate the Assembly decided against this), but the *rapporteur* took it for granted that the cruelties which accompanied executions under the Ancien Régime would no longer be practised: 'Le feu, la roue, des supplices plus barbares encore, réservés pour les crimes de lèse-majesté, toutes ces horreurs légales sont détestées par l'humanité et par l'opinion.'[92] Other Ancien Régime punishments—banishment out of the jurisdiction of the court and the galleys with the accompanying penalties of whipping and branding—would be abolished.

Though against capital punishment, Le Peletier has no tender feelings towards persons convicted of serious crimes. The toughest form of imprisonment which he proposes would be just as effective, he argues, as the death penalty. Each department would have a prison. 'Avant d'y être conduit, le condamné sera exposé pendant trois jours sur un échafaud dressé dans la place publique; il y sera attaché à un poteau; il paraîtra chargé des mêmes fers qu'il doit porter pendant la durée de sa peine. Son nom, son crime, son jugement seront tracés sur un écriteau placé au-dessus de sa tête.

[89] *Moniteur*, vol. VIII, p. 525.
[90] Ibid., p. 526.
[91] Ibid., p. 527.
[92] Ibid., p. 533.

Cet écriteau présentera également les détails de la punition qu'il doit subir.' The prisoner would be deprived of things very precious to any man: 'La perte de sa liberté sera le premier caractère de sa peine. La vue du ciel et de la lumière est une de ses plus douces jouissances: le condamné sera détenu dans un cachot obscur.'[93] When he began to serve his sentence, the punishment would be worse than death: 'La société et le commerce de ses semblables sont nécessaires à son bonheur; le condamné sera voué à une entière solitude; son corps et ses membres porteront des fers; du pain, de l'eau, de la paille lui fourniront pour sa nourriture et pour son pénible repos l'absolu nécessaire.' However, such a punishment would never be for life, being limited to twenty-four years at most. The prisoner would gradually be offered the consolation of work, starting with two days a week; on these days he would be allowed to use some of his earnings to obtain better food. Once a month he would have company: 'Les portes du cachot seront ouvertes, mais ce sera pour offrir au peuple une imposante leçon. Le peuple pourra voir le condamné chargé de fers au fond de son douloureux réduit.'[94]

The idea put forward by many *Philosophes*—that criminals should be employed on public works—is rejected on practical grounds: 'Pour contenir au dehors des malfaiteurs occupés à des travaux publics et les empêcher de s'échapper, il faudrait presque autant de gardiens que de condamnés à garder.'[95] Prison sentences—a punishment almost unknown under the Ancien Régime—were now to be the normal way of dealing with serious crime.[96] Imprisonment could take three forms of varying degrees of severity, starting with 'le cachot' (otherwise known as 'la chaîne' or 'les fers') described above, 'la gêne', and 'la prison'. In the second of these punishments the criminal would be kept in solitary confinement for five days a week; on two days he would be allowed to work with other prisoners. 'Il portera une ceinture de fer autour du corps, et sera attaché avec une chaîne; mais à la différence des condamnés à la peine du cachot, il ne portera point de fers aux pieds ni aux mains.'[97] He would also be allowed light and could keep a third of what he earned from his work to supplement his diet of bread and water, and another third would be given to him

---

[93] Ibid., p. 536.   [94] Ibid., p. 544.   [95] Ibid., p. 573.

[96] See P. Deyon, *Le Temps des prisons. Essai sur l'histoire de la délinquance et les origines du système pénitentiaire*, Lille, 1975, and M. Foucault, *Surveiller et punir. Naissance de la prison*, Paris, 1975.

[97] *Moniteur*, vol. VIII, p. 573.

when he had completed his sentence. He too would be placed on exhibition once a month. In contrast a sentence to 'la prison' meant essentially deprivation of freedom; the prisoner would be permitted to work alongside other criminals, he would be allowed a bed, and his diet would depend on what he earned through his labour.

One further 'peine afflictive et infamante' would be deportation, but as the object of the various forms of imprisonment was to furnish 'un exemple présent et durable', this would be reserved for recidivists: 'Quiconque aura été repris de justice criminellement, et condamné pour la seconde fois, subira la peine portée par la loi contre son délit; mais lorsqu'il aura ainsi satisfait à l'exemple, il sera conduit au lieu fixé pour la déportation. Par là vous remplirez le double objet et de punir la récidive et de délivrer la société d'un malfaiteur incorrigible.'[98]

In addition to these 'peines afflictives et infamantes' there would be 'peines infamantes'—for men 'la dégradation civique', for women 'le carcan'. If a man, the convicted person 'sera conduit dans la place publique; le greffier du tribunal criminel prononcera ces mots à haute voix: "Votre pays vous a trouvé convaincu d'une action infâme; la loi et le tribunal vous dégradent de la qualité de citoyen français." Le condamné sera ensuite attaché à un poteau, et y restera pendant deux heures exposé aux regards du peuple. Son nom, son crime, son jugement seront tracés sur un écriteau placé au-dessus de sa tête.' Women would also be placed on public exhibition. 'Le greffier prononcera ces mots à haute voix: "Votre pays vous a trouvée convaincue d'une action infâme." Elles seront mises ensuite au carcan pendant deux heures, avec écriteau indicatif de leur nom, du crime et du jugement.'[99]

The *Code pénal* in the form in which it was finally passed in September 1791 abolished all other punishments except 'la peine de mort, les fers, la réclusion dans une maison de force, la gêne, la détention, la déportation, la dégradation civique, le carcan'. If capital punishment was retained, it was limited to putting the criminal to death without any of the traditional refinements:

Titre I⁰ʳ. Art. 2. La peine de mort consistera dans la simple privation de la vie, sans qu'il puisse jamais être exercé aucune torture envers les condamnés.

3.   Tout condamné aura la tête tranchée.

---

[98] Ibid., p. 574.
[99] Ibid., p. 574.

The assembly rejected an attempt to introduce an exception for a parricide—that his right hand should be cut off before his execution—but, though stripped of its more brutal features, the carrying out of the death sentence was to remain a solemn, public spectacle with macabre details to drive home the atrocious nature of certain crimes:

4.   Quiconque aura été condamné à mort pour crime d'assassinat, d'incendie ou de poison, sera conduit au lieu de l'exécution revêtu d'une chemise rouge.
   Le parricide aura la tête et le visage voilés d'une étoffe noire; il ne sera découvert qu'au moment de l'exécution.

5.   L'exécution des condamnés à mort se fera dans la place publique de la ville où le jury d'accusation aura été convoqué.[100]

Public executions were to continue much longer than in this country; the last in England took place in 1868, whereas it was only in 1939 that the practice ceased in France.

If the death penalty was to be inflicted much more sparingly than in the past, the various forms of imprisonment now took on great importance in the penal code. Despite the *rapporteur*'s rejection of public works for those sentenced to the harshest form of imprisonment, 'les fers', the Assembly retained them as a possible penalty:

6.   Les condamnés à la peine des fers seront employés à des travaux forcés au profit de l'État, soit dans l'intérieur des maisons de force, soit dans les ports et arsenaux, soit pour l'extraction des mines, soit pour le dessèchement des marais, soit enfin pour les autres ouvrages pénibles qui, sur la demande des départements, pourront être déterminés par le Corps Législatif.

Women who incurred the same penalty would serve their sentence in a 'maison de force' where they would be employed 'à des travaux forcés au profit de l'État'. In neither case could sentences be for life. This was also the case with those sentenced to 'la gêne', while 'la détention' could not be for more than six years. All those sentenced to the various forms of imprisonment were to be put on public exhibition before they were incarcerated. Men and women sentenced to 'la dégradation civique' were to stand in the pillory for two hours.[101] Following a suggestion of the *rapporteur* the code laid down an elaborate procedure to enable a convicted person who had served his sentence and was now leading a blameless life to obtain his public rehabilitation.[102]

---

[100] *Duvergier*, vol. III, p. 352.
[101] Ibid., pp. 352-3.
[102] Ibid., pp. 355-6.

One feature of the new code certainly did not meet the demand made by several *Philosophes* that greater use should be made of the royal prerogative to commute sentences or to offer a free pardon. It was now argued that with a new penal code and trial by jury there was no longer any reason why the executive (in practice a minister) should be given such powers. After considerable debate the Assembly finally decreed: 'L'usage de tous actes tendant à empêcher ou suspendre l'exercice de la justice criminelle, l'usage des lettres de grâce, de rémission, d'abolition, de pardon et de commutation de peine, sont abolis pour tout crime poursuivi par voie de jurés.'[103] However, the 'droit de grâce' came back in 1802 when Napoleon made himself First Consul, and it has been exercised in France by heads of state ever since.

The second part of the code which deals with crimes and their punishment opens with sections concerning 'crimes et attentats contre la chose publique'. Here death was the penalty for such crimes as bearing arms against France or other treasonable activities. In contrast crimes against persons and property were dealt with less harshly than under the Ancien Régime. The death penalty was retained for murder ('l'homicide commis avec préméditation'); though the word 'infanticide' does not occur, the Cour de Cassation ruled in August 1794 that a woman was not necessarily guilty of murder simply because she had hidden her pregnancy and lying-in and because the child had disappeared. There were, it is true, still some fairly stiff penalties such as death for attempted poisoning or 'vingt années de fers' for abortion. If arson incurred the death penalty, in general serious crimes against property were now dealt with by long periods of penal servitude of as much as 'vingt-quatre ans de fers' where the burglary had taken place by night and had been carried out by one or more armed men. Minor cases of theft did not come into the penal code; they were to be dealt with by 'la police correctionnelle'.[104]

The Napoleonic *Code pénal*, produced in 1810, was markedly more repressive than that of 1791, though over the next fifty years or so it was to be made less severe, during the Second Empire by the law of 13 May 1863 and especially in the early years of the July Monarchy by the law of 28 April 1832. It did away with the fixed sentences to which the Constituent Assembly had attached such importance by prescribing for many crimes a maximum and

---

[103] Ibid., p. 356.
[104] Ibid., pp. 361-5.

a minimum penalty. It even took one tiny step towards antici-
pating the law of 28 April 1832 which brought in the concept of
extenuating circumstances. Article 463 of the *Code pénal* reads:
'Dans tous les cas où la peine d'emprisonnement est portée par le
présent Code, si le préjudice causé n'excède pas vingt-cinq francs,
et si les circonstances paraissent atténuantes, les tribunaux sont
autorisés à réduire l'emprisonnement, même au-dessous de six
jours, et l'amende même au-dessous de seize francs.' The law of
28 April 1832 went very much further as it applied even to very
serious crimes involving the death penalty and hard labour for life.

In general the penalties prescribed in 1810 were harsh. The
death penalty was reimposed for certain cases of theft:

381. Seront punis de la peine de mort, les individus coupables de vols commis
avec la réunion des cinq circonstances suivantes: 1° Si le vol a été commis la
nuit. - 2° S'il a été commis par deux ou plusieurs personnes. - 3° Si les coupables
ou l'un d'eux étaient porteurs d'armes apparentes ou cachées. - 4° S'ils ont
commis le crime soit à l'aide d'effraction extérieure ou d'escalade ou de fausses
clefs, dans une maison, appartement, chambre ou logements habités ou servant
à l'habitation, ou leurs dépendances, soit en prenant le titre d'un fonctionnaire
public ou d'un officier civil ou militaire, ou après s'être revêtus de l'uniforme ou
du costume du fonctionnaire ou de l'officier, ou en alléguant un faux ordre de
l'autorité civile ou militaire. —5° S'ils ont commis le crime avec violence ou
menace de faire usage de leurs armes.

Counterfeiting gold or silver coins or the State seal or government
bills or banknotes and also the uttering of them were punished
with death (Articles 132, 133). For this and other crimes the penalty
of confiscation of the property of convicted persons was brought
back. However, this penalty did not remain in force for long, as
Article 66 of the *Charte* of 1814 reads: 'La peine de la confiscation
des biens est abolie, et ne pourra pas être rétablie.' The outbreak
of the First World War brought it back into the *Code pénal* as an
additional penalty for treason.

Infanticide (Articles 300, 302) incurred the penalty of death,
and this remains the state of the law though the present Article
302 of the Penal Code, deriving from a law of 13 April 1954, adds
'Toutefois, la mère, auteur principal ou complice de l'assassinat
ou du meurtre de son enfant nouveau-né, sera punie de la réclusion
criminelle à temps de dix à vingt ans, mais sans que cette disposition puisse s'appliquer à ses coauteurs ou complices.'

The extra punishment for a parricide of having his right hand
cut off before execution—rejected by the Constituent Assembly—
appears in Article 13. The words 'il aura ensuite le poing droit
coupé' were removed by the law of 28 April 1832, though the

rest of the grim ceremonial—the parricide being 'en chemise, nu-pieds, et la tête couverte d'un voile noir'—continued to be pre-scribed, at least on paper, until as recently as 1958.

The Ancien Régime penalty of branding was also brought back for various crimes:

20. Quiconque aura été condamné à la peine des travaux forcés à perpétuité sera flétri, sur la place publique, par l'application d'une empreinte avec un feu brûlant sur l'épaule droite. - Les condamnés à d'autres peines ne subiront la flétrissure que dans les cas où la loi l'aurait attachée à la peine qui leur est infligée. - Cette empreinte sera les lettres T.P. pour les condamnés aux travaux forcés à perpétuité; de la lettre T, pour les coupables condamnés aux travaux forcés à temps lorsqu'ils devront être flétris. La lettre F sera ajoutée dans l'empreinte, si le coupable est un faussaire.

This too was abolished by the law of 28 April 1832. Another penalty—that of the 'carcan'—was removed by the same law, though the custom of exhibiting persons of either sex sentenced to terms of imprisonment was not abolished until the decree of 12 April 1848: 'La peine de l'exposition publique est abolie.'[105]

The Napoleonic *Code pénal* also brought back life sentences ('travaux forcés à perpétuité') which, now that the galleys had been abolished, were served in the *bagne*. Men sentenced to this penalty were not to lead a life of ease: '15. Les hommes condamnés aux travaux forcés seront employés aux travaux les plus pénibles; ils traîneront à leurs pieds un boulet, ou seront attachés deux à deux avec une chaîne, lorsque la nature du travail auquel ils seront employés le permettra.' The law of 28 April 1832 replaced the death penalty by this punishment for the crime of counter-feiting and in some cases of arson. The Second Empire, by the law of 30 May 1854, brought in for men and women sentenced to 'travaux forcés à temps' as well as 'à perpétuité' a penalty favoured by several *Philosophes*—transportation to one of France's overseas possessions:

1. La peine des travaux forcés sera subie, à l'avenir, dans des établissements créés par décrets de l'Empereur, sur le territoire d'une ou de plusieurs possessions françaises autres que l'Algérie ...

2. Les condamnés seront employés aux travaux les plus pénibles de la coloni-sation et à tous autres travaux d'utilité publique.

3. Ils pourront être enchaînés deux à deux ou assujettis à traîner le boulet à titre de punition disciplinaire ou par mesure de sûreté.

4. Les femmes condamnées aux travaux forcés pourront être conduites dans un de ces établissements créés aux colonies; elles seront séparées des hommes et employées à des travaux en rapport avec leur âge et avec leur sexe.[106]

This penalty was not finally abandoned until 1938.

Although banishment out of the jurisdiction of one French court into that of another vanished with the Revolution, banishment out of France was listed among the 'peines infamantes' in the Napoleonic *Code pénal*. Article 32 lays down that 'quiconque aura été condamné au bannissement sera transporté, par ordre du gouvernement, hors du territoire de l'empire. La durée du bannissement sera au moins de cinq années, et de dix ans au plus.' Like the penalty of deportation it was chiefly used for political offences in the course of the last century; it appears to have fallen into disuse even if it still makes an appearance in the current Penal Code.

Imprisonment for debt (*contrainte par corps*) was abolished by the Convention on 9 March 1793 after a speech by Danton who demanded the release of all persons imprisoned on these grounds, 'parce qu'un tel emprisonnement est contraire à la saine morale, aux droits de l'homme, aux vrais principes de la liberté'. This motion was passed unanimously, whereupon another member declared that it did not go far enough, adding 'Je demande que la contrainte par corps pour dettes soit abolie'. This proposal was at once adopted.[107]

However, this was by no means the end of the story. Under the Directory *contrainte par corps* was brought back by a law of 14 March 1797 which was replaced in the following year by a law of 14 April. The *Code civil* devoted Articles 2059-70 to the subject, and imprisonment for debt continued for nearly another sixty years. While it was suspended by a decree of the provisional government on 9 March 1848, a law of 15 December of that same year brought it back again, although in a much modified form. Finally a law of 22 July 1867 abolished it in civil and commercial cases, retaining it only for criminal.

As the attitude of the *Philosophes* towards the slave trade and negro slavery has to be discussed somewhere, it may be brought in at this point since relations between master and slave in the French colonies were regulated by the *Code noir* of 1685. Although Voltaire repeatedly criticized Montesquieu very severely, he has nothing but praise for the famous chapter in the *Esprit des lois*

---

[106] Ibid., Vol. LIV, pp. 270-7.
[107] *Moniteur*, vol. XV, p. 666; Duvergier, vol. V, p. 190.

which offered an ironical defence of negro slavery.[108] In the often critical, not to say carping *Commentaire sur quelques maximes de l'*'*Esprit des lois*', published near the end of his life, he praises Montesquieu's attacks on all forms of slavery, putting first in the list the African slave trade and negro slavery: 'Si quelqu'un a jamais combattu pour rendre aux esclaves de toute espèce le droit de la nature, la liberté, c'est assurément Montesquieu. Il a opposé la raison et l'humanité à toutes les sortes d'esclavage: à celui des nègres qu'on va acheter sur la côte de Guinée pour avoir du sucre dans les îles Caraïbes ...'[109]

Voltaire himself is also remembered among other things for a piece of bitter irony on this same subject—the scene in *Candide* where the slave in Dutch Guiana who lacks his left leg and right hand exclaims: 'C'est à ce prix que vous mangez du sucre en Europe.'[110] Yet at the end of the *Essai sur les mœurs* there is a curious passage on the slave trade which was unlikely to give satisfaction to the abolitionists: 'Nous n'achetons des esclaves domestiques que chez les nègres. On nous reproche ce commerce: un peuple qui trafique de ses enfants est encore plus condamnable que l'acheteur; ce négoce démontre notre supériorité; celui qui se donne un maître était né pour en avoir.'[111] It can well be imagined that the Kehl editors refute this passage in a footnote, concluding with the statement that it is the Europeans who are 'les vrais coupables'.

In a chapter of *De l'esprit* in which Helvétius discusses luxury he comments in a lengthy footnote on the enormous loss of life caused by trade with the Americas in the course of which he denounces both the slave trade and negro slavery:

L'humanité, qui commande l'amour de tous les hommes, veut que, dans la traite des nègres, je mette également au rang des malheurs et la mort de mes compatriotes et celle de tant d'Africains qu'anime au combat l'espoir de faire des prisonniers et le désir de les échanger contre nos marchandises. Si l'on suppute le nombre d'hommes qui périt, tant dans les guerres que dans la traversée d'Afrique en Amérique; qu'on y ajoute celui des nègres qui, arrivés à leur destination, deviennent la victime des caprices, de la cupidité et du pouvoir arbitraire d'un maître; et qu'on joigne à ce nombre celui des citoyens qui périssent par le feu, le naufrage ou le scorbut; qu'enfin on y ajoute celui des matelots qui meurent pendant leur séjour à Saint-Domingue ..., on conviendra qu'il n'arrive point de barrique de sucre en Europe qui ne soit teinte de sang humain.

[108] Book XV, Chapter 5.
[109] *OC*, vol. XXX, p. 445. See also *L'A.B.C.* (ibid., vol. XXVII, pp. 314, 355) and *Questions sur l'Encyclopédie* (ibid., vol. XX, p. 14).
[110] *Romans et contes*, p. 193.   [111] Vol. II, p. 805.

Yet Helvétius could scarcely be reckoned an abolitionist as he clearly sees no way out of this sorry state of affairs. The footnote ends with the words: 'Détournons nos regards d'un spectacle si funeste et qui fait tant de honte et d'horreur à l'humanité.'[112]

In the *Encyclopédie* Jaucourt makes a strong attack on the slave trade in TRAITE DES NÈGRES (*Commerce d'Afrique*):

> Si un commerce de ce genre peut être justifié par un principe de morale, il n'y a point de crime, quelque atroce qu'il soit, qu'on ne puisse légitimer. Les rois, les princes, les magistrats ne sont point les propriétaires de leurs sujets; ils ne sont donc pas en droit de disposer de leur liberté et de les vendre pour esclaves.
>
> D'un autre côté, aucun homme n'a droit de les acheter ou de s'en rendre le maître. Les hommes et leur liberté ne sont point un objet de commerce; ils ne peuvent être ni vendus, ni achetés, ni payés à aucun prix. Il faut conclure de là qu'un homme dont l'esclave prend la fuite, ne doit s'en prendre qu'à lui-même, puisqu'il avait acquis à prix d'argent une marchandise illicite et dont l'acquisition lui était interdite par toutes les lois de l'humanité et de l'équité.

The argument that the colonies would be ruined if negro slavery were abolished does not trouble Jaucourt. Even if this were true, he asks, 'faut-il conclure de là que le genre humain doit être horriblement lésé pour nous enrichir ou fournir à notre luxe?' 'Que les colonies européennes', he exclaims, 'soient donc plutôt détruites que de faire tant de malheureux.' Some temporary inconvenience, he concedes, would no doubt result if slavery were abolished, but in the long run it would be to the advantage of the whole American continent: 'C'est la liberté, c'est l'industrie qui sont les sources réelles de l'abondance,' he declares. Yet the conclusion of the article is far from optimistic: 'Les âmes sensibles et généreuses applaudiront sans doute à ces raisons en faveur de l'humanité; mais l'avarice et la cupidité qui dominent la terre, ne voudront jamais les entendre.'[113] Clearly Jaucourt could not see either the ship-owners of Nantes or the slave-owners in the colonies giving up this trade. He also gave vent to his feelings in such articles as ESCLAVAGE (*Droit nat., Religion, Morale*), LIBERTÉ NATURELLE and MARONS, while an anonymous author continued the attack in NÈGRES (*Commerce*).

Diderot penned for the *Histoire des Deux Indes* a furious apostrophe to the colonial powers—'Anglais, Français, Espagnols, Hollandais, Portugais':

> Féroces Européens, d'abord vous doutâtes si les habitants des pays que vous veniez de découvrir n'étaient pas des animaux qu'on pouvait égorger sans

---

[112] p. 25.
[113] Vol. XVI, pp. 532b-533a.

remords, parce qu'ils étaient noirs et que vous étiez blancs. Peu s'en fallut que vous ne leur enviassiez la connaissance de Dieu, votre père commun, chose horrible à penser! Mais quand vous leur eûtes permis de lever aussi leurs regards et leurs mains vers le ciel; quand vous les eûtes initiés aux cérémonies et aux mystères, associés aux prières, aux offrandes et aux espérances à venir d'une religion commune; quand vous les eûtes avoués pour frères; l'horreur ne redouble-t-elle pas lorsqu'on vous vit fouler aux pieds le lien de cette consanguinité sacrée! Vous les avez rapprochés de vous; et vous allez au loin les acheter! et vous les vendez! et vous les revendez comme un vil troupeau de bêtes! Pour repeupler une partie du globe que vous avez dévastée, vous en corrompez et dépeuplez une autre. Si la mort est préférable à la servitude, n'êtes-vous pas encore plus inhumains sur les côtes d'Afrique que vous ne l'avez été dans les régions de l'Amérique?[114]

The same work provided Diderot with an opportunity to make another eloquent attack on the slave trade and on negro slavery:

L'Europe retentit depuis un siècle des plus saines, des plus sublimes maximes de la morale. La fraternité de tous les hommes est établie de la manière la plus touchante dans d'immortels écrits. On s'indigne des cruautés civiles ou religieuses de nos féroces ancêtres, et l'on détourne les regards de ces siècles d'horreur et de sang. Ceux de nos voisins que les Barbaresques ont chargés de chaînes, obtiennent nos secours et notre pitié. Des malheurs, même imaginaires, nous arrachent des larmes dans le silence du cabinet et surtout au théâtre. Il n'y a que la fatale destinée des malheureux nègres qui ne nous intéresse pas. On les tyrannise, on les mutile, on les brûle, on les poignarde; et nous l'entendons dire froidement et sans émotion. Les tourments d'un peuple à qui nous devons nos délices ne vont jamais jusqu'à notre coeur.[115]

He was also responsible, however, for a long passage in this work which suggests ways in which negro slavery might gradually be brought to an end. He begins by proposing the immediate emancipation of the slaves—'Brisons les chaînes de tant de victimes de notre cupidité, dussions-nous renoncer à un commerce qui n'a que l'injustice pour base et que le luxe pour objet,'—but he hastens to add that such a sacrifice is unnecessary, that perhaps these luxuries might be produced in Africa or alternatively in the colonies, not by slaves, but by 'des mains libres'. The gradual emancipation of the slaves could be achieved if their children remained under their master until the age of twenty and then, after five years' service for which they would be paid a wage, be set free. There then follows the famous passage in which he gives a warning that, unless the slaves are freed, there will arise from among them a liberator—a prediction which was soon to be

---

[114] Vol. II, p. 294.
[115] Vol. III, p. 177.

realized by the emergence of Toussaint L'Ouverture in Saint-Domingue (Haiti):

Où est-il, ce grand homme, que la nature doit à ses enfants vexés, opprimés, tourmentés? Où est-il? Il paraîtra, n'en doutons point, il se montrera, il lèvera l'étendard sacré de la liberté. Ce signal vénérable rassemblera autour de lui les compagnons de son infortune. Plus impétueux que les torrents, ils laisseront partout les traces ineffaçables de leur juste ressentiment. Espagnols, Portugais, Anglais, Français, Hollandais, tous leurs tyrans deviendront la proie du fer et de la flamme. Les champs américains s'enivreront avec transport d'un sang qu'ils attendaient depuis si longtemps, et les ossements de tant d'infortunés, entassés depuis trois siècles, tressailliront de joie. L'ancien monde joindra ses applaudissements au nouveau. Partout on bénira le nom du héros qui aura rétabli les droits de l'espèce humaine, partout on érigera des trophées à sa gloire. Alors disparaitra le *Code noir*, et que le *Code blanc* sera terrible si le vainqueur ne consulte que le droit de représailles![116]

The effect of such eloquence is somewhat spoilt for the reader who is aware that this is merely a warmed-up version of a passage in Mercier's *L'An deux mille quatre cent quarante*.[117]

When in 1785 Brissot founded the Société des Amis des Noirs, Condorcet became one of its first members. Four years earlier he had published his *Réflexions sur l'esclavage des nègres*, a revised edition of which appeared in 1788. In it he demands the abolition of the slave trade: 'Il ne peut y avoir pour les gouvernements aucun prétexte pour tolérer ni la traite des nègres faite par les négociants nationaux, ni aucune importation d'esclaves. Il faut donc défendre absolument cet horrible trafic.'[118] While he argues that the work of slaves could be undertaken by free men, he recognizes that their emancipation can only be a very slow process. He sets out in detail an elaborate series of transitional measures to end slavery over quite a long period of years, how long will be seen from the summary which he provides of how they would work out:

Il en résulterait qu'en portant à cinquante ans le terme de la fécondité des négresses, et à soixante-cinq ans celui de la vie des nègres, il ne resterait plus aucun esclave dans les colonies au bout de soixante-dix ans; que la classe des nègres esclaves pour leur vie finirait au bout de cinquante; qu'à cette époque même, celle des nègres engagés serait peu nombreuse; qu'enfin, après trente-cinq à quarante ans, le nombre des nègres esclaves serait presque anéanti, et même celui des nègres engagés dans l'esclavage pour un temps, réduit tout au plus au quart du nombre total.[119]

---

[116] Vol. III, pp. 201-4.
[117] London, 1771, pp. 147-8.
[118] *Œuvres*, vol. VII, p. 96.
[119] Ibid., p. 105.

As in all his pre-Revolutionary writings, Condorcet was prepared to wait a long time for the reforms which he so passionately favoured to be actually carried out.

The first two Revolutionary assemblies did nothing either to end the slave trade or to apply to the French colonies the principles of liberty and equality proclaimed in the *Déclaration des droits de l'homme*. It was left to the Convention to take action. On 27 July 1793 Abbé Grégoire, a well-known abolitionist, proposed a motion which was immediately passed to end the government subsidy to vessels engaged in the slave trade, and some months later, on 4 February 1794, the Convention passed with great enthusiasm a proposal to abolish negro slavery in all the French colonies.[120] In the words of the *Moniteur*: 'L'assemblée entière se lève par acclamation. Le président prononce l'abolition de l'esclavage au milieu des applaudissements et des cris répétés de *Vive la République! Vive la Convention! Vive la Montagne!*'[121]

In practice these decrees were far from ending either the slave trade or negro slavery. By a law of 20 May 1802 Napoleon brought back the slave trade along with slavery in the colonies restored to France by the Treaty of Amiens. In 1814 by the Treaty of Paris France agreed to put an end to the slave trade, and after his return from Elba even Napoleon decreed its abolition. The Restoration governments were somewhat lukewarm in stamping out the trade; they refused to fall in with a British proposal to treat it as piracy. However, a law of 25 April 1825 imposed penalties of a fine, imprisonment, and deportation on French citizens who engaged in the trade. It is said that the last case of it being carried on under the French flag occurred at the end of 1830.

The abolition of slavery in the French colonies took somewhat longer. The July Monarchy brought some improvement in the position of slaves, but no government action followed the famous report which Tocqueville presented to the Chambre des Députés in 1839 recommending their complete emancipation. An early act of the provisional government set up after the February Revolution was to issue a decree on 27 April laying down that 'l'esclavage sera entièrement aboli dans toutes les colonies et possessions françaises après la promulgation du présent dans chacune d'elles'.[122] Abolition was confirmed by the constitution of the Second Republic promulgated in November 1848; Article 6 reads 'L'esclavage ne peut exister sur aucune terre française.'

---

[120] *Duvergier*, vol. VII, p. 30.
[121] Vol. XIX, p. 388.
[122] *Duvergier*, vol. XLVIII, p. 194.

IV   The Secularization of Society

(a) *Church and State*

In the eyes of the *Philosophes* the enormous power wielded by the Catholic Church under the Ancien Régime was the most serious obstacle to progress in every sphere. In the *Essai sur les mœurs* Voltaire points out that France was the only country in which the clergy formed a separate order in the State. 'Partout ailleurs', he declares, 'les prêtres ont du crédit, des richesses, ils sont distingués du peuple par leurs vêtements; mais ils ne composent point un ordre légal, une nation dans la nation.'[1] As early as the 1730s d'Argens drew attention to the contrast between the amount of power and influence possessed by the clergy in France and England:

La première chose qui m'a frappé, en rentrant dans la France, ç'a été le pouvoir des ecclésiastiques. J'avais vu à Londres des prêtres dont le crédit ne s'étendait pas au delà de la porte de l'église qu'ils desservent; des évêques dont toute la puissance consistait à régler et à gouverner leur clergé; et j'ai trouvé en France des ecclésiastiques extrêmement ambitieux, attentifs à empiéter sur les droits des séculiers, formant au milieu de l'État un État distinct et séparé; des tyrans en rochet et en camail auxquels on donne le nom de prélats, presque tous également ennemis de leur rang, qui, par une vieille superstition, leur assure l'impunité de leurs fautes, ramenant aux droits de l'Église les choses qui en sont les plus éloignées ...[2]

The *Philosophes* saw in the French Catholic Church an institution which, in addition to possessing enormous wealth in land and buildings and making a very modest contribution to the needs of the Treasury, used the secular power to impose its own particular brand of religion on the whole nation and persecuted those who dared to think for themselves. Their hostility to its dogmas lies outside the scope of this book; what we are concerned with is their views on its place in society.

The secular clergy receives on the whole rather less hostile treatment than one might expect. Even the scandalously high incomes of archbishops and bishops which enabled them to live a very luxurious existence as befitted men of high noble origins receives only rare condemnation. In his *Mémoires pour Catherine II* 'le philosophe Denis' delivers a sharp attack on highly paid clerics:

---

[1] Vol. I, pp. 778-9.
[2] *Lettres juives*, vol. VI, pp. 13-14.

En bonne foi, peut-on s'attendre qu'un monarque un peu sensé laisse à l'un cinq cent cinquante mille livres de rente, à un autre trois cent mille, à un troisième deux cent cinquante mille? Je ne crois pas me tromper quand j'avancerai que j'en trouverais de plus honnêtes, de plus miséricordieux et de plus éclairés à meilleur marché. je ne dépouillerais personne de son vivant, mais à mesure qu'un évêque décéderait, je réduirais son évêché à une très juste mesure.[3]

Diderot's *Plan d'une université pour la Russie* contains an interesting comparison between the Catholic clergy of France and Spain. Rightly or wrongly it is highly unfavourable to the French hierarchy: 'En Espagne où le mérite conduit à l'épiscopat et la protection de l'évêque aux fonctions subalternes, le haut clergé est savant et respectable et le bas clergé ignorant et vil. En France, où c'est l'usage contraire, où le mérite obtient les dignités subalternes, et la naissance et la protection disposent des grandes places de l'Église, c'est le bas clergé qui est instruit et respecté.'[4]

This somewhat excessively favourable view of the lower clergy is in general shared by other *Philosophes*, partly no doubt out of a latent hostility to the bishops. As they had no thought of abolishing the practice of the Catholic religion by the masses, they saw the *curé* as a useful member of society. In his *Notebooks* Voltaire naturally stresses the secular role of the *curé* when he speaks of his place in society and contrasts his usefulness with the uselessness of a cardinal: 'Rien n'est plus utile qu'un curé qui tient registre des naissances, qui en donne un double au magistrat, qui a soin des pauvres, qui met la paix dans les familles, etc. Rien n'est plus inutile qu'un cardinal.'[5] In his published writings he follows the same line, making his ideal *curé* into a kind of social worker. In the article CATÉCHISME DU CURÉ in the *Dictionnaire philosophique* he depicts his ideal *curé de campagne* who is made to say:

J'ai étudié assez de jurisprudence pour empêcher, autant que je le pourrai, mes pauvres paroissiens de se ruiner en procès. Je sais assez de médecine pour leur indiquer des remèdes simples quand ils seront malades. J'ai assez de connaissance de l'agriculture pour leur donner quelquefois des conseils utiles. Le seigneur du lieu et sa femme sont d'honnêtes gens qui ne sont point dévots, et qui m'aideront à faire du bien. Je me flatte que je vivrai assez heureux et qu'on ne sera pas malheureux avec moi.

Naturally such an ideal *curé* will limit his preaching to moral teaching: 'Je parlerai toujours de morale, et jamais de controverse ... Je tâcherai de faire des gens de bien, et de l'être; mais je ne ferai point de théologiens, et je le serai le moins que je pourrai.'[6]

---

[3] Pp. 151-2.   [4] *OC* (*AT*), vol. III, p. 512.   [5] *CW*, vol. 82, p. 528.
[6] *OC*, vol. XVIII, pp. 77-8. See also *Le Dîner du comte de Boulainvilliers* (vol. XXVI, p. 559) and *L'A.B.C.* (vol. XXVII, p. 364).

That the *curé* could perform a useful function is agreed even by so violent an opponent of Christianity as d'Holbach, though naturally the role which he assigns to him is the teaching of a purely secular and social morality to the masses:

Les prêtres en tout pays sont les seuls docteurs, les seuls moralistes du peuple. A quel point ces instituteurs, déjà stipendiés par la société, ne lui seraient-ils pas utiles, s'ils lui enseignaient une morale et plus claire et plus vraie que celle dont, depuis tant de siècles, ils l'ont inutilement entretenu! Un gouvernement qui aurait sincèrement à cœur la réforme des mœurs, ne trouverait-il pas dans un clergé nombreux des coopérateurs capables de seconder des vues si bienfaisantes?[7]

The *curé de campagne* comes well out of a somewhat highly coloured passage on the clergy in the *Histoire des Deux Indes*:

Le clergé n'est qu'une profession au moins stérile pour la terre, lors même qu'il s'occupe à prier. Mais quand, avec des mœurs scandaleuses, il prêche une doctrine que son exemple et son ignorance rendent doublement incroyable, impraticable; quand, après avoir déshonoré, décrié, renversé la religion par un tissu d'abus, de sophismes, d'injustices et d'usurpations, il veut l'étayer par la persécution; alors ce corps privilégié, paresseux et turbulent, devient le plus cruel ennemi de l'État et de la nation. Il ne lui reste de sain et de respectable que cette classe de pasteurs, la plus avilie et la plus surchargée, qui, placée parmi les peuples des campagnes, travaille, édifie, conseille et soulage une multitude de malheureux.[8]

If *curés* and *vicaires* tend to be spared the criticism directed by the *Philosophes* against their superiors among the secular clergy and particularly against the regular clergy, the celibacy of the Catholic clergy was frequently attacked. Though Diderot contributed a very cautious article, *CÉLIBAT, to the *Encyclopédie*, in which he hides behind the writings of, among others, Abbé de Saint-Pierre, Damilaville lets himself go on the subject in the article POPULATION which appeared in a later volume:

Les cultes européens lui sont encore plus contraires. Leur doctrine porte les hommes à s'isoler, elle les éloigne des devoirs de la vie civile. Chez eux l'état le plus parfait est le plus opposé à la nature et le plus préjudiciable au bien public; c'est le célibat. Une multitude d'êtres des deux sexes vont ensevelir avec eux dans des retraites des postérités perdues, sans compter les ministres de la religion et les rigoristes qui font vœu d'être inutiles à la propagation; et cette abstinence est dans ces religions la vertu par excellence. Comme si le plus grand des vices n'était pas de tromper la nature et de subsister aux dépens de l'espèce envers laquelle on ne remplit aucune de ses obligations! Un homme dont personne ne contestera la vertu, les bonnes mœurs et les lumières, l'abbé de ****, fortement

---

[7] *Système social*, vol. III, pp. 114-15.
[8] Vol. IV, p. 612.

touché des obligations de la nature, avait consacré un des jours de la semaine à la propagation.[9]

The *Histoire des Deux Indes* advocates the abolition of the rule of celibacy for both secular and regular clergy:

> L'opinion fit les moines, l'opinion les détruira. Leurs biens resteront dans la société, pour y engendrer des familles. Toutes les heures perdues à des prières sans ferveur seront consacrées à leur destination primitive, qui est le travail … Si les fonctions du sacerdoce semblent interdire au prêtre les soins d'une famille et d'une terre, les fonctions de la société proscrivent encore plus hautement le célibat. Si les moines défrichèrent autrefois les déserts qu'ils habitaient, ils dépeuplent aujourd'hui les villes où ils fourmillent.[10]

Another grievance of the *Philosophes* was the excessive numbers of the secular and regular clergy. This is voiced particularly by Helvétius who produces for a country which is obviously France a series of statistics of somewhat doubtful reliability:

> Il est des royaumes catholiques où l'on compte à peu près quinze mille couvents, douze mille prieurés, quinze mille chapelles, treize cents abbayes, quatre-vingt-dix mille prêtres employés à desservir quarante-cinq mille paroisses, où l'on compte en outre une infinité d'abbés, de séminaristes et d'ecclésiastiques de toute espèce. Leur nombre total compose du moins celui de trois cent mille hommes. Leur dépense suffirait à l'entretien d'une marine et d'une armée de terre formidable. Une religion aussi à charge à un état ne peut être longtemps la religion d'un empire éclairé et policé.[11]

'Il faut', as Voltaire put it in *L'Homme aux quarante écus*, 'pour faire fleurir un royaume, le moins de prêtres possible et le plus d'artisans possible.'[12]

In considering the violent attacks on the regular clergy made by the *Philosophes*, one has to bear in mind that its numbers were declining in the decades before the Revolution and that the government itself intervened to carry out certain reforms. A royal edict of March 1768 forbade the taking of vows by men under the age of twenty-one and by women under the age of eighteen. Over the next dozen years nine religious congregations were suppressed. The feelings of the *Philosophes* towards the members of the religious orders, male and female, were a strange mixture of pity for those who had mistaken their vocation or had been forced into taking vows, and of hatred and contempt for this host of idle parasites. A small number of religious congregations are indeed praised for

---

[9] Vol. XIII, p. 93a.
[10] Vol. IV, p. 632.
[11] *De l'homme*, vol. I, p. 57.
[12] *Romans et contes*, p. 450.

their activities. In the *Encyclopédie* Diderot went out of his way to make an editorial addition to the article BLANCS-MANTEAUX: 'Cette maison est aujourd'hui remplie de religieux très savants et d'un grand mérite, auteurs d'ouvrages fort estimables et fort utiles, comme l'*Art de vérifier les dates*, qui a été si bien reçu du public, *La nouvelle Diplomatique*, la collection des *Historiens de France*, etc. Nous saisissons avec plaisir cette occasion de célébrer leurs talents et leurs travaux.'[13] In FRÈRES DE LA CHARITÉ which contains a pretty fierce attack on the uselessness of most religious orders d'Alembert has a good word to say for this order (and others like it) 'qui se consacre uniquement au service des pauvres malades'.[14] In the *Essai sur les mœurs* Voltaire praises those orders which concern themselves with helping the poor and tending the sick. Nuns engaged in nursing receive a glowing tribute:

Peut-être n'est-il rien de plus grand sur la terre que le sacrifice que fait un sexe délicat de la beauté et de la jeunesse, souvent de la haute naissance, pour soulager dans les hôpitaux ce ramas de toutes les misères humaines dont la vue est si humiliante pour l'orgueil humain, et si révoltante pour notre délicatesse. Les peuples séparés de la communion romaine n'ont imité qu'imparfaitement une charité si généreuse; mais aussi cette congrégation si utile est la moins nombreuse.[15]

Even the author of the *Système de la nature* has a few words of praise, mingled, it is true, with some criticism, for so learned an order as the Benedictines: 'L'ordre des bénédictins a produit un grand nombre de savants respectables, dont les travaux les auraient rendus plus chers encore à la société, s'ils les eussent portés sur des objets plus utiles que des chartes, des titres, des légendes.'[16]

The unsigned *Encyclopédie* article PASSAGER which is echoed both in one of Diderot's letters to Sophie Volland and in *Jacques le fataliste* offers an explanation of how young people of both sexes come to take vows which they later bitterly regret having taken:

PASSAGER, adj. (*Gram.*), qui passe vite, qui ne dure qu'un instant. Les joies de ce monde sont *passagères*. C'est une ferveur *passagère* qui tient quelquefois à l'ennui d'un tempérament qui fait effort pour se développer dans l'un et l'autre sexe, ou qui, s'étant développé, porte à de nouveaux besoins dont on ignore l'objet ou qu'on ne saurait satisfaire, qui entraîne tant de jeunes et malheureuses victimes de leur inexpérience au fond des cloîtres où elles se croient appelées par la grâce et où elles ne rencontrent que la douleur et le désespoir.[17]

---

[13] Vol. II, pp. 271b-272a.
[14] Vol. VII, p. 301a.
[15] Vol. II, p. 290.
[16] *Éthocratie*, p. 104n.
[17] Vol. XII, p. 122a.

The *Histoire des Deux Indes* paints a vivid picture of the sufferings of monks and nuns in their enforced seclusion:

Une foule d'êtres vivent dans une sorte de société qui sépare à jamais les deux sexes. L'un et l'autre, isolés dans des cellules, où, pour être heureux, ils n'auraient qu'à se réunir, consument les plus beaux jours de leur vie à étouffer et à détester le penchant qui les attire à travers les prisons et les portes de fer que la peur a élevées entre des cœurs tendres et des âmes innocentes. Où est l'impiété sinon dans l'inhumanité de ces institutions sombres et féroces qui dénaturent l'homme pour le diviniser, qui le rendent stupide, imbécile et muet comme les bêtes pour qu'il devienne semblable aux anges? Dieu de la nature, c'est à ton tribunal qu'il faut en appeler de toutes les lois qui violent le plus beau de tes ouvrages en le condamnant à une stérilité que ton exemple désavoue![18]

This was a theme which was much exploited in the literature of the age, in such *drames* as Fontanelle's *Éricie ou la Vestale* and La Harpe's *Mélanie ou la Religieuse,* not to mention Diderot's novel, *La Religieuse.*

The practice among the nobility of compelling daughters to take the veil in order to keep up the position of the family is condemned as early as the *Lettres juives* of the Marquis d'Argens:

'Si l'on mariait', disent-ils, 'toutes les filles, les maisons ne pourraient se soutenir dans un certain rang; on serait obligé de faire des alliances disproportionnées.' Pitoyable raisonnement! qui n'a d'autre fondement que la sotte vanité de quelques nobles infatués de leur condition, aussi préjudiciable que la peste au bien de la société. Comment font les Anglais, les Suédois, les Prussiens, les Danois et tant d'autres peuples? Sont-ils moins attentifs à conserver les privilèges de leur noblesse que les Français ou les Espagnols? Non, sans doute; mais ils ont plus d'attention à ne point se laisser aveugler par les préjugés.[19]

The same argument is advanced by Voltaire thirty years later in *L'Homme aux quarante écus.*[20] One of his main grievances against religious orders was that they enrolled the healthiest and most robust young people, particularly girls who would have made excellent mothers:

C'est précisément la jeunesse la plus saine, la plus robuste qu'un enrôleur monacal engage dans son régiment en la faisant boire à la santé de son saint. Il y a plusieurs couvents où l'on examine le soldat de recrue tout nu; et si on lui trouve le moindre défaut, on le renvoie. Cette pratique est même usitée chez les religieuses; si elles sont assez mal constituées pour ne pouvoir être mères, on les renvoie se marier dans le monde; si elles sont assez saines pour faire des enfants, on leur fait la grâce de les condamner à la stérilité dans leur prison.[21]

---

[18] Vol. IV, p. 59.
[19] Vol. II, p. 244.
[20] *Romans et contes*, p. 452.
[21] *OC*, vol. XXIX, p. 288.

However, it is not on nuns that the main criticisms of the *Philosophes* fall but on the male congregations.

One could scarcely take as typical of their attitude the violent diatribe which Diderot contributed to the *Histoire des Deux Indes* in denouncing the taking of perpetual vows:

Et pourquoi le prêtre ne pourrait-il pas acquérir, s'enrichir, jouir, vendre, acheter et tester comme un autre?

Qu'il soit chaste, docile, humble, indigent même, s'il n'aime pas les femmes, s'il est d'un caractère abject, et s'il préfère du pain et de l'eau à toutes les commodités de la vie. Mais qu'il lui soit défendu d'en faire le vœu. Le vœu de chasteté répugne à la nature et nuit à la population; le vœu de pauvreté n'est que d'un inepte ou d'un paresseux; le vœu d'obéissance à quelque autre puissance que la dominante et à la loi est d'un esclave ou d'un rebelle.

S'il existait donc dans un recoin d'une contrée soixante mille citoyens enchaînés par ces vœux, qu'aurait à faire de mieux le souverain que de s'y transporter avec un nombre suffisant de satellites armés de fouets et de leur dire: 'Sortez, canaille fainéante, sortez; aux champs, à l'agriculture, aux ateliers, à la milice'?[22]

Although Voltaire was a severe critic of all monastic institutions, he generally employed rather less violent language.

He took strong exception to the great wealth and luxurious way of life of some monasteries as in this passage inserted rather oddly in the article ARRÊTS NOTABLES in the *Questions sur l'Encyclopédie*:

Il faut d'abord que vous sachiez que les révérends pères bernardins de Clairvaux possèdent dix-sept mille arpents de bois, sept grosses forges, quatorze grosses métairies, quantité de fiefs, de bénéfices, et même des droits dans les pays étrangers. Le revenu du couvent va jusqu'à deux cent mille livres de rente. Le trésor est immense; le palais abbatial est celui d'un prince. Rien n'est plus juste; c'est un faible prix des grands services que les bernardins rendent continuellement à l'État.[23]

In his *Pot-pourri*, a somewhat earlier work, Voltaire had denounced the extravagance of building a vast palace, costing two million livres, for the abbot of Cîteaux; he also contrasts the affluence of the monks with the poverty of the *curé de campagne*:

Je bénis Dieu qui avait mis son serviteur en état d'élever un si beau monument, et de répandre tant d'argent dans le pays. 'Vous moquez-vous?' dit M. Évrard. 'N'est-il pas abominable que l'oisiveté soit récompensée par deux cent cinquante mille livres de rente et que la vigilance d'un pauvre curé de campagne soit punie par une portion congrue de cent écus? Cette inégalité n'est-elle pas la chose du monde la plus injuste et la plus odieuse? Qu'en reviendra-t-il à l'État quand un moine sera logé dans un palais de deux millions? Vingt familles de pauvres officiers qui partageraient ces deux millions auraient chacune un bien

---

[22] Vol. IV, p. 535.
[23] *OC*, vol. XVII, p. 389.

honnête et donneraient au roi de nouveaux officiers. Les petits moines qui sont aujourd'hui les sujets inutiles d'un de leurs moines élu par eux deviendraient des membres de l'État au lieu qu'ils ne sont que des chancres qui le rongent.'

There follows an exchange which has its amusing side in view of the suppression of all religious congregations in France which followed less than thirty years later: 'Je répondis à M. Évrard: "Vous allez trop loin, et trop vite; ce que vous dites arrivera certainement dans deux ou trois cents ans; ayez patience. - Et c'est précisément, répondit-il, parce que la chose n'arrivera que dans deux ou trois siècles que je perds toute patience; je suis las de tous les abus que je vois ...'''[24]

Earlier still, in *La Voix du sage et du peuple*, Voltaire had not only argued that the State could break the vows of monks and nuns who had taken them at an age when they were not allowed to dispose of any of their property. He had also indicated ways in which the wealth of many monasteries might be employed:

Il y a tel couvent, inutile au monde à tous égards, qui jouit de deux cent mille livres de rente. La raison démontre que si l'on donnait ces deux cent mille livres à cent officiers qu'on marierait, il y aurait cent bons citoyens récompensés, cent filles pourvues, quatre cents personnes au moins de plus dans l'État au bout de dix ans, au lieu de cinquante fainéants; elle démontre encore que ces cinquante fainéants, rendus à la patrie, cultiveraient la terre, la peupleraient, et qu'il y aurait plus de laboureurs et de soldats. Voilà ce que tout le monde désire, depuis le prince du sang jusqu'au vigneron.[25]

In the article CURÉ DE CAMPAGNE in the *Questions sur l'Encyclopédie* he returns to the contrast between the wealth of monasteries and the poverty of many country parsons. After expressing his pity for the *curé* who has to wrest the tithe from his parishioners and get involved in all manner of quarrels and even lawsuits, he goes on:

Je plains encore davantage le curé à portion congrue à qui des moines, nommés *gros décimateurs*, osent donner un salaire de quarante ducats pour aller faire, pendant toute l'année, à deux ou trois milles de sa maison, le jour, la nuit, au soleil, à la pluie, dans les neiges, au milieu des glaces, les fonctions les plus désagréables et souvent les plus inutiles. Cependant l'abbé, gros décimateur, boit son vin de Volnay, de Beaune, de Chambertin, de Sillery, mange ses perdrix et ses faisans, dort sur le duvet avec sa voisine, et fait bâtir un palais. La disproportion est trop grande.[26]

[24] Ibid., vol. XXV, p. 275.
[25] Ibid., vol. XXIII, p. 469.
[26] Ibid., vol. XVIII, p. 303.

Voltaire does not spare the mendicant friars. In *L'Homme aux quarante écus* the starving hero finds himself in front of the palatial house of some Carmelite friars:

Je sonnai; un carme vint: 'Que voulez-vous, mon fils? - Du pain, mon Révérend Père ... - Mon fils, nous demandons nous-mêmes l'aumône, nous ne la faisons pas. - Quoi! votre saint institut vous ordonne de n'avoir pas de souliers, et vous avez une maison de prince, et vous me refusez à manger! - Mon fils, il est vrai que nous sommes sans souliers et sans bas; c'est une dépense de moins ... A l'égard de notre belle maison, nous l'avons aisément bâtie, parce que nous avons cent mille livres de rente en maisons dans la même rue'.[27]

The attack is carried further in the *Canonisation de Saint Cucufin* where he declares that under the guise of collecting alms the mendicant friars are levying a tax on the poor:

Quand un pauvre cultivateur a payé au receveur de la province, en argent comptant, le tiers de sa récolte non encore vendue, les droits à son seigneur, la dîme de ses gerbes à son curé, que lui reste-t-il? Presque rien; et c'est ce rien que les moines mendiants demandent comme un tribut qu'on n'ose jamais refuser. Ceux qui travaillent sont donc condamnés à fournir de tout ceux qui ne travaillent pas. Les abeilles ont des bourdons; mais elles les tuent. Les moines autrefois cultivaient la terre; aujourd'hui ils la surchargent.

Nous sommes bien loin de vouloir qu'on tue les bourdons appelés *moines*; nous respectons la piété et les autres vertus de Cucufin; mais nous voudrions des vertus utiles.

Il nous en coûte plus de vingt millions par an pour nos seuls moines en France. Or quel bien ne feraient pas ces vingt millions répartis entre des familles de pauvres officiers, de pauvres cultivateurs?[28]

Among the *Philosophes*—he was writing before the royal edict of 1768— d'Alembert takes a fairly moderate and cautious line when in *De la destruction des Jésuites en France* he comes to discuss what is to be done with the other religious orders. He suggests that, if the government ever took it into its head to suppress or at least weaken them to prevent them from doing harm, an infallible method would be to revive the old law—the Ordonnance d'Orléans of 1561—which forbade the taking of vows before the age of twenty-five.[29] In an appendix to this work, the *Lettre à M. ****, *conseiller au Parlement de ******, he devotes more space to this topic, working in a long passage from his *Encyclopédie* article, FRÈRES DE LA CHARITÉ, with its sharp criticism of most monastic orders. The conclusion is relatively mild:

---

[27] *Romans et contes*, p. 433.
[28] *OC*, vol. XXVII, pp. 426-7.
[29] *Œuvres*, vol. V, pp. 105-6.

Enfin, monsieur, le plus essentiel est de rendre utiles, de quelque manière que ce puisse être, tant d'hommes absolument perdus pour la patrie, moins nuisibles sans doute que la société intrigante dont on vient de se défaire, mais à qui la religion ne donne pas le droit de n'être bons qu'à eux. Encore une fois, c'est à la sagesse du gouvernement à décider quels sont les ordres qu'il convient de laisser subsister pour le bien public, s'il en est quelques-uns qui soient dans ce cas. C'est à lui à prendre là-dessus les mesures convenables à sa justice, à sa sagesse et à sa gloire.[30]

While d'Alembert can scarcely have felt that the government went far enough in its reforms of religious orders from 1768 onwards, it did go at least part of the way.

Though Diderot did not always express himself in the violent language which he used when writing for the *Histoire des Deux Indes*, it is clear that he would have liked to see the complete disappearance of the regular clergy. In a letter of 1765 to Sophie Volland he comments on the recent petition which a number of Benedictine monks had addressed to the king asking to be secularized:

Vous savez ou vous ignorez que les Bénédictins ont demandé par une requête présentée au roi, et devenue publique par l'impression, d'être sécularisés; mais vous ne vous douterez jamais que le ministère ait eu la bêtise de ne pas les prendre au mot. Le fait est vrai pourtant. En faisant un sort honnête à chacun de ces moines, il serait resté des biens immenses qui auraient acquitté une portion des dettes de l'État; cet exemple aurait encouragé les Carmes, les Augustins à solliciter le défroc; et sans aucune violence la France en moins de vingt ans aurait été délivrée d'une vermine qui la ronge et qui la rongera jusqu'à son extinction.[31]

In his *Mémoires pour Catherine II* 'le philosophe Denis' shows himself, as might be expected, a complete abolitionist: 'Quant à ces prieurés, abbayes et autres bénéfices qui ne servent qu'à nourrir les vices d'un certain nombre de jeunes et de vieux fainéants, je les supprimerais.'[32]

In the article DROIT CANONIQUE in the *Questions sur l'Encyclopédie* Voltaire argues that all religious congregations must be under the authority of the State:

Les vœux par lesquels s'obligent quelques ecclésiastiques de vivre en corps selon une certaine règle sous le nom de *moines* ou de *religieux*, si prodigieusement multipliés dans l'Europe, ces vœux doivent aussi être toujours soumis à l'examen et à l'inspection des magistrats souverains. Ces couvents, qui renferment tant de gens inutiles à la société et tant de victimes qui regrettent la liberté qu'ils ont perdue, ces ordres qui portent tant de noms si bizarres, ne peuvent être établis

---

[30] Ibid., pp. 220-1.
[31] Roth-Varloot, vol. V, pp. 75-6.
[32] p. 152.

dans un pays, et tous leurs vœux ne peuvent être valables ou obligatoires que quand ils ont été examinés et approuvés au nom du souverain.

En tout temps le prince est donc en droit de prendre connaissance des règles de ces maisons religieuses, de leur conduite; il peut réformer ces maisons et les abolir, s'il les juge incompatibles avec les circonstances et le bien actuel de la société.

The State has similar rights over the property of the religious congregations:

Les biens et les acquisitions de ces corps religieux sont de même soumis à l'inspection des magistrats pour en connaître la valeur et l'emploi. Si la masse de ces richesses qui ne circulent plus était trop forte; si les revenus excédaient trop les besoins raisonnables de ces réguliers; si l'emploi de ces rentes était contraire au bien général; si cette accumulation appauvrissait les autres citoyens; dans tous ces cas il serait du devoir des magistrats, pères communs de la patrie, de diminuer ces richesses, de les partager, de les faire rentrer dans la circulation qui fait la vie d'un État, de les employer même à d'autres usages pour le bien de la société.[33]

That Voltaire hoped that the State would use these powers to the point of abolishing all religious orders is clear. In the article PROPRIÉTÉ in the *Questions sur l'Encyclopédie* he praises the example set by Henry VIII's suppression of the monasteries:

L'Angleterre donna un grand exemple au XVIe siècle, lorsqu'on affranchit les terres dépendantes de l'Église et des moines. C'était une chose bien odieuse, bien préjudiciable à un état, de voir des hommes voués par leur institut à humilité et à la pauvreté, devenus les maîtres des plus belles terres du royaume, traiter les hommes, leurs frères, comme des animaux de service, faits pour porter leurs fardeaux. La grandeur de ce petit nombre de prêtres avilissait la nature humaine. Leurs richesses particulières appauvrissaient le reste du royaume. L'abus a été détruit, et l'Angleterre est devenue riche.[34]

Despite their hostility to the religious congregations and their anxiety to see their disappearance, the *Philosophes* would no doubt have been somewhat taken aback by the summary treatment meted out to them by the first two Revolutionary assemblies.

Leaving aside for a moment the taking over of all Church property by the decree of 2 November 1789, we find the Constituent Assembly by a decree of 13 February 1790 taking the first step in the direct attack on religious congregations:

1° La loi constitutionnelle du royaume ne reconnaîtra plus de vœux monastiques solennels des personnes de l'un et de l'autre sexe; en conséquence les ordres et congrégations réguliers dans lesquels on fait de pareils vœux sont et demeur-

---

[33] *OC*, vol. XVIII, pp. 437-8.
[34] Ibid., vol. XX, pp. 292-3.

eront supprimés en France, sans qu'il puisse en être établi de semblables à l'avenir.

2° Tous les individus de l'un et de l'autre sexe, existants dans les monastères et maisons religieuses pourront en sortir en faisant leur déclaration devant la municipalité du lieu, et il sera pourvu incessamment à leur sort par une pension convenable. Il sera pareillement indiqué des maisons où seront tenus de se retirer les religieux qui ne voudront pas profiter de la disposition du présent décret. Au surplus il ne sera rien changé quant à présent à l'égard des maisons chargées de l'éducation publique et des établissements de charité, et ce jusqu'à ce qu'il ait été pris un parti sur ces objets.

3° Les religieuses pourront rester dans les maisons où elles sont aujourd'hui, l'Assemblée les exceptant expressément de l'article qui oblige les religieux de réunir plusieurs maisons en une seule.[35]

Six days later the Assembly fixed the amount of the pensions, giving less to the members of the mendicant orders than to those of other congregations; these were treated fairly generously and the meagre pension given to the Jesuits when the society was dissolved in 1764 was to be increased to the same amount. Nuns' pensions were dealt with by a decree of 8 October; the maximum offered them was the same as for the mendicant orders.

At the end of the sittings of the Constituent Assembly, in September 1791, the number of members of the male congregations and their houses had undoubtedly fallen, though the number of nuns would not appear to have greatly diminished. No religious congregation could gain any recruits as the taking of vows had been forbidden, but the decree of 13 February 1790 had not abolished religious congregations outright. A decree of 26 September 1791 had laid down that the teaching congregations were to continue their work for the time being. As in many other spheres the Legislative Assembly took a more radical line. On 4 August 1792, just before the collapse of the monarchy, it passed the following decree abolishing all regular congregations:

L'Assemblée nationale, considérant que les bâtiments et les terrains vastes et précieux occupés par les religieux et les religieuses, présentent de grandes ressources à la nation dans un moment où ses grandes dépenses lui font une loi de ne négliger aucune de ces ressources;

Qu'il importe de faire jouir les religieux et les religieuses de la liberté qui leur est assurée par les lois précédemment faites;

Qu'il n'importe pas moins de dissiper les restes de fanatisme auquel les ci-devant monastères prêtent une si facile retraite;

Qu'enfin, il est un moyen de concilier par une augmentation de pension le bien-être des religieuses délivrées de la vie commune, et les intérêts de la nation avec l'extinction absolue de la vie monacale, décrète qu'il y a urgence.

L'Assemblée nationale, après avoir décrété l'urgence, décrète ce qui suit:

[35] Duvergier, vol. I, p. 100.

1° Pour le 1ᵉʳ octobre prochain, toutes les maisons encore actuellement occupées par des religieuses ou des religieux seront évacuées par lesdits religieux et religieuses, et seront mises en vente à la diligence des corps administratifs.

2° L'Assemblée nationale renvoie à ses Comités des domaines et de l'extraordinaire des finances pour lui présenter un projet de décret sur l'augmentation du traitement qui peut être due auxdites religieuses ainsi versées dans la société.

3° Sont exceptées de l'article premier les religieuses consacrées au service des hôpitaux et autres établissements de charité, à l'égard desquelles il n'est rien statué.[36]

Three days later it fixed the amount of the pension to be paid to nuns and decreed that as with secular priests they would be entitled to continue to receive it if they married. Finally on 18 August it suppressed all secular congregations, both ecclesiastical and lay, male and female, although the members employed in education and nursing were allowed to continue to work in an individual capacity.

The application of the decrees of 4 and 18 August was carried out over the whole of France, and all religious congregations of whatever sort were completely suppressed. Notoriously that was not the end of the story since from the Consulate onwards they began to reappear, incurring the hostility of the anticlerical section of the community right through the nineteenth century, particularly because of the part which they played in education. As late as 1901 we find the Republican majority in the Chamber and Senate passing the law on associations which contained a section dealing severely with religious congregations:

Art. 13. Aucune congrégation religieuse ne peut se former sans une autorisation donnée par une loi qui déterminera les conditions de son fonctionnement. Elle ne pourra fonder aucun nouvel établissement qu'en vertu d'un décret rendu en conseil d'État. La dissolution de la congrégation ou la fermeture de tout établissement pourront être prononcées par décret rendu en conseil des ministres.

Art. 14. Nul n'est admis à diriger, soit directement, soit par personne interposée, un établissement d'enseignement, de quelque ordre qu'il soit, ni à y donner l'enseignement, s'il appartient à une congrégation religieuse non autorisée. Les contrevenants seront punis des peines prévues par l'article 8, paragraphe 2. La fermeture de l'établissement pourra, en outre, être prononcée par le jugement de condamnation.

Art. 16. Toute congrégation formée sans autorisation sera déclarée illicite. Ceux qui en auront fait partie seront punis des peines édictées à l'article 8, paragraphe 2. La peine applicable aux fondateurs ou administrateurs sera portée au double.

Art. 18. Les congrégations existantes au moment de la promulgation de la présente loi, qui n'auraient pas été antérieurement autorisées ou reconnues,

---

[36] A. Aulard, *La Révolution française et les congrégations*, Paris, 1903, pp. 192-3.

devront, dans le délai de trois mois, justifier qu'elles ont fait les diligences nécessaires pour se conformer à ces prescriptions. A défaut de cette justification, elles sont réputées dissoutes de plein droit.[37]

Though after the electoral victory of the Left in 1902 this section of the law was at first strictly applied, it fairly rapidly fell into disuse, and religious congregations of both sexes continue to flourish in the France of our day.

Despite its great wealth, the Catholic clergy did not have to pay the *taille* and other direct taxes, an exemption which was fiercely attacked. 'Il est juste', wrote Voltaire in the article IMPÔT in the *Questions sur l'Encyclopédie*, 'que ceux qui jouissent des avantages de l'État en supportent les charges. Les ecclésiastiques et les moines, qui possèdent de grands biens, devraient par cette raison contribuer aux impôts en tout pays comme les autres citoyens.' He then proceeds to denounce the way in which the richest section of the clergy placed on the poorly paid *curés* a disproportionate amount of the *décimes* levied to raise the fairly modest sum which was paid to the Treasury in the form of a *don gratuit*:

Le clergé paie à la vérité une taxe sous le nom de *don gratuit*, et, comme l'on sait, c'est principalement la partie la plus utile et la plus pauvre de l'Église, les curés, qui paie cette taxe. Mais pourquoi cette différence et cette inégalité de contributions entre les citoyens d'un même état? Pourquoi ceux qui jouissent des plus grandes prérogatives et qui sont quelquefois inutiles au bien public, paient-ils moins que le laboureur, qui est si nécessaire?[38]

Earlier, in supporting Machault's attempt to make the clergy pay its share of the *vingtième*, Voltaire had laid down the principle that 'l'Église doit contribuer aux charges de l'État à proportion de ses revenus'.[39]

The contrast between the great wealth of the clergy and its modest contribution to the Treasury in the form of its *don gratuit* is drawn by Diderot in the harangue to Louis XVI which he contributed to the *Histoire des Deux Indes*. The king is asked whether it is his intention to 'confirmer dans un corps qui possède le quart des biens du royaume le privilège absurde de s'imposer à sa discrétion et, par l'épithète de gratuits qu'il ne rougit pas de donner à ses subsides, de te signifier qu'il ne te doit rien; qu'il n'en a pas moins droit à ta protection et à tous les avantages de la société, sans en acquitter aucune des charges, et que tu n'en as aucun à sa reconnaissance'.[40]

---

[37] Duvergier, vol. CI, pp. 273-9.
[38] *OC*, vol. XIX, p. 443.
[39] Ibid., vol. XXIII, p. 467.
[40] Vol. I, p. 474.

The clergy's exemption, like that of all other *privilégiés*, was swept away by Article 9 of the decree of 11 August 1789.[41]

One of the main sources of the clergy's income under the Ancien Régime was tithes, and these were naturally attacked by the *Philosophes*. There is a violent diatribe on the subject in *L'Homme aux quarante écus*; as so often with Voltaire's onslaughts on such abuses, it is packed with concrete detail:

Le malheureux cultivateur, qui a déjà payé aux préposés son dixième, et les deux sous pour livre, et la taille, et la capitation, et le rachat du logement des gens de guerre, après qu'il a logé des gens de guerre, etc., etc., etc., cet infortuné, dis-je, qui se voit encore enlever le dixième de sa récolte par son curé, ne le regarde plus comme son pasteur, mais comme son écorcheur, qui lui arrache le peu de peau qui lui reste. Il sent bien qu'en lui enlevant la dixième gerbe de droit divin, on a la cruauté diabolique de ne pas lui tenir compte de ce qu'il lui en a coûté pour faire croître cette gerbe. Que lui reste-t-il pour lui et pour sa famille? les pleurs, la disette, le découragement, le désespoir, et il meurt de fatigue et de misère. Si le curé était payé par la province, il serait la consolation de ses paroissiens, au lieu d'être regardé par eux comme leur ennemi.

The same *conte* also criticizes the fact that the tithes were often collected by a religious house or chapter which paid the *curé* a mere pittance, the *portion congrue*, at the same time insisting on collecting tithes on land which had been newly brought into cultivation:

Un moine, gros décimateur, avait intenté un procès à des citoyens qu'il appelait *ses paysans*. Il avait déjà plus de revenu que la moitié de ses paroissiens ensemble; et de plus il était seigneur de fief. Il prétendait que ses vassaux, ayant converti avec des peines extrêmes leurs bruyères en vignes, ils lui devaient la dixième partie de leur vin, ce qui faisait, en comptant le prix du travail, et des échalas, et des futailles, et du cellier, plus du quart de la récolte. 'Mais comme les dîmes, disait-il, sont de droit divin, je demande le quart de la substance de mes paysans au nom de Dieu.'[42]

In contrast, d'Holbach's attack on the same abuse is rather less precise: 'Le laboureur, ira-t-il defricher des terres incultes', he asks, 'pour s'imposer la nécessité de payer le produit le plus clair à des hommes avides qui ne font rien ni pour l'État ni pour lui?'[43]

One cannot help feeling that Condorcet rather exaggerates in the opening sentence of his attack on tithes in the *Lettre d'un laboureur de Picardie*, but there is no doubt that the peasants resented the way in which the tithes were frequently collected by a wealthy abbey: 'Nous payons avec joie la dîme destinée à l'entretien des

---

[41] Duvergier, vol. I, p. 34.

[42] *Romans et contes*, pp. 454, 434.

[43] *La Politique naturelle*, vol. I, p. 229.

pasteurs, chargés de nous instruire et de nous consoler,' his peasant spokesman is made to say. 'Mais nous savons trouver très injuste que nos pasteurs soient réduits à partager notre pauvreté, tandis que nos dîmes sont consommées par des abbés et des moines qui, heureusement pour nos mœurs, ont renoncé au soin de nous rien apprendre.'[44] In his *Vie de Turgot* he offers a more technical criticism of tithes as representing a very heavy financial burden on the peasant, describing them as an 'impôt qui, levé sur le produit réel des terres, et non sur leur produit net, est injuste dans sa répartition et destructif de l'agriculture'.[45]

The outright abolition of tithes was one of the sacrifices which the clergy had to make on the night of 4 August 1789. Article 5 of the law of 11 August naturally had to promise in return that some other form of provision would have to be made for carrying on the Church's work:

Les dîmes de toutes natures, et les redevances qui en tiennent lieu, sous quelque dénomination qu'elles soient connues et perçues, même par abonnement, possédées par les corps séculiers et réguliers, par les bénéficiers, les fabriques et tous gens de main-morte, même par l'ordre de Malte et autres ordres religieux et militaires, même celles qui auraient été abandonnées à des laïques en remplacement et pour option de portion congrue, sont abolies, sauf à aviser aux moyens de subvenir d'une autre manière à la dépense du culte divin, à l'entretien des ministres des autels, au soulagement des pauvres, aux réparations et reconstructions des églises et presbytères et à tous les établissements, séminaires, écoles, collèges, hôpitaux, communautés, et autres, à l'entretien desquels elles sont actuellement affectées.[46]

Like the abolition of feudal dues, that of tithes was to prove irreversible. It should be borne in mind that it was not equally advantageous to all peasants; only those who owned land obtained the full benefit since a decree of 11 March-10 April 1791 laid it down that those who rented land had to pay the equivalent of the tithe to their landlord: 'La valeur de la dîme de chaque fermage étant une fois fixée à l'amiable ou à dire d'experts, le fermier, jusqu'à l'expiration de son bail, en paiera le montant chaque année au propriétaire, en argent, aux mêmes époques et dans la même proportion que le prix des fermages.'[47]

To the *Philosophes* it appeared a scandal that the Catholic clergy should be possessed of so much landed and urban property. Diderot, for instance, in his *Discours d'un philosophe à un roi*, suggests

[44] *Œuvres*, vol. XI, p. 16.
[45] Ibid., vol. V, p. 78.
[46] Duvergier, vol. I, p. 34.
[47] Ibid., vol. II, p. 254.

one way in which this scandal might be brought to an end without expropriation which would shake the notion of property to its very foundations:

Votre orgueilleux clergé aime mieux vous accorder des dons gratuits que de vous payer l'impôt; demandez-lui des dons gratuits. Votre clergé célibataire, qui se soucie fort peu de ses successeurs, ne voudra pas payer de sa bourse, mais il empruntera de vos sujets; tant mieux, laissez-le emprunter; aidez-le à contracter une dette énorme avec le reste de la nation; alors faites une chose juste; contraignez-le à payer. Il ne pourra payer qu'en aliénant une partie de ses fonds; ces fonds ont beau être sacrés, soyez très sûr que vos sujets ne se feront aucun scrupule de les prendre lorsqu'ils se trouveront dans la nécessité, ou de les accepter en paiement ou de se ruiner en perdant leur créance. C'est ainsi que, de dons gratuits en dons gratuits, vous leur ferez contracter une seconde dette, une troisième, une quatrième, à l'acquittement de laquelle vous les contraindrez jusqu'à ce qu'ils soient réduits à un état de médiocrité ou d'indigence qui les rende aussi vils qu'ils sont inutiles.[48]

Other *Philosophes* favoured the more direct method of expropriation, though generally they would respect the rights of the existing members of the clergy, as Helvétius does in *De l'homme*: 'Un des plus grands services à rendre à la France serait d'employer une partie des revenus trop considérables du clergé à l'extinction de la dette nationale. Que diraient les ecclésiastiques si, juste à leur égard, on leur conservait leur vie durant tout l'usufruit de leurs bénéfices et qu'on n'en disposât qu'à leur mort? Quel mal de faire rentrer tant de biens dans la circulation?'[49]

D'Holbach does no more than lay down general principles on the subject in *La Politique naturelle*: 'La raison ne permet donc pas de douter que la société, ou l'autorité qui la représente, n'aient le droit de disposer des possessions du clergé de la manière la plus utile pour les peuples et la plus conforme à leur façon de penser et à leurs besoins actuels ... La nation rentre alors dans ses droits; elle peut reprendre des biens que le délire seul lui a fait aliéner.'[50] One of the purposes to which the great wealth of the clergy might be put, he suggests in *Éthocratie*, is to 'fonder des écoles de morale'.[51]

The *Histoire des Deux Indes* views the question from a more down-to-earth angle when it sees in the inalienability of Church lands an obstacle to the progress of agriculture and hence to population:

Lorsque tant de propriétés seront éternelles dans la même main, comment fleurira la population qui ne peut naître que de l'amélioration des terres par la multipli-

---

[48] *OP*, p. 484 (see also *MC*, p. 152).
[49] Vol. I, p. 97.
[50] Vol. I, pp. 227-8.
[51] p. 197.

cation des propriétés? Quel intérêt a le bénéficier de faire valoir un fonds qu'il ne doit transmettre à personne, de semer ou de planter pour une postérité qui ne sera pas la sienne? Loin de retrancher sur ses revenus pour augmenter sa terre, ne risquera-t-il pas de détériorer son bénéfice pour augmenter des rentes qui ne sont pour lui que viagères?[52]

In his pre-Revolutionary writings Condorcet repeatedly declares that the State has the right to take over the property of the Church. In his commentary on Voltaire he states, for instance: 'Les hommes sont trop éclairés de nos jours pour ignorer que les biens ecclésiastiques ne sont pas une vraie propriété, mais une partie du domaine public, dont la libre disposition ne peut cesser d'appartenir au souverain,' or again 'Le prince devrait sans doute réunir à son domaine et employer au service public les biens possédés par le clergé.' This latter statement of principle is accompanied by a fierce attack on the way in which, despite its great wealth, the Church battens on society:

N'est-il pas étrange que la construction des églises et des presbytères, l'entretien des moines mendiants, les appointements des aumôniers des troupes et des vaisseaux, soient à la charge des peuples; qu'un clergé d'une richesse immense ait recours, pour bâtir des églises, à la ressource honteuse des loteries; qu'il se fasse payer de toutes les fonctions qu'il exerce; qu'il vende pour douze ou quinze sous, à qui veut les acheter, les mérites infinis du *corps et du sang de Jésus-Christ*?

He goes on to suggest that, since part of the Church's property was given it for the relief of the poor, it would be an excellent idea to 'vendre ces biens pour payer les dettes de l'État et pouvoir abolir des impôts onéreux'. Again the Church's wealth could be made to serve another of the purposes for which it was given—the advancement of education and learning:

Pourquoi donc ne doterait-on pas avec des abbayes des établissements nécessaires pour l'éducation? Pourquoi n'en donnerait-on pas aux académies, aux collèges de droit et de médecine? Pourquoi ne récompenserait-on pas avec une abbaye l'auteur d'un livre utile, d'une découverte importante, sans l'assujettir à la ridicule obligation de porter l'habit d'un état dont il ne fait aucune fonction ou de se faire sous-diacre dans l'espérance d'avoir part aux grâces ecclésiastiques, ce qui est une véritable simonie?[53]

Yet despite his virulent hatred of Catholicism Condorcet argued in his *Essai sur les Assemblées provinciales* that, if the State took over the property of the Church, justice required that it should do so 'sans toucher à la jouissance actuelle d'aucun individu de l'ordre du clergé'. He drew here a clear distinction: 'L'usufruit de ces

---

[52] Vol. IV, p. 629.
[53] *Œuvres*, vol. IV, pp. 252, 373-4.

biens appartient donc à ceux qui en jouissent, la propriété ne doit appartenir qu'à la nation seule.' He repeats: 'La justice exige que l'on porte jusqu'au scrupule le respect pour la propriété de ceux qui jouissent actuellement.'[54]

Though the *Philosophes* would certainly have approved of the underlying principles of the Constituent Assembly's famous decree of 2-4 November 1789, they could scarcely have agreed with the wholesale expropriation of the clergy even if, in accordance with their general views, the *curés* were guaranteed a much more generous stipend than most of them had received under the Ancien Régime:

L'Assemblée nationale décrète:

1° Que tous les biens ecclésiastiques sont à la disposition de la nation, à la charge de pourvoir, d'une manière convenable, aux frais du culte, à l'entretien de ses ministres, et au soulagement des pauvres, sous la surveillance et d'après les instructions des provinces;

2° Que dans les dispositions à faire pour subvenir à l'entretien des ministres de la religion, il ne pourra être assuré à la dotation d'aucune cure *moins de douze cents livres par année*, non compris le logement et les jardins en dépendant.[55]

Like the abolition of tithes the taking over of Church property was to prove irreversible. As it was to serve as security for the *assignat*, sales began to take place in 1790.

The insistence of the Catholic Church on attempting to regulate the affairs of ordinary, everyday life inevitably clashed with the secular outlook of the *Philosophes*. It is wrong, proclaims d'Alembert in *Sur la destruction des Jésuites*, 'de lier les choses civiles à la religion, de vouloir qu'un bourgeois de Paris soit non seulement sujet fidèle, mais encore bon catholique et aussi exact à rendre le pain bénit qu'à payer les impots'.[56] Traditional religious morality is rejected by men like Helvétius and d'Holbach. 'C'est donc uniquement par de bonnes lois', declares Helvétius in *De l'esprit*, 'qu'on peut former des hommes vertueux.'[57] He explains his attitude in another, somewhat longer passage in *De l'homme*,

Pourquoi la plupart des hommes éclairés regardent-ils toute religion comme incompatible avec une bonne morale? C'est que les prêtres en toute religion se donnent pour les seuls juges de la bonté ou de la méchanceté des actions humaines; c'est qu'ils veulent que les décisions théologiques soient regardées comme le vrai code de la morale. Or le prêtre est un homme. En cette qualité, il juge

---

[54] Ibid., vol. VIII, pp. 446, 449.
[55] Duvergier, vol. I, p. 55.
[56] *Œuvres*, vol. V, p. 79.
[57] pp. 236-7.

conformément à son intérêt. Son intérêt est presque toujours contraire à l'intérêt public. La plupart de ses jugements sont donc injustes. Telle est cependant la puissance du prêtre sur l'esprit des peuples qu'ils ont pour les sophismes de l'école souvent plus de vénération que pour les saines maximes de la morale. Quelles idées nettes les peuples pourraient-ils s'en former? Les décisions de l'Église, aussi variables que ses intérêts, y portent sans cesse confusion, obscurité et contradiction. Qu'est-ce que l'Église substitue aux vrais principes de la justice? Des observances et des cérémonies ridicules. Aussi dans ses *Discours sur Tite-Live* Machiavel attribue-t-il l'excessive méchanceté des Italiens à la fausseté et à la contradiction des préceptes moraux de la religion catholique.[58]

Likewise d'Holbach opens his *Morale universelle* by stating flatly that he will not discuss religious morality: 'Nous ne prétendons proposer dans cet ouvrage que les principes d'une morale humaine et sociale, convenable au monde où nous vivons, dans lequel la raison et l'expérience suffisent pour guider vers la félicité présente que se proposent des êtres vivant en société.'[59] Voltaire puts the matter succinctly in a letter to the Crown Prince of Prussia in 1771: 'Il faut des lois aux hommes, et non pas de la théologie.'[60] Naigeon, echoing in one place his master, Diderot, puts the point at some length in his *Adresse à l'Assemblée nationale*:

Ce n'est pas, dis-je, pour Dieu qui est bien loin, c'est pour les hommes qui sont bien près, et avec lesquels on a des rapports très fréquents, très immédiats, qu'il faut être juste, humain, bienfaisant, vertueux; c'est pour obtenir leur estime et leur bienveillance; c'est pour vivre heureux sur la terre, le seul paradis que la raison puisse admettre; c'est pour être toujours bien avec soi-même; en un mot, c'est pour son propre intérêt. Tout bien examiné, tout pesé, tout calculé, on n'a rien de mieux à faire dans ce monde, pour soi et pour les autres, que d'être un homme de bien. La justice envers tous est l'intérêt de tous, et l'intérêt de chaque individu, comme celui des sociétés. Ces vérités purement élémentaires et qu'on peut démontrer même au méchant à qui la longue habitude du vice n'a pas entièrement aliéné l'esprit, sont la base de toute bonne morale, de toute bonne législation.[61]

This secular morality was bound to come into conflict with certain attitudes of the Catholic Church in matters of everyday life.

There was an inevitable clash over the question of usury, condemned by the Church and forbidden in a somewhat confused manner by the laws of the Ancien Régime. In the *Encyclopédie* both Jaucourt in PRÊT À INTÉRÊT and Faiguet de Villeneuve in USURE openly criticize the Church for its hostility to loans at interest.

---

[58] Vol. I, pp. 84-5.
[59] Vol. I, p. ix.
[60] *CW*, vol. 121, p. 209.
[61] pp. 53-5.

Faiguet argues that times have changed since the original condemnation of usury, and for the benefit of the whole community
he demands a clear legal recognition of the legitimacy of loans at
interest:

On reconnaîtra même que ces prêts sont très utiles au corps politique, en ce que
les riches fuyant presque toujours le travail et la peine, et par malheur les hommes
entreprenants étant rarement pécunieux, les talents de ces derniers sont le plus
souvent perdus pour la société, si le prêt de lucre ne les met en œuvre. Conséquemment on sentira que si la législation prenait là-dessus un parti conséquent
et qu'elle approuvât nettement le prêt du lucre au taux légal, elle ferait, comme
on l'a dit, le vrai bien, le bien général de la société; elle nous épargnerait des
formalités obliques et ruineuses et nous délivrerait tout d'un coup de ces vaines
perplexités qui ralentissent nécessairement le commerce national.[62]

Voltaire puts the point quite briefly in the *Dictionnaire philosophique*,
making it clear that in his view this is a matter in which the Church
has no right to interfere: 'Que le prêt à intérêt soit purement un
objet de la loi civile, parce qu'elle seule préside au commerce.'[63]
He devotes a whole article to the subject in the *Questions sur l'Encyclopédie*; this contains an amusing dialogue between a Dutchman
who is about to make a loan of 20,000 écus to a borrower, and
a Jansenist *abbé* who tells him that he will be damned unless he
makes the loan in the only form allowed by the Church, one in
which the capital is alienated in return for a perpetual annuity:
'Il n'est permis de recevoir l'intérêt de son argent que lorsqu'on
veut bien perdre le fonds. Le moyen d'être sauvé est de faire un
contrat avec monsieur; et pour vingt mille écus que vous ne
reverrez jamais, vous et vos hoirs recevrez pendant toute l'éternité
mille écus par an.' The Dutchman is not convinced by this
argument, nor is he impressed when he is told that the Sorbonne
has declared that lending money at interest is a mortal sin. This
enables Voltaire to get in a dig at the inconsistency of the French
clergy in this matter. The Dutchman replies: 'Vous vous moquez
de moi, mon ami, de citer la Sorbonne à un négociant d'Amsterdam. Il n'y a aucun de ces raisonneurs qui ne fasse valoir son
argent, quand il le peut, à cinq ou six pour cent, en achetant sur
la place des billets des fermes, des actions de la compagnie des
Indes, des rescriptions, des billets du Canada. Le clergé de France
en corps emprunte à intérêt.'[64]

Diderot devotes a section to this question in both the *Mémoires
pour Catherine II* and the *Observations sur le Nakaz*. What he criticizes,

---

[62] Vol. XVII, pp. 553a-b.
[63] *OC*, vol. XIX, p. 625.
[64] Ibid., p. 492.

however, is the Ancien Régime legislation which endeavoured to fix interest rates. This could only lead to an evasion of the law, he argues, by such devices as compelling the borrower to accept more or less worthless goods in lieu of money, a device so brilliantly described in the story of the Chevalier de Saint-Ouen in *Jacques le Fataliste*. For Diderot interest rates must be settled by the law of supply and demand without any government intervention: 'C'est donc une opération aussi ridicule de fixer un prix à l'argent que d'en fixer un aux concombres. L'argent est une denrée qu'il faut abandonner à elle-même comme les autres; elle doit hausser et baisser de prix par mille incidents divers; et toute police sur ce point ne peut qu'être absurde et nuisible.'[65]

The Constituent Assembly rapidly disposed of any clerical ban on loans at interest, though it kept control over the rates to be charged, when it decreed on 31 October 1789 that 'tous les particuliers, corps, communautés et gens de mainmorte, pourront à l'avenir prêter l'argent à terme fixe, avec stipulation d'intérêt, suivant le taux déterminé par la loi, sans entendre rien innover aux usages du commerce'.[66] The *Code civil* (Articles 1905, 1907) and a law of 8 September 1807 continued to lay down fixed interest rates, but the development of the banking system in the nineteenth century gradually led to the abandonment of State control over rates of interest though the criminal law still continued to treat usury as an offence.

Another aspect of Catholicism which came into conflict with the secular outlook of the *Philosophes* was the number of Church festivals. Once again this hostility was to some extent shared by the government. Colbert had reduced their number in the diocese of Paris, and a royal decree of 1778 cut out even more. Their excessive number, Faiguet de Villeneuve argued in his *Encyclopédie* article, FÊTES DES CHRÉTIENS, was contrary to the national interest:

Il est visible que si nous travaillons davantage, nous augmenterons par cela même la quantité de nos biens; et cette augmentation sera plus sensible encore si nous faisons beaucoup moins de dépense. Or je trouve qu'en diminuant le nombre des *fêtes*, on remplirait tout à la fois ces deux objets, puisque, multipliant par là les jours ouvrables et par conséquent les produits ordinaires du travail, on multiplierait à proportion toutes les espèces de biens, et de plus on sauverait des dépenses considérables qui sont une suite naturelle de nos *fêtes*.[67]

---

[65] *OP*, p. 455. See also *MC*, pp. 92-4.
[66] Duvergier, vol. I, pp. 44-5.
[67] Vol. VI, p. 565a.

The point was made somewhat more bluntly in the *Histoire des
Deux Indes*; the author concedes that Sunday was a useful invention:

> Mais en multipliant ces jours d'inaction, n'a-t-on pas fait pour les individus,
> pour les sociétés, un fléau de ce qui avait été établi pour leur avantage? Un sol
> que des bras nerveux, que des animaux vigoureux remueraient trois cents jours
> chaque année, ne donnerait-il pas un double produit de celui qui ne les occuperait
> que cent cinquante? Quel singulier aveuglement! Mille fois on a fait couler des
> ruisseaux de sang pour empêcher le démembrement d'un territoire, mille fois on
> en a fait couler pour donner plus d'étendue à ce territoire; et les puissances
> chargées du maintien, du bonheur des empires, ont patiemment souffert qu'un
> prêtre, et quelquefois un prêtre étranger, envahît successivement le tiers de ce
> territoire, par la diminution équivalente du travail qui pouvait seul le fertiliser.
> Ce désordre inconcevable a cessé dans plusieurs états, mais il continue au midi
> de l'Europe, C'est un des plus grands obstacles à la multiplication des subsis-
> tances, à l'accroissement de la population.[68]

However, it was Voltaire who was the chief critic of what he
regarded as an intrusion of the Church into purely secular con-
cerns; one could easily quote a dozen passages from his writings
in which he let himself go on this subject. Here a selection must
suffice. In the *Dictionnaire philosophique* under the heading LOIS
CIVILES ET ECCLÉSIASTIQUES he lays down the general principle:
'Que le magistrat seul puisse permettre ou prohiber le travail les
jours de fête, parce qu'il n'appartient pas à des prêtres de défendre
à des hommes de cultiver leurs champs.'[69] Among his numerous,
more detailed attacks is one in his *Pot-pourri* in which he tells how
a relative of his met with a refusal from his workers to plough his
land on 'la fête de sainte Barbe':

> Je suppose en France environ cinq millions d'ouvriers, soit manœuvres, soit
> artisans, qui gagnent chacun, l'un portant l'autre, vingt sous par jour, et qu'on
> force de ne rien gagner pendant trente jours de l'année, indépendamment des
> dimanches: cela fait cent cinquante millions de moins en main-d'œuvre. Quelle
> prodigieuse supériorité ne doivent point avoir sur nous les royaumes voisins qui
> n'ont ni sainte Barbe, ni d'évêque de Porrentruy! On répondit à cette objection
> que les cabarets, ouverts les saints jours de fête, produisent beaucoup aux fermes
> générales. Mon parent en convenait; mais il prétendait que c'est un léger
> dédommagement, et que d'ailleurs, si on peut travailler après la messe, on peut
> aller au cabaret après le travail. Il soutient que cette affaire est purement de
> police et point du tout épiscopale; il soutient qu'il vaut encore mieux labourer
> que de s'enivrer.[70]

With this grievance Voltaire coupled episcopal interference with
the peasants' diet during Lent, as in a letter to the *avocat général*,

---

[68] Vol. IV, p.609.
[69] *OC*, vol. XIX, p. 625.
[70] Ibid., vol. XXV, pp. 274-5.

Servan: 'C'est à vous de montrer combien il est absurde qu'un évêque se mêle de décider des jours où je puis labourer mon champ et faucher mes prés sans offenser Dieu; combien il est impertinent que des paysans qui font carême toute l'année et qui n'ont pas de quoi acheter des soles comme les évêques, ne puissent manger pendant quarante jours les œufs de leur basse-cour sans la permission de ces mêmes évêques.'[71]

In his commentary on the works of Voltaire Condorcet carries on the fight: 'Les lois sur la célébration des fêtes', he declares, 'sont un hommage rendu par la puissance civile à l'orgueil et au despotisme des prêtres. On prétend qu'il faut au peuple des jours de repos; mais pourquoi ne pas lui laisser la liberté de les choisir? Pourquoi le forcer, à certains jours, de se livrer à l'oisiveté, à la débauche, suite nécessaire de l'oisiveté d'un grand nombre d'hommes grossiers réunis?' The passage concludes with some less solemn and more satirical observations:

Quant aux règlements qui défendent certaines choses pendant le service divin et les permettent à d'autres heures, tolèrent qu'on vend des petits pâtés et ne tolèrent pas qu'on porte un habit en ville, veulent qu'on demande permission à un prêtre ou à un magistrat pour couper ses blés, exigent qu'on n'use de cette permission qu'après avoir été à la messe; ils seraient la preuve de la supersition la plus abjecte si l'argent qui en revient aux magistrats subalternes n'obligeait pas d'y supposer des vues plus profondes.'[72]

The introduction of the Revolutionary calendar in October 1793 meant the replacement of Sunday as a day of rest by the *décadi* and the substitution of *fêtes nationales* for Church festivals. While a Consular *arrêté* of 26 July 1800 gave ordinary citizens 'le droit de pourvoir à leurs besoins et de vaquer à leurs affaires tous les jours, en prenant du repos suivant leur volonté, la nature et l'objet de leur travail',[73] after the signing of the Concordat another *arrêté*, issued on 19 April 1802 and still in force, declared *fêtes légales* Sundays and four Church festivals—Christmas Day, Ascension Day, the Feast of the Assumption, and All Saints Day. When during the Restoration Catholicism again became the State religion, a law of 18 November 1814 decreed that 'les travaux ordinaires seront interrompus les dimanches et les jours de fêtes reconnues par la loi de l'État',[74] though it did allow numerous

---

[71] *CW*, vol. 119, p. 261. See also the article CARÊME in *Questions sur l'Encyclopédie* (*OC*, vol. XVIII, pp. 54-6.)

[72] *Œuvres*, vol. IV, pp. 407-8.

[73] Duvergier, vol. XII, p. 260.

[74] Ibid., vol. XIX, pp. 139-40.

exemptions from its penalties. This measure was never strictly applied, especially after the 1830 Revolution except occasionally during the Second Empire, but it was only repealed by a law of 12 July 1880. It was not, however, until the law of 13 July 1906 that all employed persons were guaranteed a weekly day of rest, whether Sunday or, if conditions required it, some other day.

Voltaire's letter to Servan quoted above contains mention of another example of what he regarded as priestly encroachment. 'Qu'ils bénissent nos mariages', he continues, 'à la bonne heure; mais leur appartient-il de décider des empêchements? Tout cela ne doit-il pas être du ressort des magistrats? et ne portons-nous pas encore aujourd'hui les restes de ces chaînes de fer dont ces tyrans sacrés nous ont chargés autrefois? Les prêtres ne doivent que prier Dieu pour nous, et non pas nous juger.' Despite his secular attitude to marriage Voltaire does concede that *curés* perform a useful function in registering births, deaths, and marriages.'[75] On the other hand in the article DROIT CANONIQUE in the *Questions sur l'Encyclopédie* he does go so far as to maintain that the civil authority must exercise some control over the way these registers are kept: 'On convient d'abord que le magistrat doit veiller sur la forme des registres publics des mariages, des baptêmes, des morts, sans aucun égard à la croyance des divers citoyens de l'État.'[76]

However, other *Philosophes* insisted that this important function must be taken out of the hands of the clergy and transferred to the secular authorities. 'N'est-il pas bien étrange', asked Diderot in his *Mémoires pour Catherine II*, 'que l'Église soit restée la déposi-taire des trois actes les plus importants de la vie, la naissance, le mariage et la mort?'[77] In June 1790 Condorcet published an article on the relations between Church and State in which he demanded among other things 'que les actes qui constatent la naissance, le mariage, et la mort des citoyens soient soustraits à une autorité étrangère et ne reçoivent leur authenticité que d'officiers civils établis par la loi'.[78] In October 1791, when he had become a member of the Legislative Assembly, he introduced a motion requiring the Comité de Législation to present 'un projet de loi sur les formes qui constatent, d'une manière uniforme et indépendante de toute religion, les naissances, les mariages et les morts de tous les citoyens'.[79]

---

[75] In the *Dîner du comte de Boulainvilliers* (*OC*, vol. XXVI, p. 559) and *L'A.B.C.* (vol. XXVII, p. 364).

[76] *OC*, vol. XVIII, p. 441.

[77] p. 204.

[78] *Œuvres*, vol. X, p. 100.

[79] Ibid., vol. XII, p. 13.

Voltaire does, however, take a completely secular view of marriage as a matter to be regulated entirely by the civil authorities. In the article LOIS CIVILES ET ECCLÉSIASTIQUES in the *Dictionnaire philosophique* he lays down the principle 'que tout ce qui concerne les mariages dépende uniquement du magistrat et que les prêtres s'en tiennent à l'auguste fonction de les bénir'.[80] He goes further in the *Questions sur l'Encyclopédie* where in the article DROIT CANONIQUE he maintains that, since marriage is basically a contract, it can exist without any religious ceremony:

Le mariage, dans l'ordre civil, est une union légitime de l'homme et de la femme pour avoir des enfants, pour les élever, et pour leur assurer les droits des propriétés sous l'autorité de la loi. Afin de constater cette union, elle est accompagnée d'une cérémonie religieuse, regardée par les uns comme un sacrement, par les autres comme une pratique de culte public, vraie logomachie qui ne change rien à la chose. Il faut donc distinguer deux parties dans le mariage: le contrat civil ou l'engagement naturel, et le sacrement ou la cérémonie sacrée. Le mariage peut donc subsister avec tous ses effets naturels et civils, indépendamment de la cérémonie religieuse. Les cérémonies même de l'Église ne sont devenues nécessaires, dans l'ordre civil, que parce que le magistrat les a adoptées.

He then goes on to hint pretty clearly that the civil authority can and should change this state of affairs when he writes: 'Le prêtre est aujourd'hui le magistrat que la loi a désigné librement en certains pays pour recevoir la foi de mariage. Il est très évident que la loi peut modifier ou changer, comme il lui plaît, l'étendue de cette autorité ecclésiastique.'[81] Acting on the principle which he expounded so amusingly in *L'Homme aux quarante écus*—'Je suis bien vieux; j'aime quelquefois à répéter mes contes, afin de les inculquer mieux dans la tête des petits garçons, pour lesquels je travaille depuis si longtemps'[82]—Voltaire repeats the message in MARIAGE:

Le mariage est un contrat du droit des gens, dont les catholiques ont fait un sacrement.

Mais le sacrement et le contrat sont deux choses trés différentes: à l'un sont attachés les effets civils, à l'autre les grâces de l'Église.

Ainsi lorsque le contrat se trouve conforme au droit des gens, il doit produire tous les effets civils. Le défaut de sacrement ne doit opérer que la privation des grâces spirituelles.[83]

---

[80] *OC*, vol. XIX, p. 625.
[81] Ibid., vol. XVIII, pp. 442-3.
[82] *Romans et Contes*, p. 442.
[83] *OC*, vol. XX, p. 27.

With this secular outlook on marriage it was inevitable that the *Philosophes* should challenge the Church's insistence on its indissolubility.

After Montesquieu's attack on this conception of marriage in the *Lettres persanes*,[84] in the 1730s d'Argens put the case in his *Lettres juives* for allowing divorce when a marriage had broken down:

S'il était permis en France, en Angleterre, en Allemagne, etc. d'épouser une seconde femme lorsque la première ne devient point mère, ou qu'on fût le maître de la répudier lorsque son humeur ne peut sympathiser avec celle de son mari, que de débauches outrées, que de crimes affreux n'éviterait-on pas! On permettrait à deux personnes qui se souhaitent mutuellement la mort et qui ne peuvent se supporter, d'en chercher d'autres avec qui elles pussent vivre plus cordialement.[85]

Although in the article DIVORCE in the *Encyclopédie* the lawyer, Boucher d'Argis, sets out the official doctrine—'Le *divorce* est certainement contraire à la première institution du mariage, qui de sa nature est indissoluble'[86]—other voices are to be heard. Into a short grammatical article Diderot insinuates a very different view:

*INDISSOLUBLE, adj. (*Gram.*), qui ne peut être dissous, rompu. Le mariage est un engagement *indissoluble*. L'homme sage frémit a l'idée seule d'un engagement *indissoluble*. Les législateurs qui ont préparé aux hommes des liens *indissolubles*, n'ont guère connu son inconstance naturelle. Combien ils ont fait de criminels et de malheureux![87]

While Jaucourt argues fairly prudently against the indissolubility of marriages in MARIAGE (*Droit naturel*), Damilaville makes a brutal attack on the Christian attitude to sex and marriage in POPULATION:

Le christianisme n'a pas proprement pour objet de peupler la terre; son vrai but est de peupler le ciel. Ses dogmes sont divins, et il faut convenir que cette religion sainte y réussirait si sa croyance était universelle et si l'impulsion de la nature n'était malheureusement plus forte que toutes les opinions dogmatiques.

Ce culte proscrit le divorce que permettaient les anciens, et en cela il devient un obstacle aux fins du mariage. Ajoutez que la pureté de sa morale réduit l'acte de la génération à l'insipidité du besoin physique et condamne rigoureusement les attraits du sentiment qui peuvent y inviter, et vous conclurez que des êtres enchaînés dans de semblables fers ne se porteront guère à en procréer d'autres. D'ailleurs si l'un des deux n'est pas propre à la génération, la vertu prolifique de l'autre reste nulle et en pure perte pour la société.[88]

[84] Letter 116.
[85] Vol. III, p. 171.
[86] Vol. IV, p. 1083a.
[87] Vol. VIII, p. 684a.
[88] Vol. XIII, p. 92a.

The attitude adopted by all three contributors is an entirely secular one.

D'Holbach makes the expected assault on the indissolubility of marriage in the *Système social* and he does so in strong terms:

Par l'indissolubilité du mariage établie dans un grand nombre de nations européennes la religion et la politique semblent avoir résolu d'empoisonner dans la source même le bonheur des citoyens. Est-il rien de plus absurde, de plus injuste, de plus tyrannique que de forcer deux époux qui se haïssent, qui se méprisent, qui chaque jour deviennent plus insupportables l'un à l'autre, de vivre ensemble dans l'amertume et la discorde, sans laisser à leurs peines d'autre terme que la mort? Des institutions si peu raisonnables doivent nécessairement amener la corruption des mœurs.[89]

In his later *Éthocratie* he goes so far as to suggest that laws which are based not on prejudice, but on nature, should provide 'les plus grandes facilités' in divorce.[90] How far these should go he does not attempt to specify.

In *De l'homme* Helvétius makes a similar attack on the indissolubility of marriage: '*La volonté de l'homme est ambulatoire*, disent les lois, et les lois ordonnent l'indissolubilité du mariage: quelle contradiction! Que s'ensuit-il? Le malheur d'une infinité d'époux. Or le malheur engendre entre eux la haine, et la haine souvent les crimes les plus atroces.' The views which he expounds on the subject of divorce, particularly his solution to the awkward problem of what is to happen to the children, were such as to arouse Diderot's immediate objections. For Helvétius everything in divorce could be extremely simple:

Que les mâles restent aux pères et les filles à la mère; qu'on assigne dans les contrats de mariage telle somme pour l'éducation des enfants venus avant le divorce; que le revenu des dîmes et des hôpitaux soit appliqué à l'entretien de ceux dont les parents sont sans bien et sans industrie; l'inconvénient du divorce sera nul et le bonheur des époux assuré. Mais, dira-t-on, que de mariages dissous par une loi si favorable à l'inconstance humaine! L'expérience prouve le contraire.[91]

That Diderot was strongly in favour of divorce we have already seen. One of the many advantages of its introduction, he points out in his *Mémoires pour Catherine II*, would be that 'le divorce, consenti par les tribunaux civils, ramène le mariage de l'autorité ecclésiastique vers l'autorité publique'. He was, however, more aware than Helvétius of the problems involved. 'Que cette

[89] Vol. III, pp. 131-2.
[90] p. 209.
[91] Vol. II, pp. 490, 271.

question est difficile!' he exclaims, 'Car il y a le cas des souverains et celui où le divorce n'est demandé que par un des deux époux.' The problem of what was to be done with the children when a marriage was dissolved was not one to which either here or in the *Observations sur le Nakaz*[92] he felt that he could offer any satisfactory solution:

Regardés comme des étrangers dans les maisons de leurs pères et mères remariés, ils seraient trop malheureux. Peut-être leur vie n'y serait-elle pas en sûreté, car que l'intérêt ne suggère-t-il pas?

Le point embarrassant, ce sont les tuteurs. Il est malheureusement d'expérience que les parents sont de mauvais tuteurs, les indifférents des tuteurs pires que les parents, et les magistrats des tuteurs pires encore que les parents et les indifférents.[93]

Diderot was obviously somewhat exasperated by Helvétius's complacent attitude in face of such problems.[94]

The subject of divorce comes up only incidentally in the *Histoire des Deux Indes* in a chapter dealing with the Indian tribes in Canada, some of which are said to practise polygamy: 'Les peuples même qui ne pratiquent pas la polygamie, se sont au moins réservé le divorce. L'idée d'un lien indissoluble n'est pas encore entrée dans l'esprit de ces hommes libres jusqu'à la mort. Quand les gens mariés ne se conviennent pas, ils se séparent de concert et partagent entre eux les enfants. Rien ne leur paraît plus contraire aux lois de la nature et de la raison que le système opposé des chrétiens.'[95]

In one of his last works, the *Prix de la justice et de l'humanité*, Voltaire makes a strong attack on canon law and on the inadequacy of a judicial separation to deal with a marriage which has completely broken down:

Cette étrange jurisprudence, qui fut longtemps l'unique loi, ne considère dans le mariage qu'*un signe visible d'une chose invisible*, de sorte que, deux époux étant séparés par les lois de l'État, la chose invisible subsiste encore quand le signe visible est détruit. Les deux époux sont réellement divorcés, et cependant ils ne peuvent, par la loi, se pourvoir ailleurs. Des paroles inintelligibles empêchent un homme séparé légalement de sa femme d'en avoir légalement une autre, quoiqu'elle lui soit nécessaire. Il reste à la fois marié et célibataire.[96]

Earlier, in the article ADULTÈRE in the *Questions sur l'Encyclopédie*, he had dealt with the question of divorce in a more concrete fashion

---

[92] *OP*, pp. 435-6.
[93] *MC*, pp. 204-5.
[94] *OC (AT)*, vol. II, p. 441.
[95] Vol. IV, p. 20.
[96] *OC*, vol. XXX, p. 564.

by composing, first, a *Mémoire d'un magistrat,* in which a husband who is legally separated from his wife, but cannot remarry, argues in favour of divorce, and then a *Mémoire pour les femmes,* allegedly composed by a woman who has been confined in a convent by her husband for committing one infidelity against his many.[97]

This discrimination against women was a notable feature of the prevailing state of the law as defined by Toussaint in the article ADULTÈRE in the *Encyclopédie.* 'Quoique le mari qui viole la foi conjugale', he writes, 'soit coupable aussi bien que la femme, il n'est pourtant point permis à celle-ci de l'en accuser ni de le poursuivre par raison de ce crime.' After retailing a list of ferocious punishments meted out in the past in a variety of countries to both partners in adultery, he adds: 'Les lois concernant l'*adultère* sont à présent bien mitigées. Toute la peine qu'on inflige à la femme convaincue d'*adultère,* c'est de la priver de sa dot et de toutes les conventions matrimoniales, et de la reléguer dans un monastère.' As if astonished at such tolerance, he continues: 'On ne la fouette même pas, de peur que si le mari se trouvait disposé à la reprendre, cet affront public ne l'en détournât.'[98]

In his commentary on Voltaire Condorcet praises the example set by Joseph II in promulgating new laws on marriage: 'L'empereur Joseph II vient de donner à ses peuples une nouvelle législation sur les mariages. Par cette législation le mariage devient ce qu'il doit être, un simple contrat civil. Il a également autorisé le divorce, sans exiger d'autre motif que la volonté constante des deux époux.' On the subject of adultery he maintains that it is 'un crime en morale, mais il ne peut être un délit punissable par les lois... Au reste, en laissant au mari comme à la femme la liberté de faire divorce, toute peine contre l'adultère devient inutile.'[99]

It was left to the Legislative Assembly and the Convention to give satisfaction to the *Philosophes'* demand for the secularization of marriage and for the State registration of births, deaths, and marriages. The Constituent Assembly did not get beyond stating general principles in the constitution of 1791: 'La loi ne considère le mariage que comme contrat civil. - Le Pouvoir législatif établira pour tous les habitants, sans distinction, le mode par lequel les naissances, mariages et décès seront constatés; et il désignera les officiers publics qui en recevront et conserveront les actes' (Titre II, Art. 7). It was only towards the very end of its life, on 20 September

[97] Ibid., vol. XVII, pp. 68-72.
[98] Vol. I, p. 151a-b.
[99] *Œuvres,* vol. IV, pp. 444, 326.

1792, after debates spread over several months, that the Legislative Assembly took such matters out of the hands of the Church by a law, the first clause of which reads: 'Les municipalités recevront et conserveront à l'avenir les actes destinés à constater les naissances, mariages et décès.'[100]

The section on marriage fulfilled the demands of the *Philosophes* on three points. Whereas the Catholic Church had established a great many impediments to marriage, extending to a ban on unions between the grandchildren of first cousins, the secular power now laid down rules of its own which were much less restrictive: 'Le mariage est prohibé entre les parents naturels et légitimes en ligne directe, entre les alliés dans cette ligne, et entre le frère et la sœur.'[101] The marriage ceremony itself would take place 'dans la maison commune du lieu du domicile de l'une des parties'. 'Le mariage', the text continues, 'sera contracté par la déclaration que fera chacune des parties, à haute voix, en ces termes: *Je déclare prendre (le nom) en mariage.* Aussitôt après cette déclaration faite par les parties, l'officier public, en leur présence et en celle des mêmes témoins, prononcera, au nom de la loi, qu'elles sont unies en mariage.'[102] It was, however, made clear that, with marriages as with births and deaths, citizens were still free to celebrate them 'par les cérémonies du culte auquel ils sont attachés et par l'intervention des ministres de ce culte'.[103] Less liberal in this respect, Napoleonic legislation insisted on the civil marriage preceding any religious ceremony and this still remains the law today. The *Code pénal* imposed stiff penalties on clergymen who violated the law more than once:

199. Tout ministre d'un culte qui procédera aux cérémonies religieuses d'un mariage, sans qu'il lui ait été justifié d'un acte de mariage préalablement reçu par les officiers de l'état civil, sera, pour la première fois, puni d'une amende de seize francs à cent francs.

200. En cas de nouvelles contraventions de l'espèce exprimée dans l'article précédent, le ministre du culte qui les aura commises, sera puni: savoir - Pour la première récidive, d'un emprisonnement de deux à cinq ans; - Et pour la seconde, de la déportation.

These penalties are still applicable today except that the fine is increased to 1,000F and deportation is replaced by 'la détention criminelle de dix à vingt ans'.

[100] Duvergier, vol. IV, p. 482.
[101] Ibid., p. 484.
[102] Ibid., pp. 485-6.
[103] Ibid., p. 488.

An even more radical law was passed on 20 September 1792 introducing divorce; this was only passed against strong opposition. The law abolished judicial separation and allowed of divorce on a wide range of grounds:

Art. 2. Le divorce a lieu par le consentement mutuel des époux.

3. L'un des époux peut faire prononcer le divorce sur la simple allégation d'incompatibilité d'humeur ou de caractère.

4. Chacun des époux peut également faire prononcer le divorce sur des motifs déterminés; savoir: 1° sur la démence, la folie ou la fureur de l'un des époux; 2° sur la condamnation de l'un d'eux à des peines afflictives ou infamantes; 3° sur les crimes, sévices ou injures graves de l'un envers l'autre; 4° sur le dérèglement de mœurs notoire; 5° sur l'abandon de la femme par le mari, ou du mari par la femme pendant deux ans au moins; 6° sur l'absence de l'un d'eux, sans nouvelles, au moins pendant cinq ans; 7° sur l'émigration, dans les cas prévus par les lois ...[104]

By a law of 23 April 1794 the Convention made divorce even easier, but as in many other spheres there was a reaction with Napoleon. If divorce was retained in the *Code civil*, it was largely because he already had in mind the possibility of divorcing the Empress Josephine. It was made much more difficult. 'Incompatibilité d'humeur' was no longer allowed as a ground for divorce, and, though divorce by mutual consent was retained, every effort was made to ensure that it became very rare. The number of specified grounds for divorce was reduced from seven to three— adultery, 'excès, sévices ou injures graves', and sentence of one of the parties to a 'peine infamante'. The most striking feature of this section of the *Code civil* is the very unequal treatment meted out to men and women as in these two clauses:

229. Le mari pourra demander le divorce pour cause d'adultère de sa femme.

230. La femme pourra demander le divorce pour cause d'adultère de son mari, lorsqu'il aura tenu sa concubine dans la maison commune.

These provisions did not remain in force for long. With the collapse of the Empire and the clerical reaction of the Restoration came a drastic revision of this section of the *Code civil*. A law of 8 May 1816, passed by enormous majorities in both houses of Parliament, has as its first clause the stark sentence: 'Le divorce est aboli.'[105] Attempts to reintroduce it after the revolutions of 1830 and 1848 ended in failure. It was only after the final establishment of the Third Republic that divorce was again made possible

---

[104] Ibid., p. 477.
[105] Ibid., vol. XX, p. 379.

by a law of 27 July 1884, known as the *Loi Naquet*. Thus the campaign in favour of divorce led by the *Philosophes* had taken a good hundred years to achieve final victory.

They had also been opposed to the inequality in the treatment of adultery. When the Constituent Assembly was drawing up a new penal code, a clause in the bill brought forward by the relevant committee came up for discussion on 7 July 1791. It read:

Art. X. La femme convaincue de ce délit sera punie, selon les circonstances, d'un an, de dix-huit mois ou de deux années d'emprisonnement, et de la déchéance des conventions matrimoniales établies en sa faveur. La dot ne sera point confisquée; le mari en aura la jouissance, quelles que soient les clauses du contrat de mariage, à la charge toutefois d'une pension alimentaire, ainsi qu'elle sera réglée par le juge; le mari pourra à chaque instant faire cesser la peine, en déclarant qu'il consent à recevoir sa femme dans sa maison. Le complice de la femme sera condamné à une amende du huitième de sa fortune, et à un emprisonnement de trois mois.[106]

This clause aroused protests as being unfair to women, and it was also argued that the question needed to be considered in relation to that of divorce. The matter was referred back, and in practice none of the penal laws passed by the Revolutionary assemblies dealt with adultery. The Napoleonic Penal Code treated harshly a married woman and her partner in adultery, while an erring husband got off lightly:

337. La femme convaincue d'adultère subira la peine de l'emprisonnement pendant trois mois au moins et deux ans au plus. - Le mari restera le maître d'arrêter l'effet de cette condamnation, en consentant à reprendre sa femme.

338. Le complice de la femme adultère sera puni de l'emprisonnement pendant le même espace de temps, et, en outre, d'une amende de cent francs à deux mille francs ...

339. Le mari qui aura entretenu une concubine dans la maison conjugale, et qui aura été convaincu sur la plainte de la femme, sera puni d'une amende de cent francs à deux mille francs.

What is more, Article 324 states that 'dans le cas d'adultère, prévu par l'article 336, le meurtre commis par l'époux sur son épouse, ainsi que sur le complice, à l'instant où il les suprend en flagrant délit dans la maison conjugale, est excusable'.

These provisions remained in the Penal Code down to our own day; they were finally repealed by a law of 11 July 1975.

Whatever the differences in their attitude to religion which ranged from various forms of a somewhat vague deism to out-and-out atheism, the *Philosophes* believed passionately in toleration;

[106] *Moniteur*, vol. IX, p. 67.

they criticized severely the treatment meted out to the Protestant minority from the time of Louis XIV onwards. Even a work like the *Encyclopédie*, in which the contributors were often compelled to veil their views discreetly, contains some outspoken attacks on this policy. In one of the early volumes we find, for instance, a brief, but pungent article by Jaucourt:

DRAGONNADE, s.f. (*Hist. mod.*), nom donné par les calvinistes à l'exécution faite contre eux en France en 1684. Vous trouverez dans l'histoire du *Siècle de Louis XIV* l'origine du mot *dragonnade* et des détails sur cette exécution que la nation condamne unanimement aujourd'hui. En effet toute persécution est contre le but de la bonne politique et, ce qui n'est pas moins important, contre la doctrine, contre la morale de la religion qui ne respire que douceur, que charité, que miséricorde.[107]

Diderot and his contributors lived in a France in which the legislation against Protestants was still in force and in which pastors were still being hanged and their lay followers sent to the galleys. Among several other articles one could quote is RÉFUGIÉS, unsigned but attributed to Diderot by Naigeon:

RÉFUGIÉS (*Hist. mod. politiq.*) C'est ainsi que l'on nomme les protestants français que la révocation de l'édit de Nantes a forcés de sortir de France et de chercher un asile dans les pays étrangers afin de se soustraire aux persécutions qu'un zèle aveugle et inconsidéré leur faisait éprouver dans leur patrie. Depuis ce temps la France s'est vue privée d'un grand nombre de citoyens qui ont porté à ses ennemis des arts, des talents et des ressources dont ils ont souvent usé contre elle. Il n'est point de bon Français qui ne gémisse depuis longtemps de la plaie profonde causée au royaume par la perte de tant de sujets utiles. Cependant, à la honte de notre siècle, il s'est trouvé de nos jours des hommes assez aveugles ou assez impudents pour justifier aux yeux de la politique et de la raison la plus funeste démarche qu'ait jamais pu entreprendre le conseil d'un souverain. Louis XIV, en persécutant les protestants, a privé son royaume de près d'un million d'hommes industrieux qu'il a sacrifiés aux vues intéressées et ambitieuses de quelques mauvais citoyens qui sont les ennemis de toute liberté de penser parce qu'ils ne peuvent régner qu'à l'ombre de l'ignorance. L'esprit persécuteur devrait être réprimé par tout gouvernement éclairé.[108]

Although this article undoubtedly exaggerates the economic damage done to France by the Revocation of the Edict of Nantes, it does show Diderot's strong feelings on the subject.

'Le défenseur des Calas' held equally strong views, though, as usual, he tends to be much more specific in his criticisms of government policy and in his suggestions for change. Thus in his *Commentaire sur le livre des délits et des peines*, when he attacks the

---

[107] Vol. V, pp. 104b-105a.
[108] Vol. XIV, p. 907a.

penalty of confiscation, he cites an example of the working of the law of 1724 against Huguenots: 'Ainsi lorsqu'un père de famille aura été condamné aux galères perpétuelles par une sentence arbitraire, soit pour avoir donné retraite chez soi à un prédicant, soit pour avoir écouté son sermon dans quelque caverne ou dans quelque désert, la femme et les enfants sont réduits à mendier leur pain.'[109] In the article MARIAGE in the *Questions sur l'Encyclopédie* he devotes a long passage to one of the most serious disabilities from which the Protestants suffered and which was to be removed only just before the collapse of the Ancien Régime: 'On compte aujourd'hui dans le royaume un million de protestants, et cependant la validité de leur mariage est encore un problème dans les tribunaux.'[110] Yet despite his undoubted sympathy for their cause if not for their beliefs, Voltaire did not think it possible to propose to the authorities that Calvinists should be offered a greater degree of toleration than that enjoyed at the time by Catholics in this country. In the *Traité sur la tolérance*, published in 1763, he speaks of a number of heads of families who had made a fortune abroad and now wished to return to France, but who sought only a very limited degree of toleration:

Ils ne demandent que la protection de la loi naturelle, la validité de leurs mariages, la certitude de l'état de leurs enfants, le droit d'hériter de leurs pères, la franchise de leurs personnes; point de temples publics, point de droit aux charges municipales, aux dignités: les catholiques n'en ont ni à Londres ni en plusieurs autres pays. Il ne s'agit plus de donner des privilèges immenses, des places de sûreté à une faction, mais de laisser vivre un peuple paisible, d'adoucir des édits autrefois peut-être nécessaires et qui ne le sont plus. Ce n'est pas à nous d'indiquer au ministère ce qu'il peut faire; il suffit de l'implorer pour des infortunés.[111]

Nine years later, it is true, in his *Réflexions philosophiques sur le procès de mademoiselle Camp*, he had moved a little further in the direction of proposing to restore full civil rights to Calvinists. Here he points to the position of Protestants in the frontier province of Alsace: 'Les luthériens ont joui sans interruption de tous les droits de citoyens depuis que le roi est en possession de cette belle province. Leurs mariages sont reconnus légitimes, ils partagent les charges municipales avec les catholiques. L'université de Strasbourg leur appartient tout entière. Les calvinistes même y possèdent quatre temples. Ces trois religions vivent en

---

[109] *OC*, vol. XXV, p. 570.
[110] Ibid., vol. XX, p. 29.
[111] Ibid., vol. XXV, p. 37.

paix comme dans l'empire.'[112] However, Voltaire was not to live to see even the very small alleviation in the position of the Huguenots brought about by the law of 1787.

The position of the Protestant minority also aroused strong feelings in d'Alembert as we see from some of his letters to Frederick. In 1775 he writes :

Nos évêques viennent de demander au roi que les enfants des protestants soient déclarés bâtards et que les vœux monastiques puissent se faire à seize ans. Voilà des demandes bien dignes de nos évêques. Le roi y a répondu avec sagesse, et toute la nation espère que ce prince se rendra sur ces deux points aux vœux que tous les bons citoyens font depuis longtemps, qu'on accorde à tous les Français sans distinction l'état civil, et qu'on ne puisse pas disposer de sa liberté à un âge où on ne peut pas disposer de son bien.

In another letter to Frederick written in 1782, not long before his death, he speaks of 'l'absurdité actuelle de nos lois au sujet des protestants que l'amour de la patrie fait rester encore en France, avec la crainte de voir leurs malheureux enfants déclarés illégitimes et privés des droits de citoyen. Quelle honte pour notre siècle qu'il faille croire en France à la transsubstantiation (voilà un terrible mot à prononcer et à écrire), pour avoir le droit de recueillir l'héritage de ses pères!'[113]

If all that the *Histoire des Deux Indes* offers on the position of the Protestants is a long and eloquent attack by Diderot on the Revocation of the Edict of Nantes,[114] there is much more to be found in the writings of Condorcet who played an active part in the campaign to secure certain fundamental rights for them. His writings on the subject, published in 1781 under the title of *Recueil de pièces sur l'état des Protestants en France*, show that, like Voltaire, he did not see any possibility of the government conceding to the Calvinists their full rights as citizens, free to engage in public worship and to enter any profession of their choice on terms of absolute equality with Catholics. The second clause of a draft law which he produces on the position of the Protestants reads: 'La religion catholique, apostolique et romaine sera la seule religion de l'État, et la seule dont le culte public soit permis dans nos états',[115] and, while in his commentary on it Condorcet puts forward the arguments for freedom of public worship and for every religious sect being responsible for meeting the expenses this involved, he finally

---

[112] Ibid., vol. XXVIII, p. 555.
[113] Frederick, *Œuvres*, vol. XXV, pp. 33, 235.
[114] Vol. IV, pp. 107-13.
[115] *Œuvres*, vol. V, p. 469.

concludes: 'Nous adoptons ici des principes plus modérés, et nous croyons que cet article ne contient rien qui soit contraire aux droits des citoyens.'[116] The draft law contains a solution only for the most urgent of the problems facing French Protestants at this date by providing for civil registration of their births, deaths, and marriages. One consequence of the civil marriage which they would be offered is that it would open up the possibility of divorce; clause XX of the draft law reads: 'Les mariages contractés sous cette forme ne pouvant être regardés comme un sacrement, et ne devant point participer de son indissolubilité, les époux pourront demander le divorce par une requête présentée au juge, lequel convoquera une assemblée composée d'un égal nombre de parents de chacun des deux conjoints.'[117] However, in another part of the *Recueil*, in his *Lettre de M. ***, avocat au parlement de Pau, à M. ***, professeur de droit canon à Cahors*, which is more moderate in tone, the proposal for divorce is dropped.[118]

The general principles of toleration, the freedom for all forms of religious belief and unbelief, for which the *Philosophes* stood are so well known that it is unnecessary to document them in any great detail. Following on Montesquieu's *Lettres persanes*,[119] we encounter Voltaire's *Lettres philosophiques* with its famous sentence 'Un Anglais comme homme libre va au ciel par le chemin qui lui plaît'[120] and d'Argens's *Lettres juives* which proclaims the principle that government and religion are two quite separate things:

Si l'on établissait une fois dans toute l'Europe d'une manière ferme et stable que la religion n'a rien de commun avec le gouvernement, de quel bonheur tous les peuples ne jouiraient-ils pas, et quelle tranquillité les rois ne goûteraient-ils point sur leur trône? Que leur importe-t-il que quelques-uns de leurs sujets chantent en français, en anglais, en hollandais ou en allemand et que quelques autres psalmodient en latin; qu'il y en ait qui s'assemblent le samedi et d'autres le dimanche; pourvu qu'ils aiment leur patrie, qu'ils paient exactement les impôts, et qu'ils soient utiles à la société?[121]

The *Encyclopédie* also has its quota of articles on this subject, including both attacks on intolerance such as Deleyre's FANATISME and Diderot's eloquent INTOLÉRANCE and a positive plea for toleration in TOLÉRANCE, the work of the young Protestant pastor, Jean Edme Romilly, which is less liberal in that he refuses to

---

[116] Ibid., p. 473.
[117] Ibid., pp. 499-500.
[118] Ibid., p. 553.
[119] Letters 60 and 85.
[120] Vol. I, p. 61.
[121] Vol. IV, p. 107.

extend toleration to atheists. Helvétius has his piece to say on the subject both in *De l'esprit* and *De l'homme*[122] and d'Holbach even more frequently in his more numerous writings.[123]

Voltaire's *Traité sur la tolérance* brings together the threads of an argument which he had pursued and continued to the end of his life to pursue in all manner of writings, including his correspondence. In a letter to d'Alembert he defends the *Philosophes* against a charge which has been levied against them for the last two hundred years—that they themselves were guilty of intolerance:

Je sais bien qu'on dit que les philosophes demandent la tolérance pour eux; mais il est bien fou et bien sot de dire *que, quand ils y seront parvenus, ils ne toléreront plus d'autre religion que la leur*; comme si les philosophes pouvaient jamais persécuter ou être à portée de persécuter. Ils ne détruiront certainement pas la religion chrétienne, mais le christianisme ne les détruira pas, leur nombre augmentera toujours.[124]

Diderot too rejects the charge of intolerance in his retort to Frederick's attack on d'Holbach's *Essai sur les préjugés*:

L'intolérant est un homme odieux. Il s'agit bien d'amener les hommes à une manière uniforme de penser en matière de religion; il s'agit de séparer l'idée de probité de l'idée de l'existence de Dieu; il s'agit de persuader que quel que soit le culte que l'on rende à Dieu, il est compatible avec la vertu morale; que comme il y a nombre de fripons qui vont à la messe, il y a nombre d'honnêtes gens qui n'y vont pas. Et que les hommes pensent de Dieu ce qu'ils voudront, pourvu qu'ils laissent en paix ceux qui en pensent autrement qu'eux.[125]

There is an interesting passage on the same subject in Condorcet's commentary on Voltaire's *Traité sur la tolérance*:

On a dit dans quelques brochures que les libres penseurs étaient intolérants; ce qui est absurde, puisque liberté de penser et tolérance sont synonymes. La preuve en était plaisante; c'est qu'ils se moquaient, disait-on, de leurs adversaires, et qu'ils se plaignaient des prérogatives odieuses on nuisibles usurpées par le clergé. Il n'y a point d'intolérance à tourner en ridicule de mauvais raisonneurs. Si ces mauvais raisonneurs étaient tolérants et honnêtes, cela serait dur; s'ils sont insolents et persécuteurs, c'est un acte de justice, c'est un service rendu au genre humain. Mais ce n'est jamais intolérance; se moquer d'un homme, ou le persécuter, sont deux choses bien distinctes.[126]

A strong plea for toleration was made by Marmontel, one of the most lukewarm of the *Philosophes*, in the famous fifteenth

[122] *De l'esprit*, pp. 224-6, 234-6; *De l'homme*, vol. II, pp. 367, 421-2.
[123] e.g. in *La Politique naturelle*, vol. II, p. 79; *Éthocratie*, p. 23; *La Morale universelle*, vol. I, pp. 143-4.
[124] *CW*, vol. 111, p. 218.
[125] *OP*, p. 141.
[126] *Œuvres*, vol. IV, p. 262.

chapter of his *Bélisaire*, which got him into trouble with the Sorbonne, though not with the civil authorities, when it appeared in 1767. Diderot continued to express his ideas on toleration in private, both in a letter to Viallet in 1766[127] and in 'Sur la tolérance' in the *Mémoires pour Catherine II*.[128] He was able to expound the same ideas in public in one of his numerous contributions to the *Histoire des Deux Indes* where he makes another plea for complete freedom for all religious sects:

> Par une impulsion fondée dans la nature même des religions, le catholicisme tend sans cesse au protestantisme, le protestantisme au socinianisme, le socinianisme au déisme, le déisme au scepticisme. L'incrédulité est devenue trop générale pour qu'on puisse espérer avec quelque fondement de redonner aux anciens dogmes l'ascendant dont ils ont joui durant tant de siècles. Qu'ils soient toujours librement suivis par ceux de leurs sectateurs que leur conscience y attache, par tous ceux qui y trouvent des consolations et un encouragement à leurs devoirs de citoyen; mais que toutes les sectes dont les principes ne contrarieront pas l'ordre public, trouvent généralement la même indulgence.[129]

In *De l'influence de la Révolution d'Amérique sur l'Europe*, published in 1786, Condorcet praises the Act for Religious Liberty of Virginia for establishing freedom of conscience, and he also quotes from a recent work of Mirabeau: 'M. le comte de Mirabeau a dit avec raison, avant que l'Europe connût l'établissement de cette loi: ''Vous parlez de tolérance! et il n'est pas un pays sur la terre, je n'en excepte pas les nouvelles républiques américaines, où il suffise à un homme de pratiquer les vertus sociales pour participer à tous les avantages de la société.'' '[130]

Now that the principle is accepted that every man is free to have any or no religious beliefs, the innumerable attacks on intolerance and the repeated statement of the case for religious toleration which are to be found in the writings of the *Philosophes* seem pretty obvious stuff. Yet the hostility which such ideas encountered at the time shows that the struggle between the *Philosophes* and the Catholic Church in France was no sham fight. Their plea for toleration was dismissed as mere *tolérantisme*, in the worst sense of the word. 'Vous flétrissez l'indulgence, la tolérance du nom *tolérantisme*, comme si c'était une hérésie,' wrote Voltaire in a letter of 1768.[131] Even quite mild articles in the *Encyclopédie* such as the anonymous CHRISTIANISME and Jaucourt's CONSCIENCE

---

[127] Roth-Varloot, vol. VI, pp. 232-3.
[128] pp. 97-102.
[129] Vol. IV, p. 468.
[130] *Œuvres*, vol. VIII, p. 50.
[131] *CW*, vol. 117, p. 135.

(LIBERTÉ DE) were severely censured by orthodox critics of the 1750s for advocating toleration. In 1754, for instance, the author of CHRISTIANISME was castigated for declaring that 'l'intolérance du *christianisme* se borne à ne pas admettre dans sa communion ceux qui voudraient lui associer d'autres religions, et non à les persécuter'.[132] No, his critic retorts, it is for the State to back up the Church in its fight against all forms of free thought:

L'Église n'a en main que des armes spirituelles; tout ce qu'elle peut faire, c'est de ne point admettre dans sa communion l'infidèle qui ne la connaît pas ou qui refuse de l'écouter, en retrancher l'opiniâtre qui persévère dans l'erreur qu'elle a proscrite, prononcer des anathèmes, condamner à des peines canoniques. C'est une juridiction à laquelle on peut facilement se soustraire et que l'indifférent ne reconnaît ni ne redoute.

Mais le souverain est le maître de ses états; il a le pouvoir de porter des lois pour faire observer celles de l'Église et de les faire exécuter. Il peut exclure *des arts, des charges, des emplois les plus importants* et condamner à des peines temporelles. C'est ce que l'homme sans religion appelle persécuter, c'est cette autorité réunie avec la force qui l'intimide et qu'il voudrait qu'on ne déployât point contre lui.[133]

In the France of Louis XV the State did continue to fulfil this role, to seek to impose religious uniformity by persecuting both the Huguenot minority and all those who manifested any signs of free thought in the matter of religion.

Although by 1789 the idea of religious toleration had won many adherents since the middle of the century, even in August of that year, after the fall of the Bastille and the Nuit du 4 août, when the Constituent Assembly drew up its *Déclaration des droits de l'homme*, it remained extraordinarily reticent on the subject of religious toleration. An assembly, a quarter of whose members were clerics and many more practising Catholics, conceded the principle of toleration only very grudgingly when it decreed in Article 10: 'Nul ne doit être inquiété pour ses opinions, même religieuses, pourvu que leur manifestation ne trouble pas l'ordre public établi par la loi.'

It is in this context that one must consider the very slight improvement in the status of the Protestant minority made by the royal edict issued less than two years earlier, on 19 November 1787. The Catholic Church retained its monopoly of public worship; Protestant pastors were not allowed to describe themselves publicly as such, to wear a distinctive costume, or to register

---

[132] Vol. III, 384b.
[133] *Réflexions d'un franciscain sur les trois premiers volumes de l'*Encyclopédie, Berlin, 1754, pp. 112-13.

births, deaths, and marriages. Marriages between Protestants were now permitted and were to have 'dans l'ordre civil, à l'égard de ceux qui les auront contractés ... et de leurs enfants, les mêmes effets que ceux qui seront contractés et célébrés dans la forme ordinaire par nos sujets catholiques'; but registration of births, deaths, and marriages had to be carried out either by the *curé* or 'le premier officier de la justice des lieux'. There were still considerable limitations on the professions which Protestants might follow since they were banned from 'toutes les charges de judicature ..., les municipalités érigées en titre d'office et ayant fonctions de judicature, et toutes les places qui donnent le droit d'enseignement public'.[134] These modest concessions met with considerable opposition not only from the Catholic Church but also from the Parlements, especially those of Paris and Toulouse which took a long time to register the edict.

Despite their uncertain position under this edict, Protestants were allowed to take part in the elections to the États Généraux and more than a dozen of them were elected in Calvinist strongholds in the South. Though it reserved the position of the Jews for future decision, the Constituent Assembly passed a decree on 24 December 1789 giving non-Catholics equal rights with Catholics:

L'Assemblée nationale a décrété ce qui suit: 1° Les non-catholiques qui auront d'ailleurs rempli toutes les conditions prescrites dans les précédents décrets de l'Assemblée nationale pour être électeurs et éligibles, pourront être élus dans tous les degrés d'administration, sans exception.

2° Les non-catholiques sont capables de tous les emplois civils et militaires, comme les autres citoyens.[135]

As a gesture of disapproval of the policy of the Ancien Régime towards the Huguenots, the Assembly also decreed on 10 July 1790 that 'les biens des non-catholiques qui se trouvent encore aujourd'hui entre les mains des fermiers de la régie des biens des religionnaires seront rendus aux héritiers, successeurs, ou ayants-droit des fugitifs ...'[136] During the more radical phases of the Revolution the Protestants were to share the tribulations of the Catholic Church. The position of both the Calvinist and the Lutheran Churches was, however, officially recognized after the conclusion of the Concordat in 1801 and, although Napoleon

---

[134] Isambert, vol. XXVIII, pp. 472-82.
[135] Duvergier, vol. I, p. 89.
[136] Ibid., p. 239.

imposed on them an organization which was not in accordance with their traditions, they undoubtedly profited from this recognition. Like members of the Catholic clergy a good number of their pastors now became *fonctionnaires* and were paid by the State, a situation which was to continue until the separation of Church and State in 1905.

There was some uncertainty among the *Philosophes* as to the form which they thought relations between Church and State should take in the future. Voltaire, always extremely hostile to the papacy as in his repeated denunciation of the payment of annates,[137] was quite clear that there ought to be a break with Rome. In *Conformez-vous aux temps* he denounces the French Church's dependence on the Pope:

On verra qu'il n'appartient pas plus à un Italien de se mêler de ce que pense un Français qu'il n'appartient à ce Français de prescrire à cet Italian ce qu'il doit penser. On sentira l'énorme et dangereux ridicule d'avoir dans un état un corps considérable de citoyens dépendants d'un maître étranger. Ce corps comprendra lui-même qu'il serait plus honoré, plus cher à la nation, si, réclamant son indépendance naturelle, il cessait d'employer à ses dépens une espèce de simonie pour se rendre esclave. Il se fortifiera dans cette idée sage et noble par l'exemple d'une île voisine. Alors vous ferez servir votre influence et votre pouvoir à briser des liens dont la nation s'indigne. Vous vous conformerez aux temps.[138]

What attracted Voltaire in the English example was presumably both the break with the papacy and the State's control over the Church. In one of his innumerable references to 'l'infâme' in his letters to d'Alembert he writes: 'Je voudrais que vous écrasassiez l'infâme, c'est là le grand point. Il faut la réduire à l'état où elle est en Angleterre, et vous en viendrez à bout si vous voulez.'[139]

What Voltaire stood for was a ruthless subordination of the Church to the State. His views are set forth briefly in the article, LOIS CIVILES ET ECCLÉSIASTIQUES, in the *Dictionnaire philosophique*,[140] and more pungently in the *Questions sur l'Encyclopédie*, in the article DROIT CANONIQUE. He lays down his view of the relations between Church and State with his usual clarity:

Toute religion est dans l'État, tout prêtre est dans la société civile, et tous les ecclésiastiques sont au nombre des sujets du souverain chez lequel ils exercent leur ministère. S'il était une religion qui établît quelque indépendance en faveur des ecclésiastiques, en les soustrayant à l'autorité souveraine et légitime, cette religion ne saurait venir de Dieu, auteur de la société.

[137] See, for instance, *OC*, vol. XIX, p. 625.
[138] Ibid., vol. XXV, p. 318.
[139] *CW*, vol. 105, p. 409.
[140] *OC*, vol. XIX, pp. 625-6.

Il est par là même de toute évidence que, dans une religion dont Dieu est représenté comme l'auteur, les fonctions des ministres, leurs personnes, leurs biens, leurs prétentions, la manière d'enseigner la morale, de prêcher le dogme, de célébrer les cérémonies, les peines spirituelles; que tout, en un mot, ce qui intéresse l'ordre civil doit être soumis à l'autorité du prince et à l'inspection des magistrats.

The control of the State in religious matters must be very detailed:

Le souverain a le droit en tout temps de savoir ce qui se passe dans les assemblées, de les diriger selon l'ordre public, d'en réformer les abus, et d'abroger les assemblées s'il en naissait des désordres. Cette inspection perpétuelle est une portion essentielle de l'administration souveraine que toute religion doit reconnaître.

S'il y a dans le culte des formulaires de prières, des cantiques, des cérémonies, tout doit être soumis de même à l'inspection du magistrat. Les ecclésiastiques peuvent composer ces formulaires, mais c'est au souverain à les examiner, à les approuver, à les réformer au besoin. On a vu des guerres sanglantes pour des formulaires, et elles n'auraient pas eu lieu si les souverains avaient mieux connu leurs droits.[141]

The Church would thus be reduced to a position of complete subservience to the State.

Diderot adopts an even more ruthless approach in one of his contributions to the *Histoire des Deux Indes*. He begins by laying down three principles:

L'État, ce me semble, n'est point fait pour la religion, mais la religion est faite pour l'État. Premier principe.

L'intérêt général est la règle de tout ce qui doit subsister dans l'État. Second principe.

Le peuple ou l'autorité souveraine dépositaire de la sienne a seule le droit de juger de la conformité de quelque institution que ce soit avec l'intérêt général. Troisième principe.

From these principles he proceeds to draw the following conclusions:

C'est donc à cette autorité et à cette autorité seule qu'il appartient d'examiner les dogmes et la discipline d'une religion: les dogmes, pour s'assurer si, contraires au sens commun, ils n'exposeraient point la tranquillité à des troubles d'autant plus dangereux que les idées d'un bonheur à venir s'y compliqueront avec le zèle pour la gloire de Dieu et la soumission à des vérités qu'on regardera comme révélées; la discipline, pour voir si elle ne choque pas les mœurs régnantes, n'éteint pas l'esprit patriotique, n'affaiblit pas le courage, ne dégoûte point de l'industrie, du mariage et des affaires publiques, ne nuit pas à la population et à la sociabilité, n'inspire pas le fanatisme et l'intolérance, ne sème point la division entre les proches de la même famille, entre les familles de la même cité,

[141] Ibid., vol. XVIII, pp. 429-30, 435-6.

entre les cités du même royaume, entre les différents royaumes de la terre, ne diminue point le respect dû au souverain et aux magistrats, et ne prêche ni des maximes d'une austérité qui attriste, ni des conseils qui mènent à la folie.

Diderot then goes on to enumerate some of the further powers which the State possesses in matters of religion:

Cette autorité et cette autorité seule peut donc proscrire le culte établi, en adopter un nouveau, ou même se passer de culte, si cela lui convient …

L'État a la suprématie en tout. La distinction d'une puissance temporelle et d'une puissance spirituelle est une absurdité palpable; et il ne peut et ne doit y avoir qu'une seule et unique juridiction partout où il ne convient qu'à l'utilité publique d'ordonner ou de défendre …

Point d'autre concile que l'assemblée des ministres du souverain. Quand les administrateurs de l'État sont assemblés, l'Église est assemblée. Quand l'État a prononcé, l'Église n'a plus rien à dire.

Point d'autres canons que les édits des princes et les arrêts des cours de judicature.[142]

Yet despite this brutal language Diderot did at least consider another and very different possibility, if only to reject it.

This alternative is put forward in another passage which he contributed to the *Histoire des Deux Indes*: 'Quelques politiques ont avancé que le gouvernement ne devrait jamais fixer de revenu aux ecclésiastiques. Les secours spirituels qu'ils offrent, seront, disent-ils, payés par ceux qui réclameront leur ministère. Cette méthode redoublera leur vigilance et leur zèle. Leur habileté pour la conduite des âmes s'accroîtra chaque jour par l'expérience, par l'étude et l'application.' However, he quickly dismissed the idea of leaving the clergy to be paid by their flock on the grounds that it would be a false economy since to make its members more active would be to endanger public order. It would be better to 'endormir ce corps ambitieux dans l'oisiveté que de lui donner de nouvelles forces':

N'observe-t-on pas … que les églises ou les maisons religieuses sans rente fixe sont des magasins de superstition, à la charge du bas peuple? N'est-ce pas là que se fabriquent les saints, les miracles, les reliques, toutes les inventions dont l'imposture a accablé la religion? Le bien des empires veut que le clergé ait une subsistance assurée; mais si modique qu'elle borne nécessairement le faste du corps et le nombre des membres. La misère le rend fanatique, l'opulence le rend indépendant; l'un et l'autre le rendent séditieux.[143]

Yet if Diderot rejects the possibility of leaving the payment of the clergy to their flock, it was an idea which appealed to at least two

---

[142] Vol. IV, pp. 533-4.

[143] Vol. II, p. 462. There are obvious parallels between this passage and the paragraph which follows, and the *Discours d'un philosophe à un roi* (*OP*, pp. 483-6).

of the younger *Philosophes*—Naigeon and Condorcet—as part of a solution to the whole problem of relations between Church and State. What they clearly looked forward to was complete separation.

They were in fact taking up and developing one of the numerous ideas thrown out by Helvétius in *De l'homme* where he urges that the example set by Pennsylvania should be followed: 'En Pennsylvanie point de religion établie par le gouvernement; chacun y adopte celle qu'il veut. Le prêtre n'y coûte rien à l'État; c'est aux habitants à s'en fournir selon leur besoin, à se cotiser à cet effet. Le prêtre y est comme le négociant entretenu aux dépens du consommateur. Qui n'a point de prêtre et ne consomme point de cette denrée ne paie rien. La Pennsylvanie est un modèle dont il serait à propos de tirer copie.'[144]

In his *Adresse à l'Assemblée nationale* Naigeon argues that the State should remain completely neutral in all matters of religion. There should be complete freedom for all religions, he declares: 'Toutes les religions, toutes les sectes, toutes les manières différentes de servir Dieu et de lui rendre un culte, doivent être indistinctement permises, autorisées, protégées par la loi, et reçues dans l'État. Également indifférentes aux yeux de la raison, le législateur leur doit à toutes liberté, sûreté et justice.' There must be no State religion: 'Partout où une religion et un culte national donnent à leurs adhérents des droits, des distinctions, des privilèges exclusifs; partout où le curé, l'évêque, etc., toutes choses égales d'ailleurs, est plus considéré, plus respecté que le ministre d'un autre culte, le gouvernement, vicieux dans ses principes, a besoin de réforme et doit être institué dans un autre esprit.' All that the State requires is that men and women should be good citizens: 'Qu'ils soient d'ailleurs juifs, chrétiens, idolâtres, déistes ou athées, peu importe. Les vrais fidèles, les vrais saints sont les bons citoyens.'

It follows that the State should not provide financial support for any religion:

Il ne suffit pas qu'à l'exemple de Frédéric Second le législateur permette à chacun *de croire et de chanter ce qu'il veut*; il faut encore que personne n'ait intérêt *à croire et à chanter* telle ou telle chose, et que celui qui ne croit rien et qui, par conséquent, n'a rien *à chanter*, ne soit point obligé de payer les ministres et la dépense du culte d'une religion qu'il n'admet pas. Toute peine vaut salaire, sans doute; mais c'est à celui qui a besoin du travail d'un ouvrier et qui l'emploie, à lui payer le prix de

[144] Vol. I, p. 91.

ce travail. Il serait injuste de faire contribuer à l'honoraire d'un médecin, appelé par un malade, celui qui se passe également du médecin et de son remède.[145]

It is significant that at this point Naigeon praises the example set by the state of Virginia in its Act for Religious Liberty and gives copious quotations from it.

In arguing for the complete neutrality of the State Naigeon offers a warning against imposing a ban on any form of religion. He speaks of the strange pleasure which is derived by many people from doing whatever is forbidden:

Cela est surtout vrai de l'attachement opiniâtre à la religion dont on leur interdit expressément l'exercice; et c'est, parmi beaucoup d'autres raisons politiques qui doivent déterminer le législateur à les permettre, à les autoriser toutes, une de celles qui ont le plus de force. Proscrivez demain la religion chrétienne dont la certitude, déjà si ébranlée par le progrès des lumières, va tous les jours en s'affaiblissant; punissez de mort ceux qui la prêchent; et vous aurez bientôt des martyrs, même parmi ceux qui n'auraient pas donné un ongle, un cheveu de leur tête pour l'établir ou la propager, s'ils eussent pu le faire librement et sans s'exposer. *SANGUIS MARTYRUM SEMEN CHRISTIANORUM.*[146]

This warning was not to be heeded in the heat of the religious struggles of the following years.

Condorcet too was attracted by the notion of a complete separation between Church and State, and he was also influenced by the example set by the United States. In his commentary on Voltaire he points out that in the United States there is no State religion,[147] and in the *Essai sur les Assemblées provinciales* he refers to 'la Virginie, où aucune espèce de religion ne jouit d'aucun privilège public, où chacun choisit son culte à son gré, et en paie librement le ministre'.[148] In the former work he also argues part of the case for the separation of Church and State;

L'intérêt des princes a donc été, non de chercher à régler la religion, mais de séparer la religion de l'État, de laisser aux prêtres la libre disposition des sacrements, des censures, des fonctions ecclésiastiques; mais de ne donner aucun effet civil à aucune de leurs décisions, de ne leur donner aucune influence sur les mariages, sur les actes qui constatent la mort ou la naissance; de ne point souffrir qu'ils interviennent dans aucun acte civil ou politique, et de juger les procès qui s'élèveraient, entre eux et les citoyens, pour des droits temporels relatifs à leurs fonctions, comme on déciderait les procès semblables qui s'élèveraient entre les membres d'une association libre ou entre cette association et des particuliers.[149]

[145] pp. 48, 49, 53, 55-6.
[146] pp. 51-2.
[147] *Œuvres*, vol. IV, p. 626.
[148] Ibid., vol. VIII, pp. 158-9.
[149] Ibid., vol. IV, p. 538.

He sets out in more detail the case for such a complete separation in *Sur les moyens de traiter les Protestants français comme des hommes*, attributing these opinions to certain 'publicistes éclairés'. According to them, he declares, the State does not have the right to prevent its citizens from forming a public association to worship together and to share the cost among themselves. Here he adds a footnote: 'Quelques colonies américaines sont le seul pays du globe où jamais on ait joui de cette liberté; il suffit que quinze personnes conviennent d'un culte pour avoir le droit de bâtir un temple et de payer un prêtre.' The State, they argue, can employ its revenues only for truly national purposes:

Les dépenses nécessaires à la défense de l'État, à la sûreté intérieure, à l'exécution des lois, à l'encouragement des arts utiles, sont des dépenses légitimes, parce qu'elles intéressent toute la nation; parce que, si les impôts sont bien administrés, le bien que chaque individu retire de l'emploi de ces impôts est plus grand que le dommage que l'impôt lui cause. Mais il ne peut en être de même des dépenses pour le culte qui, n'étant utiles que pour ceux qui professent ce culte, ne doivent pas être supportées par les autres citoyens.

This complete freedom in the matter of religion, they also argue, must mean that there can be no religious tests which might prevent a citizen from exercising his rights to the full: 'L'éligibilité aux places est un droit des citoyens; les conditions qu'on exige pour les remplir doivent donc être telles que chaque citoyen puisse se conformer à ces conditions sans manquer à sa conscience, sans faire le sacrifice de ses opinions.' However, after expounding these principles at some length, Condorcet hastens to add that in dealing with the plight of the French Protestants 'nous adoptons ici des principes plus modérés'.[150]

Attractive as this solution might appear, Condorcet undoubtedly felt that the complete separation of Church and State was an idle dream in the France of the 1780s. In *La Vie de Turgot* he argued the case against compelling those who did not believe in a particular religion to support it financially through taxation, if the State were to take over the property of the Church and pay both its clergy and the expenses of public worship. 'Mais', he adds,

en convenant de ces principes, il n'en est pas moins vrai que, si le peuple est accoutumé à voir prendre sur les fonds publics les frais du culte et à recevoir ses instructions de la bouche des prêtres, il y a du danger, et même une sorte d'injustice, à choquer ses habitudes par une réforme trop prompte; et c'est un des cas où, pour agir avec justice, en suivant rigoureusement la voix de la vérité, il faut attendre que l'opinion commune s'y soit conformée.[151]

[150] Ibid., vol. V, pp. 470-3.
[151] Ibid., p. 145.

He continued to hold the same view in his *Essai sur les Assemblées provinciales;* after setting out the argument that 'il est injuste de faire payer à un citoyen les frais d'une religion à laquelle il ne croit pas, ou plus qu'il ne veut pour les frais de celle à laquelle il croit', he dismisses this attitude as irrelevant in the present circumstances:

> En la supposant bien fondée, il n'en reste pas moins vrai que, dans un pays où l'usage contraire est établi, ce changement ne doit pas être fait brusquement; et que si un jour l'opinion publique doit le faire regarder comme juste, comme utile, le moyen le plus sûr, le plus sage de le préparer, d'en aplanir d'avance les difficultés, est encore de convertir en sommes fixes, payées par le public, les dépenses du culte et les appointements des prêtres.

As in all his pre-Revolutionary writings, Condorcet is prepared to wait a long time to see carried out reforms which he obviously regarded as highly desirable.

All that he considers immediately possible is for the State to take over the property of the Catholic Church and in return to pay the stipends of those members of the clergy whom he considers to be genuinely necessary—parish priests and bishops. These are 'les seuls ministres dont on puisse regarder l'existence comme nécessaire, les seuls qui doivent être entretenus sur les biens appartenant au public et consacrés à son utilité'.[152] This would obviously have implied a very considerable reduction in the large numbers of the secular clergy under the Ancien Régime. When early in the Revolution the Catholic clergy, in compensation for the loss of its property, was promised payment by the State, Condorcet argued in favour of this legislation, however unjust it might be to non-Catholic taxpayers, on the grounds that they were really contributing 'au maintien de l'ordre et de la paix, à celui de leur propre tranquillité'.[153]

Voltaire had long favoured the payment of the clergy by the State. In the article CURÉ DE CAMPAGNE in the *Questions sur l'Encyclopédie* he quotes the example of Russia and other countries where this was the practice: 'Dans un pays chrétien de douze cent mille lieues carrées, dans tout le Nord, dans la moitié de l'Allemagne, dans la Hollande, on paie le clergé de l'argent du trésor public. Les tribunaux n'y retentissent point des procès mus entre les seigneurs et les curés, entre le gros et le petit décimateur, entre le pasteur demandeur et l'ouaille intimée.'[154] While Voltaire was

---

[152] Ibid., pp. 443-4.
[153] Ibid., vol. X, p. 100.
[154] *OC*, vol. XVIII, p. 304.

convinced that there would have to be a Catholic clergy in France
to cope with the unenlightened mass of the population, his concern
that its members should be paid an adequate salary out of public
funds had a very practical origin as is revealed by an entry in his
Notebooks: 'Le meilleur gouvernement, sans contredit, est celui où
il n'y a que le nombre de prêtres nécessaires, où ces prêtres sont
mariés et donnent des enfants à l'État, sont payés par l'État; où
ils ne peuvent jamais remuer, car à la moindre dispute théologique
le payeur leur déclare qu'il n'y a point d'argent dans la caisse.'[155]
Whether Voltaire imagined that the Catholic clergy would ever
abandon celibacy may be doubted; what he was really keen to
achieve was that its numbers should be limited and, above all,
that it should be kept in order by financial dependence on the
State. His attitude is remarkably similar to that of Diderot,
summed up in the advice on the way to treat priests given in his
Discours d'un philosophe à un roi: 'Tant que vous croirez en avoir
besoin, il faut que vous les stipendiez, parce qu'un prêtre stipendié
n'est qu'un homme pusillanime qui craint d'être chassé et ruiné.'[156]

Successive regimes between 1789 and the beginning of the
present century were to waver between these two alternative
solutions. The Constituent Assembly with its ovewhelming
majority of members of the clergy and practising Catholics had
no thought of bringing about a separation of Church and State,
but the majority was determined to assert what it considered to be
its right to reform the Catholic Church and make it more indepen-
dent of Rome. Already by the decree of 11 August 1789 it had
banned the plurality of benefices and forbidden the payment of
annates to Rome, placed the property of the Church at the dis-
posal of the nation and started to legislate on the subject of religious
congregations, when in May 1790 it began a long debate which
ended on 12 July with the passing of the Civil Constitution of the
Clergy.

In these discussions Camus, an *avocat* who had acted for the
clergy under the Ancien Régime, made the famous declaration of
principles: 'L'Église est dans l'État, l'État n'est pas dans l'Église ...
Nous sommes une convention nationale, nous avons le pouvoir de
changer la religion,' though he hastened to add, 'mais nous ne le
ferons pas'.[157] The Assembly decreed that in future there would
be one bishop in each of the newly created departments, which

---

[155] *CW*, vol. 82, p. 528.
[156] *OP*, p. 486.
[157] *Moniteur*, vol. IV, p. 515.

meant reducing the number of dioceses by over fifty. Under the Concordat of 1516 bishops had been appointed by the king and invested by the Pope as spiritual head of the Church; in future they were to be chosen by the electoral assembly of the department, and the appointment was no longer to be confirmed by the Pope, but merely notified to him. *Curés* were to be chosen by the electoral assembly of the *district*, and they in turn appointed their *vicaires*.

As the Assembly had taken over the property of the Church, the bishops, *curés*, and *vicaires* were now to be paid by the Treasury. Though much lower than the incomes received by the highest paid bishops down to 1789, the salaries offered to them were relatively generous, and the average *curé* and *vicaire* was to be much better paid than in the past. Now that they had become *fonctionnaires*, each member of the clergy was required to swear 'd'être fidèle à la nation, à la loi et au roi et de maintenir de tout leur pouvoir la constitution décrétée par l'Assemblée nationale et acceptée par le roi'.[158]

This requirement produced a schism in the French Catholic Church dividing its clergy into 'prêtres constitutionnels' who took the oath and 'prêtres réfractaires' who refused to do so. The latter were soon suspected of counter-revolutionary intrigues and were the subject of much legislation which became more and more severe as France became involved in foreign and civil wars and the Revolution took a more and more radical turn. As the Revolution developed, the 'clergé constitutionnel' also lost the favour which it had initially enjoyed.

When after the fall of Robespierre the Convention was faced with the task of pacifying a country torn by civil war, it tended to see the solution to the religious problem in the neutrality of the State. Moreover, the cost of paying the salaries of the clergy was a heavy drain on the budget of a country in a period of rapid inflation and foreign wars. On 18 September 1794 the Convention passed a decree which, while it provided for the payment of pensions to former members of the secular and regular clergy, began baldly: 'La République française ne paie plus les frais ni les salaires d'aucun culte.'[159] A further step in the direction of complete separation of Church and State was taken by the law of 21 February 1795 which, while it guaranteed freedom of worship on certain conditions, repeated that the republic did not offer financial

[158] Duvergier, vol. I, p. 245.
[159] Ibid., vol. VII, p. 281.

support to any religion. 'Elle ne fournit aucun local', it added, 'ni pour l'exercice du culte, ni pour le logement des ministres.'[160] However, another law of 30 May did allow the use of such churches as had not been disposed of as *biens nationaux*, making provision for them to be shared by different religions. Finally a decree of 29 September which sought to codify the laws passed on the subject of religion contains some significant statements in its preamble:

Considérant qu'aux termes de la constitution, nul ne peut être empêché d'exercer, en se conformant aux lois, le culte qu'il a choisi; que nul ne peut être forcé de contribuer aux dépenses d'aucun culte, et que la république n'en salarie aucun;

Considérant que les lois auxquelles il est nécessaire de se conformer dans l'exercice des cultes ne statuent point sur ce qui n'est que du domaine de la pensée, sur les rapports de l'homme avec les objets de son culte, et qu'elles n'ont et ne peuvent avoir pour but qu'une surveillance renfermée dans des mesures de police et de sûreté publique;

Qu'ainsi elles doivent garantir le libre exercice des cultes par la punition de ceux qui en troublent les cérémonies, ou en outragent les ministres en fonctions;

Exiger des ministres de tous les cultes une garantie purement civique contre l'abus qu'ils pourraient faire de leur ministère, pour exciter à la désobéissance aux lois de l'État ...[161]

However, given the conflict between the Revolution and orthodox Catholicism, such a separation between Church and State was to remain purely hypothetical.

Napoleon returned to a policy of exercising control over the Church. In order to secure his position he needed its support and, after long and difficult negotiations with the Vatican, a new Concordat was signed in 1801 and was embodied in a law of 8 April 1802 along with the so-called organic articles which further subordinated the Church to the State. The Papacy had to make many concessions—to recognize the Republic and the sale of Church property in the Revolution. Catholicism was not to be the State religion, but was described merely as 'la religion de la grande majorité des Français'.[162] Members of the clergy had to swear an oath of allegiance to the government. As with the Concordat of 1516, bishops were to be appointed by the government and invested by the Pope. The government undertook to provide 'un traitement convenable' for members of the secular clergy.

It was within this framework that relations between Church and State were to be conducted for over a hundred years, down to

[160] Ibid., vol. VIII, p. 25.
[161] Ibid., p. 293.
[162] Ibid., vol. XIII, p. 126.

1905. Inevitably the Concordat was observed in very different ways as one regime followed another after the downfall of Napoleon. The Restoration was notoriously a period in which the Catholic Church, recognized in the *Charte* of 1814 as 'la religion de l'État', regained a great deal of its power and influence. However, Article 6 of the revised *Charte* of 1830 defines its position very differently: 'Les ministres de la religion catholique, apostolique et romaine, professée par la majorité des Français, et ceux des autres cultes chrétiens, reçoivent des traitements du Trésor public.' A detailed account of the workings of the Concordat during the hundred years of its existence obviously lies outside the scope of this book. What is relevant here is the final separation between Church and State which took place in 1905.

Like many other French politicians Émile Combes, the anti-clerical Prime Minister at the time when relations with the Vatican became strained three years earlier, was by no means in favour of ending the Concordat. So long as the members of the clergy remained *fonctionnaires*, paid by the State, the secular power could exercise some control over them. The quarrel with the Vatican, which began over the appointment of bishops, ended with the passing of the law of 9 December 1905, the basic principles of which are set forth in the first two articles:

Art. Iᵉʳ. La République assure la liberté de conscience. Elle garantit le libre exercice des cultes sous les seules restrictions édictées ci-après dans l'intérêt de l'ordre public.

Art. II. La République ne reconnaît, ne salarie ni ne subventionne aucun culte. En conséquence, à partir du 1ᵉʳ janvier qui suivra la promulgation de la présente loi, seront supprimées du budget de l'État, des départements et des communes, toutes dépenses relatives à l'exercice des cultes ...[163]

Thus, after more than a century had passed, the policy advocated by such *Philosophes* as Naigeon and Condorcet was at last adopted.

(b) *Freedom of Thought and of the Press*

The obstacles placed in the way of the free expression of opinion by the combined power of the Church, State, and law courts were a particularly sore point with the *Philosophes*. In his *Encyclopédie* article, GENÈVE, d'Alembert praised 'cette noble liberté de penser et d'écrire' which now existed in what had been the city of Calvin, and contrasted this with the state of affairs in other countries such as France: 'Combien de pays où la philosophie n'a pas fait moins

---

[163] Ibid., vol. CV, pp. 587-92.

de progrès, mais où la vérité est encore captive, où la raison n'ose élever la voix pour foudroyer ce qu'elle condamne en silence, où même trop d'écrivains pusillanimes, qu'on appelle *sages*, respectent les préjugés qu'ils pourraient combattre avec autant de décence que de sûreté.'[164] Nowhere is the lack of freedom from which writers suffered in France more vividly described than in an amusing passage in d'Argens's *Lettres juives*:

En travaillant, un auteur est obligé de se dire à chaque instant: 'Il faut que j'efface cette phrase; elle choquerait le Révérend Père Recteur de la maison professe. Cette autre me ferait soupçonner de jansénisme. Il est vrai qu'elle offre une vérité brillante à l'esprit, mais la satisfaction de dire une vérité ne doit pas me faire risquer d'aller à la Bastille. Voici un portrait que je serai forcé de supprimer. Il dépeint à merveille un caractère général. Cependant l'on pourrait en faire une application particulière à Monsieur l'évêque de ***, et je serais perdu sans ressource. Ce trait qui dépeint si bien l'orgueil des grands me nuirait; je le condamne donc à rester dans l'oubli. M. le duc ou M. le marquis tel croiraient peut-être que j'ai voulu parler d'eux. Cette expression est trop hardie; elle blesserait le bâtard de l'apothicaire d'un de nos secrétaires d'État; et celle-ci pourrait déplaire à la catin de son valet de chambre. Ce chapitre entier sera encore supprimé; il m'empêcherait d'avoir la permission d'imprimer mon ouvrage et me ferait peut-être regarder comme un athée; j'y examine des questions philosophiques dont on peut tirer des conséquences pour décréditer la pantoufle de saint Pantaléon, l'os pubis de saint Ignace, le baudrier de Charlemagne, et, qui pis est, la sainte ampoule.'[165]

The threat of a spell of imprisonment of indefinite duration hung over the head of any writer with unorthodox views on religion or politics, and the crippling effect which this had on the free expression of ideas was one which the *Philosophes* experienced daily.

The case for freedom of thought and of the press is made on repeated occasions in their writings, even in the *Encyclopédie* where Jaucourt declares in LIBELLE (*Gouvern. politiq.*) that 'en général tout pays où il n'est pas permis de penser et d'écrire ses pensées doit nécessairement tomber dans la stupidité, la superstition et la barbarie'.[166] Rather surprisingly, the *Encyclopédie* has a much more conspicuous article, PRESSE (*Droit polit.*) which Jaucourt was allowed by the publisher and printer, Le Breton, to open with a clear call for freedom:

On demande si la liberté de la *presse* est avantageuse ou préjudiciable à un état. La réponse n'est pas difficile. Il est de la plus grande importance de conserver cet usage dans les états fondés sur la liberté. Je dis plus: les inconvénients de cette liberté sont si peu considérables vis-à-vis de ses avantages que ce devrait être le

[164] Vol. VII, p. 578a.
[165] Vol. VI, p. 19.
[166] Vol. IX; p. 459b.

droit commun de l'univers et qu'il est à propos de l'autoriser dans tous les gouvernements.[167]

D'Alembert did not hestitate to argue the case for freedom of the press in writing to Frederick the Great, excepting only personal satire from his call for a freedom 'sans limites et indéfinie': 'A l'égard des ouvrages de toute espèce, littérature, philosophie, matières même de gouvernement et d'administration, je pense que la liberté d'écrire sur ces sujets, de critiquer même, doit être pleine et entière, pourvu néanmoins, Sire, que la satire en soit bannie, parce qu'encore une fois le but de la liberté de la presse doit être d'éclairer et non d'offenser.'[168]

There is a lively piece of dialogue on the subject in Voltaire's *L'A.B.C.* The Englishman declares: 'Chacun peut écrire chez nous ce qu'il pense, à ses risques et à ses périls; c'est la seule manière de parler à sa nation,' and, when asked whether freedom of the press should extend to matters of government and religion, he replies: 'Qui garde le silence sur ces deux objets, qui n'ose regarder fixement ces deux pôles de la vie humaine, n'est qu'un lâche.'[169]

Diderot likewise argued boldly in favour of such freedom for the discussion of matters of government in addressing his *Observations sur le Nakaz* to so autocratic a ruler as Catherine:

Dans toute société bien ordonnée, il ne doit y avoir aucune matière sur laquelle on ne puisse librement s'exercer; plus elle est grave et difficile, plus il est important qu'elle soit discutée; or, en est-il de plus importantes ou de plus compliquées que celles du gouvernement? Qu'aurait donc de mieux à faire une cour qui aimerait la vérité que d'encourager tous les esprits à s'en occuper? Et quel jugement serait-on autorisé à porter de celle qui en interdirait l'étude, si ce n'est ou la méfiance de ses opérations ou la certitude qu'elles sont mauvaises? Le vrai résumé d'un esprit prohibitif sur ce genre de sujet ne serait-ce pas: *Le souverain défend qu'on lui démontre que son ministre est un imbécile ou un fripon. Car telle est sa volonté qu'il soit l'un ou l'autre sans qu'on y fasse aucune attention.*[170]

This was a subject on which he was able to express himself still more freely, even to the point of demagoguery, in one of the many bold passages which he contributed to the *Histoire des Deux Indes*:

Partout où le souverain ne souffre pas qu'on s'explique librement sur les matières économiques et politiques, il donne l'attestation la plus authentique de son penchant à la tyrannie et du vice de ses opérations. C'est précisément comme s'il

---

[167] Vol. XIII, p. 320b.
[168] Frederick, *Œuvres*, vol. XXIV, p. 562.
[169] *OC*, vol. XXVII, pp. 360, 362.
[170] *OP*, pp. 438-9.

disait au peuple: 'Je sais tout aussi bien que vous que ce que j'ai résolu est contraire à votre liberté, à vos prérogatives, à vos intérêts, à votre tranquillité, à votre bonheur; mais il me déplaît que vous en murmuriez. Je ne souffrirai jamais qu'on vous éclaire, parce qu'il me convient que vous soyez assez stupides pour ne pas distinguer mes caprices, mon orgueil, mes folles dissipations, mon faste, les déprédations de mes courtisans et de mes favoris, mes ruineux amusements, mes passions plus ruineuses encore, de l'utilité publique qui ne fut, qui n'est et qui ne sera jamais, autant qu'il dépendra de moi et de mes successeurs, qu'un honnête prétexte. Tout ce que je fais est bien fait. Croyez-le ou ne le croyez pas; mais taisez-vous. Je veux vous prouver de toutes les manières les plus insensées et les plus atroces que je règne pour moi et que je ne règne ni par vous, ni pour vous. Et si quelqu'un d'entre vous a la témérité de me contredire, qu'il périsse dans l'obscurité d'un cachot ou qu'un lacet le prive à jamais de la faculté de commettre une seconde indiscrétion; car tel est mon bon plaisir.' En conséquence voilà l'homme de génie réduit au silence ou étranglé et une nation retenue dans la barbarie de la religion, de ses lois, de ses mœurs, et de son gouvernement; dans l'ignorance des choses les plus importantes à ses vrais intérêts, à sa puissance, à son commerce, à sa splendeur et à sa félicité; au milieu des peuples qui s'éclairent autour d'elle par les libres efforts et le concours des bons esprits vers les seuls objets vraiment dignes de les occuper.[171]

It is clear from this passage that for Diderot freedom of the press should extend over a very wide area from religion and philosophy to economics and politics.

In *De l'homme* Helvétius repeatedly urges the advantages of freedom of thought and of the press and refutes the arguments brought against them. To the argument that freedom of the press would lead to the production of many bad books he retorts: 'La critique relèvera les erreurs de l'auteur; le public s'en moquera; c'est toute la punition qu'il mérite. Si la législation est une science, sa perfection doit être l'œuvre du temps et de l'expérience. En quelque genre que ce soit, un excellent livre en suppose une infinité de mauvais.' If there is no press freedom, 'l'homme en place, non averti de ses fautes, en commettra sans cesse de nouvelles. Il fera presque toutes les sottises que l'écrivain eût dites. Or il importe peu à une nation qu'un auteur dise des sottises; c'est tant pis pour lui; mais il lui importe beaucoup que le ministre n'en fasse point; c'est tant pis pour elle.' He puts the matter more bluntly in another passage: 'Gêner la presse, c'est insulter une nation; lui défendre la lecture de certains livres, c'est la déclarer esclave ou imbécile.'[172] In a later chapter entitled 'De la liberté de la presse' he makes out a detailed case for freedom of the press in every sphere:

[171] Vol. III, pp. 59-60.
[172] Vol. I, pp. 328, 383.

C'est à la contradiction, par conséquent à la liberté de la presse, que les sciences physiques doivent leur perfection. Otez cette liberté; que d'erreurs consacrées par le temps seront citées comme des axiomes incontestables! Ce que je dis du physique est applicable au moral et au politique. Veut-on en ce genre s'assurer de la vérité de ses opinions? Il faut les promulguer. C'est à la pierre de touche de la contradiction qu'il faut les éprouver. La presse doit donc être libre. Le magistrat qui la gêne s'oppose donc à la perfection de la morale et de la politique; il pèche contre sa nation; il étouffe jusque dans leurs germes les idées heureuses qu'eût produites cette liberté.[173]

Helvétius's strong views on the subject were no doubt coloured by his experiences over the publication of *De l'esprit*.

'La liberté de penser, de parler et d'écrire', d'Holbach maintains in *La Politique naturelle*, 'est le soutien d'un bon gouvernement; il ne paraît dangereux qu'à celui qui se croit intéressé à n'avoir ni justice, ni raison.'[174] The call for these essential liberties is repeated in the *Système social*: 'La libre communication des idées, l'instruction, la publication des découvertes utiles sont des choses intéressantes pour toute société. Tout bon citoyen doit ses talents et ses lumières à ses associés. Ainsi, dans un pays bien gouverné, l'homme est en droit de penser, de parler et d'écrire; cette liberté est une digue puissante et nécessaire contre les complots et les attentats de la tyrannie.' His defence of these fundamental rights is made in an unusually vivid comparison: 'Priver les citoyens de la liberté de parler et d'écrire sous prétexte qu'ils peuvent en abuser est aussi peu sensé que de les empêcher d'avoir des flambeaux pour s'éclairer sous prétexte que l'on peut s'en servir pour produire un incendie.'[175]

Condorcet's *Vie de Turgot*, where his own ideas are blended with those of his master, offers a reasoned defence of freedom of the press:

Tout obstacle au progrès des lumières est un mal. Que l'impression soit donc libre. D'abord on ne peut restreindre cette liberté sans gêner l'exercice des droits naturels. Qu'est-ce en effet qu'imprimer? C'est soumettre aux yeux des autres hommes ses opinions, ses idées. Or, qu'y a-t-il dans cette action de contraire aux droits d'autrui? D'ailleurs l'examen des opinions, des pensées d'un autre, n'est-il pas une des routes qui peuvent conduire à la vérité? Elle est un bien réel; et dès lors la société ne peut avoir le droit de priver aucun individu d'un moyen de la connaître. Le danger de l'abus de l'imprimerie est nul. S'il s'agit d'opinions générales, toute vérité est utile, et une erreur imprimée ne peut être dangereuse à moins qu'on ne soit pas libre de l'attaquer. S'agit-il de discuter des particuliers, des actions qui ont quelque influence sur l'ordre public? Ce

---

[173] Vol. II, pp. 323-4.
[174] Vol. II, p. 81.
[175] Vol. II, pp. 55, 56, See also *Éthocratie*, pp. 163, 164.

serait alors que les restrictions à la liberté d'imprimer deviendraient plus tyranniques encore, puisqu'au droit général d'exposer ses idées se joint ici le droit non moins sacré de discuter ses intérêts.[176]

No doubt because it was not published until 1790, Naigeon's *Adresse à l'Assemblée nationale* is the most thorough-going of all the *Philosophes'* writings on the subject. After demanding freedom for all forms of religious belief or unbelief, he goes on to declare: 'Aussitôt que la loi met dans certains cas quelque restriction au droit inaliénable qu'a tout homme de penser, de parler, d'écrire ou d'imprimer, elle décrète une chose injuste, elle excède son pouvoir, elle porte directement atteinte à une Déclaration des droits de l'homme établie sur les vrais principes.' For him the *Declaration des droits* drawn up in the previous year stands in considerable need of revision. In a curious comparison between trade and the press he stresses the necessity for complete freedom for the latter:

Le commerce des pensées ne doit être, sous quelque prétexte que ce soit, ni plus gêné, ni plus restreint que celui des denrées et des marchandises; c'est le même principe général d'utilité et de justice appliqué à des objets divers. S'il est des circonstances difficiles et momentanées où la liberté absolue du commerce puisse être modifiée, suspendue même pour un temps, dans quelques-unes de ses parties, ce qu'il n'est pas de mon sujet d'examiner, il n'est aucun cas sans exception où celle de penser et d'imprimer puisse être légitimement limitée.

Naturally Naigeon holds that this freedom must apply to the discussion of religion as of any other matter.[177]

For many though not all of the *Philosophes* England furnished an example which France should follow. Jaucourt brought back from the time he had spent in this country a strong admiration for the degree of freedom of the press enjoyed there. In his *Encyclopédie* article, LIBELLE (*Gouvern. politiq.*), he praises the attitude of the English towards scurrilous libels: 'Ils croient qu'il faut laisser aller, non la licence effrénée de la satire, mais la liberté des discours et des écrits, comme des gages de la liberté civile et politique d'un état, parce qu'il est moins dangereux que quelques gens d'honneur soient mal à propos diffamés que si l'on n'osait éclairer son pays sur la conduite des gens puissants en autorité.'[178]

A more illustrious admirer of English institutions, Voltaire, makes many references in his writings to the freedom of the press enjoyed in this country. In the *Idées républicaines*, for instance, he

---

[176] *Œuvres*, vol. V, pp. 207-8.
[177] pp. 58-9, 76-7, 88-9.
[178] Vol. IX, p. 459b.

speaks admiringly of the degree of freedom which the enlightened English enjoyed in this sphere:

Dans une république digne de ce nom la liberté de publier ses pensées est le droit naturel du citoyen. Il peut se servir de sa plume comme de sa voix; il ne doit pas être plus défendu d'écrire que de parler, et les délits faits avec la plume doivent être punis comme les délits faits avec la parole. Telle est la loi d'Angleterre, pays monarchique, mais où les hommes sont plus libres qu'ailleurs parce qu'ils sont plus éclairés.[179]

In *L'A.B.C.* the Englishman is made to boast of the admirable legal institutions of his country. He then continues: 'Ajoutez à tous ces avantages le droit que tout homme a parmi nous de parler par sa plume à la nation entière. L'art admirable de l'imprimerie est dans notre île aussi libre que la parole.'[180] However, there were apparently moments when Voltaire felt that this liberty was carried perhaps a little too far. A letter of 1769 makes a curious comparison between England and France in this matter: 'Les Anglais poussent un peu loin la liberté de la presse; ils ont toujours *trop* dans les choses que nous n'avons pas *assez.*'[181]

Helvétius's admiration for the press freedom enjoyed in England did not have any such restrictions. In *De l'esprit*, writing of the immunity from printed criticism enjoyed by ministers under an absolute or despotic regime, he adds a footnote: 'C'est pourquoi la nation anglaise, entre ces privilèges, compte la liberté de la presse pour un des plus précieux.'[182] Again in *De l'homme* he offers another eulogy: 'En Angleterre, comme en Portugal, il est des grands injustes, mais que peuvent-ils à Londres contre un écrivain? Point d'Anglais qui derrière le rempart de ses lois ne puisse braver leur pouvoir, insulter à l'ignorance, à la superstition et à la sottise.'[183]

In the *Histoire des Deux Indes* Diderot follows up his diatribe against tyrants who deny freedom of the press to their subjects with praise of the English example:

L'Angleterre voit éclore tous les jours une foule de livres où tout ce qui touche la nation est traité avec liberté. Parmi ces écrits il en est de solides, composés par de bons esprits, par des citoyens instruits et zélés. Leurs avis servent à éclairer le public sur ses intérêts et à diriger le gouvernement dans ses opérations. On connaît dans l'état peu de règlements utiles d'économie intérieure qui n'aient

---

[179] *OC*, vol. XXIV, p. 418.
[180] Ibid., vol. XXVII, p. 387.
[181] *CW*, vol. 119, p. 312.
[182] p. 390.
[183] Vol. I, p. 199.

été indiqués, préparés ou perfectionnés par quelqu'un de ces écrits. Malheur à tout peuple qui se prive de cet avantage.[184]

It is 'la liberté indéfinie de la presse' which, according to another writer in the same work, makes possible the high degree of freedom enjoyed in England: 'Par cet heureux expédient les actions des dépositaires de l'autorité deviennent publiques. On est rapidement instruit des vexations ou des outrages qu'ils se sont permis contre l'homme le plus obscur.'[185]

This admiration for the freedom of the press enjoyed in this country was not shared by the younger *Philosophes*, Condorcet and Naigeon, both of whom are more than sceptical about English liberties in general. In his *Vie de Turgot* Condorcet maintains that true freedom of the press does not exist anywhere in Europe, as it is everywhere restricted by laws. 'A la vérité,' he continues, 'en Angleterre ces lois sont tombées en désuétude, ou plutôt sont exécutées arbitrairement; et comme l'opinion publique est pour la liberté, les décisions des jurés sont presque toujours en sa faveur. Il en résulte un inconvénient: les libelles y sont tolérés au delà des justes bornes, ce qui a beaucoup contribué à diminuer en Angleterre le ressort de l'honneur.'[186] Similarly Naigeon declares that the unlimited freedom of the press for which he is arguing does not so far exist in any country 'sans en excepter l'Angleterre où cette liberté de la presse est très gênée'.[187]

When the *Philosophes* argue for such unlimited freedom, what they understood by it was that there should be no censorship of the kind exercised by the authorites under the Ancien Régime and that any man should be at liberty to print what he liked, but would have afterwards to face the consequences of having violated the laws which imposed penalties for going beyond a certain point. In Voltaire's *L'A.B.C.,* for instance, C makes the objection to freedom of speech and of the press that one ought not to be allowed to insult the authorities and the laws of one's country, to which A replies:

Non, sans doute, et il faut punir le séditieux téméraire; mais parce que les hommes peuvent abuser de l'écriture, faut-il leur en interdire l'usage?... Chacun peut écrire chez nous ce qu'il pense, à ses risques et à ses périls; c'est la seule manière de parler à sa nation. Si elle trouve que vous avez parlé ridiculement, elle vous siffle; si séditieusement, elle vous punit; si sagement et noblement, elle vous aime et vous récompense.[188]

[184] Vol. III, p. 60.
[185] Vol. IV, p. 503.
[186] *Œuvres*, vol. V, p. 208n.
[187] *Adresse à l'Assemblée nationale*, p. 77.
[188] *OC*, vol. XXVII, p. 360.

Condorcet would wish to see precise laws laying down what excesses were to be regarded as criminal, but without affecting the right of every citizen to print what he likes:

Qu'on examine donc, d'après les principes du droit naturel, dans quel cas un imprimé peut être un crime; qu'alors, comme pour les autres délits, on fixe en quoi il consiste; qu'on détermine les moyens de le constater et qu'on le soumette à une peine. Mais que chaque citoyen conserve le droit d'imprimer, comme celui d'employer à son usage un instrument utile, dont il pourrait abuser pour commettre un crime.[189]

Similarly Naigeon, in arguing for unlimited freedom, declares that the victim of a libel should be able to have recourse to the law:

C'est au juge qui en est l'organe, à informer contre le libelliste satirique, à le forcer de prouver juridiquement son accusation, de donner caution pour sa personne jusqu'à ce qu'un examen approfondi et comparé des preuves des deux parties ait fait connaître l'innocent et le coupable; et au cas que le calomniateur soit évidemment reconnu pour tel après l'instruction légale et publique du procès, c'est à la loi à prononcer la peine qu'il mérite, et à proportionner surtout le degré de flétrissure qu'elle lui inflige, à celui auquel il aurait exposé l'innocent, si celui-ci avait succombé.

He sums up the legal limits which he would impose in the following words: 'Chacun doit avoir le droit de tout dire et de tout imprimer, même des satires personnelles et des libelles diffamatoires, sauf ensuite à répondre de son accusation devant les tribunaux préposés par la loi pour en connaître et à être puni comme calomniateur public si l'accusé est innocent.'[190] While d'Holbach pleads for complete freedom for speculative works offering what he calls 'des paradoxes, des systèmes abstraits, des opinions hasardées et téméraires sur des matières au-dessus de la portée du commun des citoyens', he demands severe punishment for certain categories of persons who have abused this freedom: 'Que les lois punissent la personne, flétrissent les noms et les ouvrages des vils calomniateurs, des menteurs publics, des corrupteurs de l'innocence, de ces hommes dangereux dont les écrits impurs laissent des traces durables dans le cœur de la jeunesse.'[191]

Although freedom of thought in the matter of religion seemed to be guaranteed in the much more secular society which emerged from the Revolution and the Napoleonic period, there were later regimes such as the Restoration and, at any rate for a good part of

---

[189] *Œuvres*, vol. V, p. 208.
[190] *Adresse à l'Assemblée nationale*, pp. 70-1, 86-7.
[191] *Éthocratie*, pp. 160-2.

its existence, the Second Empire under which it did not pay people engaged in, for instance, education to reject openly the teachings of the Catholic Church. This state of affairs no doubt partly explains the emergence of a virulent form of anticlericalism in the course of the nineteenth century.

Press freedom had a chequered history for the hundred years after 1789. A new era of freedom seemed at last to have dawned in the summer of 1789 with the fall of the Bastille and the proclamation of the *Déclaration des droits de l'homme* with its Article 11: 'La libre communication des pensées et des opinions est un des droits les plus précieux de l'homme; tout citoyen peut donc parler, écrire, imprimer librement, sauf à répondre de l'abus de cette liberté dans les cas déterminés par la loi.' For a time all the Ancien Régime's controls over the publication of books, newspapers, and periodicals seemed to have gone for good. Down to 10 August 1792 complete freedom reigned, especially in Paris, where in 1790 well over three hundred newspapers and periodicals appeared. During the most radical period of the Revolution, in 1793-4, their number fell dramatically; newspaper editors were arrested and some of them put to death, while printers and publishers had to be extremely careful as to the works they handled. A decree passed by the Convention on 29 March 1793 after the execution of Louis XVI laid it down that:

1. Quiconque sera convaincu d'avoir composé ou imprimé des ouvrages ou écrits qui provoquent la dissolution de la représentation nationale, le rétablissement de la royauté ou de tout autre pouvoir attentatoire à la souveraineté nationale, sera traduit au tribunal révolutionnaire et puni de mort.

2. Les vendeurs, distributeurs et colporteurs de ces ouvrages ou écrits seront condamnés à une détention qui ne pourra excéder trois mois, s'ils déclarent les auteurs, imprimeurs ou autres personnes de qui ils les tiennent; s'ils refusent cette déclaration, ils seront punis de deux années de fers.[192]

It was only with the fall of Robespierre and the so-called 'réaction thermidorienne' that some degree of freedom of the press was restored. The Constitution of 1795 contained one article on this subject which established on paper the principle of freedom:

353. Nul ne peut être empêché de dire, écrire, imprimer et publier sa pensée. - Les écrits ne peuvent être soumis à aucune censure avant leur publication. - Nul ne peut être responsable de ce qu'il a écrit et publié, que dans les cas prévus par la loi.

---

[192] Duvergier, vol. V, p. 230.

Another article (335) did, however, provide for the passing of restrictive laws, though it limited their operation to one year.

The press enjoyed a fair measure of freedom down to September 1797 when the threat of a royalist *coup d'état* (the 18 Fructidor) led the Directory to secure the passage of new laws on the press.[193] This brought in the most rigorous control over newspapers which could be suppressed and their editors deported. In order to make newspapers more expensive a stamp duty (the idea came from England) was imposed; this was not to be abolished until the coming of the Third Republic in 1870.

The seizure of power by Napoleon in 1799 led to an even more stringent control over books, newspapers, and periodicals. In January 1800 a decree suppressed all but thirteen of the seventy-three newspapers appearing in the Département de la Seine, gagged those that were left by the threat of suppression if they deviated from policies laid down by the government, and forbade the publication of new ones. The press was thus back in the Ancien Régime when newspapers and periodicals could only be founded with government permission. In 1805 press censorship was revived. In 1810 a decree laid it down that there should not be more than one political newspaper in each department, and it was, of course, to be strictly controlled by the *préfet*; in the following year all but four political newspapers in Paris were suppressed.

The book trade was subjected to similar controls. In 1805 printers were compelled to take out a *brevet* which could be revoked, and to swear an oath of loyalty to the government. Books could be seized and destroyed by the police without any form of legal procedure; this is what happened to the first edition of Mme de Staël's *De l'Allemagne* in 1810. In that year, by a decree of 5 February, Napoleon set up a *Direction de la librairie et de l'imprimerie* to control the book trade; with it came an official censorship of books. Ninety-seven out of 157 printing presses in Paris were closed down. Booksellers (many of them were also publishers) were now also compelled to apply for a *brevet*, and in order to obtain it they had to swear an oath 'de ne vendre, débiter et distribuer aucun ouvrage contraire aux devoirs des sujets envers le Souverain et à l'intérêt de l'État'. The *brevet* was to remain a requirement for booksellers as well as printers down to 1870. The restrictions on the newspaper press and the book trade were undoubtedly worse under the First Empire than they had been at the end of the Ancien Régime.

[193] Ibid., vol. X, pp. 37, 113, 334.

Even after the collapse of this autocratic form of government all manner of restrictions continued to hamper the free communication of ideas, although under the great variety of political regimes which followed during the next sixty years control over the press was never quite so rigid as it had been during the First Empire.

Article 8 of the *Charte constitutionnelle* of 1814 proclaimed the right of Frenchmen 'de publier et de faire imprimer leurs opinions, en se conformant aux lois qui doivent réprimer les abus de cette liberté'. In practice, though with various changes in the direction of both greater freedom and greater restrictions, the Restoration imposed all sorts of limitations on the freedom of the press. Newspapers and periodicals were never free from all manner of constraints, and an offending writer could well land in prison; this was the fate of the pamphleteer, Paul Louis Courier, and Béranger's *chansons* twice earned such sentences together with a heavy fine.

The July Revolution appeared at first to promise a much more liberal attitude to the press under Louis Philippe. Article 7 of the revised *Charte* proclaimed: 'Les Français ont le droit de publier et de faire imprimer leurs opinions en se conformant aux lois. - La censure ne pourra jamais être rétablie.' In practice the new regime continued to impose all sorts of restrictions on the press. Indeed the law passed in September 1835 to put an end to the political agitation of the opening years of the reign was decidedly restrictive. The Revolution of 1848 meant the repeal of this law and the abolition of stamp duty, but in the reaction which followed the *Journées de juin* not only was this brought back by a law of 1850, but the caution money which newspapers had to deposit was further increased. This was only a prelude to the stringent press laws and the strict application of them which was to mark the Second Empire, particularly in its early years. Shortly after the *coup d'état* in February 1852, a decree was issued which, while it did not re-establish a censorship for newspapers, maintained both caution money and stamp duty, and introduced a new system of *avertissements*. After two such *avertissements* a minister could suspend a newspaper, and Louis Napoleon took powers which allowed him to suspend offending newspapers by decree. In the 1850s some of the best known writers of the period—the Goncourt brothers, Flaubert, and Baudelaire—found themselves in the dock charged with 'outrage à la morale publique et religieuse et aux bonnes mœurs'. Some liberalization of the press laws took place in the 1860s.

The proclamation of the Third Republic on 4 September 1870 was quickly followed by such measures as the abolition of stamp duty and caution money for newspapers, but after the elections of 1871 which produced a large royalist majority the situation as regards freedom of the press was not unlike what it had been in the closing years of the Second Empire. Newspapers were still very far from free, particularly during the crisis which followed the attempt at a *coup d'état* in 1877 ('le seize mai'). It was only when the 'République des Ducs' was replaced by the 'République des Républicains' that freedom of the press could become a reality.

'L'imprimerie et la librairie sont libres' proclaimed the first article of the press law of 29 July 1881, passed by the Republican majority.[194]. The new law marked the end of the restrictions imposed by previous regimes such as governmental authorization of newspapers and periodicals and the payment of caution money to cover fines. The relatively few crimes left were to be tried by jury. By the standards of the time the law was extremely liberal. Broadly speaking it continued in force during the rest of the lifetime of the Third Republic, though it was fairly soon to be modified by various measures against pornography and by the so-called 'lois scélérates' of 1893 and 1894 which were directed against anarchists. In one respect, it should be noted, it could scarcely have satisfied the *Philosophes*; it gave practically no redress either to public figures or to private individuals who were the victims of gross libels.

A notorious obstacle to the free communication of ideas under the Ancien Régime was the existence of the extremely unpopular *cabinet noir*, whose officials opened letters on behalf of the government. Anyone familiar with seventeenth-and eighteenth-century correspondences will recall the innumerable occasions on which the writers either wrap up what they have to say in somewhat mysterious language or else frankly state that they cannot say what is at the tip of their pen. The *Cahiers* of 1789 contain numerous protests against this practice. The viewpoint of a *philosophe* is summed up in typically Voltairean fashion in the article POSTE in the *Questions sur l'Encyclopédie*: 'Jamais le ministère qui a eu le département des postes n'a ouvert les lettres d'aucun particulier, excepté quand il a eu besoin de savoir ce qu'elles contenaient.'[195]

The strong feeling against this practice is reflected in the reaction of the Constituent Assembly. On 7 July 1790 it suppressed the

---

[194] Duvergier, vol. LXXXI, p. 294.
[195] *OC*, vol. XX, p. 257.

salaries of the officials employed in the *cabinet noir*, and the Penal Code of 1791 deals severely with violations of postal secrecy carried out on behalf of the government:

Quiconque sera convaincu d'avoir volontairement et sciemment supprimé une lettre confiée à la poste, ou d'en avoir brisé le cachet et violé le secret, sera puni de la peine de la dégradation civique.

Si le crime est commis, soit en vertu d'un ordre émané du pouvoir exécutif, soit par un agent du service des postes, le ministre qui en aura donné ou contresigné l'ordre, quiconque l'aura exécuté, ou l'agent du service des postes qui, sans ordre, aura commis ledit crime, sera puni de deux ans de gêne.[196]

The equivalent clause in the penal code produced in Napoleon's police state is obviously very different:

187. Toute suppression, toute ouverture de lettres confiées à la poste, commise ou facilitée par un fonctionnaire ou un agent du Gouvernement ou de l'administration des postes, sera punie d'une amende de seize francs à trois cents francs. Le coupable sera, de plus, interdit de toute fonction ou emploi public pendant cinq ans au moins et dix ans au plus.

Successive regimes in France continued to make use of this practice, though continuing to deny that the *cabinet noir* of the Ancien Régime still lived on. The revision of the Penal Code carried out by the law of 28 April 1832, though in general it modified some of the rigours of the Napoleonic code, increased the punishment for this offence by adding 'et d'un emprisonnement de trois mois à cinq ans'. With the additional amendment that the fine is now 'de 500 F à 8000 F', this remains the law down to the present day, but clearly it is unlikely to stop the official interception of mail. Indeed under the Second Empire by an *arrêt* of 21 November 1853 the Cour de Cassation held that the Paris *préfet de police* and the *préfets* in the provinces had the right to have delivered to them by the Post Office any letters they might ask for and that they could delegate this power to the *commissaires de police*. No doubt, as well as tapping telephones, the government continues down to the present day to violate the secrecy of the post, though presumably on a somewhat smaller scale than in Voltaire's day.

(c) *Education*

Under the Ancien Régime education in France was very largely in the hands of the Catholic clergy, both regular and secular. Until the closure of their colleges in 1762 the Jesuits had been the principal educators of boys at secondary level. Many of the *Philosophes*,

---

[196] Duvergier, vol. III, p. 359.

starting with Voltaire himself, had been their pupils. This did not mean that they were in favour of clerical control over education, on the contrary. When in 1763, after the closure of the Jesuits' colleges, La Chalotais produced his *Essai d'éducation nationale* with its strongly anticlerical bias, Voltaire wrote to thank him for a copy, showing his hostility to so much of education being in the hands of a celibate clergy, 'Que je vous sais bon gré, monsieur, de vouloir que ceux qui instruisent les enfants, en aient eux-mêmes! Ils sentent certainement mieux que les célibataires comment il faut instruire l'enfance et la jeunesse.'[197] Two years later, in his *De la destruction des Jésuites en France*, d'Alembert refurbished his attacks on religious orders in the *Encyclopédie* and restated his objection to their employment in education. 'Appliquera-t-on les religieux à l'instruction de la jeunesse?' he asks, 'Mais ces mêmes préjugés de corps, ces mêmes intérêts de communauté ou de parti, ne doivent-ils pas faire craindre que l'éducation qu'ils donneront ne soit ou dangereuse ou tout au moins puérile; qu'elle ne serve même quelquefois à ces religieux, comme elle n'a que trop servi aux Jésuites,[198] de moyens de gouverner et d'instrument d'ambition, auquel cas ils seraient plus nuisibles que nécessaires?'[199]

In his *Essai sur les études en Russie*, which was presumably composed before his *Plan d'une université*, Diderot maintains that, if since the Renaissance it is the Protestant countries of Europe which have made most progress, this is because 'l'esprit du clergé catholique, qui s'est emparé de tout temps de l'instruction publique, est entièrement opposé aux progrès des lumières et de la raison que tout favorise dans les pays protestants'. In the *Plan d'une université* he would exclude all priests from any part in education except in the Faculty of Theology: 'Ils sont rivaux par état de la puissance séculière, et la morale de ces rigoristes est étroite et triste.'[200]

Helvétius too denounces clerical education in *De l'homme*: 'Aussi l'instruction donnée maintenant dans les collèges et les séminaires se réduit-elle à la lecture de quelques légendes, à la science de quelques sophismes propres à favoriser la superstition, à rendre les esprits faux et les cœurs inhumains.' What is needed, he declares, is a purely secular education which will encourage the

---

[197] *CW*, vol. 110, pp. 82-3.
[198] The last eight words were added in the new version.
[199] *Œuvres*, vol. V, p. 219.
[200] *OC (AT)*, vol. III, pp. 415, 529.

pupils to think for themselves: 'Il faut aux hommes une autre
éducation; il est temps qu'à de frivoles instructions on en substitue
de plus solides; qu'on enseigne aux citoyens ce qu'ils doivent à
eux, à leur prochain, à leur patrie; qu'on leur fasse sentir le ridicule des disputes religieuses, l'intérêt qu'ils ont de perfectionner
la morale et par conséquent s'assurer la liberté de penser et
d'écrire.'[201]

D'Holbach's views on the question are a strange mixture. In
the *Système social* he speaks of 'les vices de ces institutions antiques
qui livrent la jeunesse entre les mains des hommes les moins
capables de la rendre utile à la société',[202] and he complains in
La Politique naturelle that education 'est partout abandonnée aux
ministres de la religion'.[203] In the latter work he puts his objection
to clerical education even more brutally when he writes: 'L'éducation du citoyen est partout livrée à des hommes dont les intérêts
sont parfaitement détachés de ceux de la société, à des hommes
sans patrie, à des despotes occupés du soin d'étouffer la raison
sous le joug de leur propre autorité, aux ministres tyranniques de
la divinité pour laquelle ils inspirent une crainte lâche et servile.'[204]

It comes therefore as somewhat of a surprise to find him putting
forward in *Éthocratie* the suggestion that the government should
make use of the many educated men in the ranks of the clergy.
'Il n'est point de science utile', he declares, 'qu'un gouvernement
éclairé ne pût faire fleurir à l'aide du clergé.' He argues that advantage should be taken of the existence of so many richly endowed
monasteries to turn them into schools which, unlike most existing
colleges, would be far from the corrupting influence of the towns.
This is how d'Holbach sees the educational use that might be
made of such wealthy institutions:

Dirigés par les ordres d'un bon gouvernement, les monastères seraient bientôt
changés en des maisons d'éducation dont les maîtres se trouveraient alimentés
et dotés. On n'aurait pas à craindre que l'éducation de la jeunesse ne fût trop
monastique en prescrivant aux instituteurs le plan fixe de ce qu'ils doivent
enseigner. Par cette voie des cénobites pourraient former jusqu'à des militaires
à l'aide des instructions élémentaires que l'on pourrait leur faire administrer. Si
des moines ne peuvent pas donner à la jeunesse la pratique des différents états
auxquels on la destine, ils peuvent du moins lui en donner la théorie; ils peuvent
surtout l'accoutumer de bonne heure au joug de la morale, qui doit être la même
pour tous les états de la vie. L'histoire, la physique, la géométrie, l'astronomie,

[201] Vol. II, pp. 324-5.
[202] Vol. II, p. 65.
[203] Vol. I, p. 187.
[204] Vol. II, pp. 267-8.

la géographie etc. peuvent, avec de bons éléments, être enseignées dans un monastère encore mieux que dans des collèges placés au sein des villes corrompues et dissipées.

While he is critical of the education provided for girls by many convents, far from wishing to abolish such institutions, he would seek only to reform them. At present 'dans ces solitudes les filles, destinées à devenir un jour des mères et des citoyennes, n'apprennent rien d'utile', but at least convents are 'des asiles où pour quelques années les parents peuvent déposer leurs enfants en sûreté'. It is for the government to ensure that the education offered there is changed. D'Holbach was certainly very far from sharing Condorcet's view that women had the same right to education as men; the intellectual content of the education which he would like to see convents offering girls would be decidedly modest since 'les femmes, par la faiblesse de leurs organes, ne sont pas susceptibles des connaissances abstraites, des études profondes et suivies qui conviennent aux hommes'. However, he suggests that one could at least 'leur faire contracter l'habitude de la douceur, de l'amour du travail, de la patience, vertus qui leur seront si nécessaires quand elles seront épouses et mères de famille'. If the intellectual content of their education must necessarily be very slight, 'on pourrait les accoutumer à la lecture et leur inspirer du moins du goût, de la curiosité pour des connaissances solides, propres à les amuser utilement et à les rendre moins légères, plus estimables, et à les garantir de l'ennui auquel elles sont souvent exposées dans le monde'.[205]

There is no doubt a partial explanation of these somewhat surprising views in that *Éthocratie* was written at the beginning of the reign of Louis XVI to whom it is dedicated, at a moment when considerable reforms seemed possible. What d'Holbach is offering in it is suggestions about reforms which might be carried out at once without a vast upheaval. While he would obviously have preferred to see the State take over the important share in the Church's vast property which belonged to the religious congregations, it would have been a waste of time to offer such a suggestion in the existing circumstances; hence this proposal to make better use of their wealth. Even so, these proposals are scarcely what one would expect from the author of the *Système de la nature*.

In his writings on education published during the Revolution Condorcet naturally takes up a purely secular position. In *Sur*

[205] pp. 101-106.

l'instruction publique he maintains that the clergy must at all costs be kept out of the State system which he is proposing: 'C'est surtout entre les fonctions ecclésiastiques et celles de l'instruction qu'il est nécessaire d'établir une incompatibilité absolue dans les pays où la puissance publique reconnaît ou soudoie un établissement religieux.'[206] In the *Rapport et projet de décret* which he presented to the Legislative Assembly in 1792 he goes further in ruling out any religious instruction in schools:

La constitution, en reconnaissant le droit qu'a chaque individu de choisir son culte, en établissant une entière égalité entre tous les habitants de la France, ne permet point d'admettre dans l'instruction publique un enseignement qui, en repoussant les enfants d'une partie des citoyens, détruirait l'égalité des avantages sociaux et donnerait à des dogmes particuliers un avantage contraire à la liberté des opinions. Il était donc rigoureusement nécessaire de séparer de la morale les principes de toute religion particulière et de n'admettre dans l'instruction publique l'enseignement d'aucun culte religieux.[207]

Religious education must be left to the parents for, as he put it in *Sur l'instruction publique*, 'les parents seuls peuvent avoir le droit de faire enseigner ces opinions, ou plutôt la société n'a pas celui de les en empêcher'.[208]

The struggle for the establishment of a State system of education which would be neutral in matters of religion and thus drastically reduce the influence which the Church had exercised through the ages in this field was to prove long and bitter. It lasted well into the twentieth century and, if it is nowadays less important in French life, it has not altogether vanished from sight. The different revolutionary assemblies frequently debated education, but a system embracing all forms from primary school to the university and the *grandes écoles* founded by the Convention was not worked out. On paper the *Université*, set up by Napoleon in 1808, was given a monopoly of education from the university faculties downwards; but in practice in addition to the State *lycées* there were *collèges* run by the local authorities as well as a great many Catholic secondary schools outside the system, though at this period these were mainly private establishments and were not run by religious congregations. Primary education did not interest Napoleon and a good deal of it was carried on by members of religious congregations, which he had allowed to re-establish themselves.

---

[206] *Œuvres*, vol. VII, p. 288.
[207] Ibid., p. 483.
[208] Ibid., p. 253.

During the Restoration the State left it largely to local initiative to found primary schools, and education at this level continued to be dominated by the Catholic Church. The village schoolmaster who was paid by the *commune* was often the *curé*'s second in command, acting as sexton, bell-ringer, and precentor. It was not until 1833 with the *Loi Guizot* that a State system of primary education was established, and it continued to be partly run by members of religious congregations, particularly nuns. In the reaction which followed the *Journées de juin* a law—the *Loi Falloux*—was passed in 1850 which officially broke the somewhat nominal State monopoly of secondary education; it was made much easier to open *écoles libres* (Catholic schools) which were now recognized officially as much as the State *lycées* and the municipal *collèges*. During the next fifty years the religious congregations came to play an increasingly important part in education, both primary and secondary, often with minimal academic qualifications. What is more, the *Loi Falloux* gave clerical representatives a considerable degree of control over the State primary and secondary schools. During the shaky opening years of the Third Republic Catholic faculties were even given the right to confer degrees from the *baccalauréat* upwards, hitherto a State monopoly.

There was a sharp reversal of policy from 1879 onwards with the arrival in power of the Republicans. At every level significant changes were effected. The State's monopoly of the conferment of degrees was restored. A State system of secondary education for girls was introduced despite bitter attacks from the Catholic hierarchy. The clergy was no longer to exercise any control over State primary schools which were to remain completely neutral in matters of religion, though one day a week was to be left free for children to receive religious education if their parents should so desire. This secularization of the State primary education was denounced in furious terms as 'l'école sans Dieu'. Primary education came more and more into the hands of the State though on the eve of the First World War about a million out of some five and a half million children of this age group were still taught in Church schools. What continued to worry the Republicans was the hold which the religious orders had achieved in secondary education; a high proportion of the children of the upper classes were sent to Church schools which at the end of the century had more pupils than the *lycées*. 'Deux jeunesses,' declared Waldeck-Rousseau in a famous speech, '... moins séparées encore par leur condition que par l'éducation qu'elles reçoivent, grandissent sans

se connaître, jusqu'au jour où elles se rencontreront, si dis-
semblables qu'elles risqueront de ne se plus comprendre.' Hence
the attempt to curb the power of the religious congregations by
the law on associations passed in 1901; this led to the closing of
many Church schools though it was never fully applied. The
struggle between 'l'école laïque' and 'l'école libre' has continued
down to our own day, though by now a *modus vivendi* between the
two systems has been worked out and the controversy has lost
its earlier violence.

When the question of education for the masses arose, there was
one discordant voice among those *Philosophes* to express views on
this subject, that of Voltaire. In the *Questions sur l'Encyclopédie* the
'seigneur de Ferney' with his agricultural preoccupations declared
himself firmly against:

Plusieurs personnes ont établi des écoles dans leurs terres, j'en ai établi moi-
même,[209] mais je les crains. Je crois convenable que quelques enfants apprennent
à lire, à écrire, à chiffrer; mais que le grand nombre, surtout les enfants des
manœuvres, ne sachent que cultiver, parce qu'on n'a besoin que d'une plume
pour deux ou trois cents bras. La culture de la terre ne demande qu'une intelligence très commune; la nature a rendu faciles tous les travaux auxquels elle a
destiné l'homme. Il faut donc employer le plus d'hommes qu'on peut à ces
travaux faciles et les leur rendre nécessaires.[210]

In a well-known letter to La Chalotais he praised the author of the
Essai d'éducation nationale for his attack on education for the masses
and jeered at the efforts in this direction made by the *Frères des
écoles chrétiennes*: 'Je vous remercie de proscrire l'étude chez les
laboureurs. Moi qui cultive la terre, je vous présente requête pour
avoir des manœuvres, et non des clercs tonsurés. Envoyez-moi
surtout des frères ignorantins pour conduire mes charrues ou
pour les y atteler.'[211] In a later exchange of letters with Damilaville,
who favoured education for the masses, he states his position very
clearly when he writes: 'J'entends par peuple la populace qui
n'a que ses bras pour vivre. Je doute que cet ordre de citoyens ait
jamais le temps ou la capacité de s'instruire, ils mourraient de
faim avant de devenir philosophes, il me paraît essentiel qu'il y ait
des gueux ignorants.'[212]

[209] See *CW*, vol. 117, p. 318, and also vol. 118, p. 470, where, writing to the d'Argentals
in 1769, he declares: 'Non seulement je m'acquitte de mes devoirs, mais j'envoie mes
domestiques catholiques régulièrement à l'église, et mes domestiques protestants
régulièrement au temple, et je pensionne un maître d'école pour enseigner le catéchisme
aux enfants.'
[210] *OC*, vol. XIX, p. 111.
[211] *CW*, vol. 110, p. 83.
[212] Ibid., vol. 114, p. 155.

This extremely restrictive view was held by many people at this period. After breaking with the *Philosophes*, Rousseau in *La Nouvelle Héloise* boldly proclaimed in a society in which the overwhelming majority of the population lived on the land: 'N'instruisez point l'enfant du villageois car il ne lui convient pas d'être instruit,'[213] and in *Émile* his attitude is stated even more broadly: 'Le pauvre n'a pas besoin d'éducation; celle de son état est forcée; il n'en saurait avoir d'autre.'[214] However, even Voltaire could on occasion modify his attitude to some extent. In the form in which he finally published a letter of 1767 to the *anti-philosophe*, Linguet, he rejects his correspondent's view of the masses. 'Non, monsieur,' he writes, 'tout n'est point perdu, quand on met le peuple en état de s'apercevoir qu'il a un esprit.' He draws a distinction between skilled occupations which require some degree of education and those 'qui ne demandent que le travail des bras et une fatigue de tous les jours'. The second and more numerous class of men 'pour tout délassement et pour tout plaisir, n'ira jamais qu'à la grand-messe et au cabaret, parce qu'on y chante et qu'elle y chante elle-même'. The position of skilled artisans is very different; they are forced by their very calling 'à réfléchir beaucoup, à perfectionner leur goût, à étendre leurs lumières'. 'Ceux-là', he goes on, 'commencent à lire dans toute l'Europe.'[215]

His position remained, however, very different from that of other *Philosophes* who insist that a certain minimum of education must be provided for the masses. While d'Holbach has practically nothing to say about anything except the moral content of what is to be offered them, he repeatedly demands the establishment of a national system of education. He complains again and again that what education is offered the masses is left in the hands of the clergy, whereas 'l'instruction des peuples devrait être l'objet le plus essentiel du gouvernement ... Vouloir que les hommes demeurent dans les ténèbres, c'est vouloir qu'ils soient méchants.' It must be said that his interest in the education of the masses arises out of a certain fear of them:

Pour aimer son gouvernement, il faut en connaître les avantages; il faut donc éclairer le peuple, si l'on veut qu'il soit raisonnable ... C'est par l'instruction générale que l'on peut rendre le peuple raisonnable, lui faire sentir ses intérêts, le convaincre de l'attachement qu'il doit à son gouvernement, à ses institutions, à ses devoirs, les avantages de la tranquillité, les dangers qui le menaceraient s'il se prêtait aux impulsions des traîtres et des flatteurs, qui tenteraient de l'égarer.[216]

[213] *Œuvres complètes*, eds B. Gagnebin and M. Raymond, Paris, 1959-, vol. II, p. 567.
[214] Ibid., vol. IV, p. 267.   [215] *CW*, vol. 115, p. 436.
[216] *La Politique naturelle*, vol. I, p. 188.

His stress on the moral content of the education to be offered reflects this feeling of fear. In *Éthocratie* he speaks of the inadequacy of religious morality and argues that what should be taught is

les principes évidents de la morale humaine qui prouve aux hommes de tous les états qu'ils sont intéressés en cette vie à être justes, bons, honnêtes, tempérants, etc. Inculqués des la plus tendre jeunesse, ces principes montreraient aux artisans, aux laboureurs, aux indigents qu'ils doivent travailler pour subsister honnête-ment; que la paresse les expose au vice; que le vice conduit au crime, qui rare-ment peut échapper à la rigueur des lois.

However that may be, after declaring that it is the failure of the government to provide suitable instruction which is responsible for the vices of the masses, he goes on to argue that it should establish an educational system which would not only be free and compulsory, but which would also provide for necessitous children being fed: 'Dans un état bien constitué il devrait y avoir des écoles gratuites et publiques où l'on instruirait et nourrirait la jeunesse indigente; et les lois devraient alors contraindre les parents d'y envoyer leurs enfants pour recevoir des leçons et du pain qu'ils sont incapables de leur donner.'[217]

Diderot was expressing very similar ideas on education at this period, only they have to be seen through the Russian context in which they inevitably appear since he was writing for Catherine. In the *Mémoires pour Catherine II* there is a section entitled 'Des écoles publiques' in which he divides education into three stages at the first of which attendance would be compulsory for all children. At this point there is an interesting footnote: 'C'est des basses ou dernières conditions de la société dont les enfants restent sans aucune sorte d'éducation que sortent toutes les sortes de malfaiteurs. On a voulu à Paris les enlever à leurs parents, et cette violence a causé une révolte;[218] c'est qu'il fallait les contraindre à se rendre dans les écoles publiques et leur fournir du pain dans ces écoles.'[219] This first stage, according to Diderot, would provide 'l'éducation des enfants destinés aux dernières conditions de la société, valets, cochers, etc.' It would be essential to furnish bread and for all meals 'afin que les pauvres parents n'aient aucun prétexte pour les garder chez eux'. The following would be the curriculum for this first stage, one which would be 'commun à tous les enfants, même les plus ineptes': '*Bien lire, bien écrire.* - La lecture dans le catéchisme religieux et civil, ensuite dans quelques

[217] pp. 195-7.
[218] This took place in 1750.
[219] p. 130.

bons ouvrages élémentaires d'une morale claire, pure et simple. Les exemples d'écriture, tous absolument tirés du catéchisme. Apprendre et pouvoir réciter par cœur tout le catéchisme. L'arithmétique: les quatre règles; les fractions; la règle de trois, et le calcul par les jetons.'[220] It is not clear how far Diderot would have wanted to see such a curriculum continue in force in France for this was roughly the content of the education offered there in the clerically run or clerically dominated *petites écoles*. It is also striking that Diderot suggests that a school or schools at this level should be available 'dans chaque grande ville';[221] there is no mention of small towns, let alone of the country where the great mass of the population lived in both France and Russia.

This last restriction seems to vanish in the *Plan d'une université* where he speaks of 'une école dont la porte est ouverte indistinctement à tous les enfants d'une nation et où des maîtres stipendiés par l'État les initient à la connaissance élémentaire de toutes les sciences. Je dis *indistinctement*, parce qu'il serait aussi cruel qu'absurde de condamner à l'ignorance les conditions subalternes de la société.'[222] In discussing German elementary schools in the *Essai sur les études en Russie* Diderot had enunciated the principle that 'depuis le premier ministre jusqu'au dernier paysan il est bon que chacun sache lire, écrire et compter', and he replies to two objections:

La noblesse dit que cela rend le paysan chicaneur et processif. Les lettrés disent que cela est cause que tout cultivateur un peu à son aise, au lieu de laisser à son fils sa charrue, veut en faire un savant, un théologien, ou tout au moins un maître d'école. Je ne m'arrête pas beaucoup au grief de la noblesse; peut-être se réduit-il à dire qu'un paysan qui sait lire et écrire est plus malaisé à opprimer qu'un autre. Quant au second grief, c'est au législateur à faire en sorte que la profession de cultivateur soit assez tranquille et estimée pour n'être pas abandonnée.[223]

In the *Plan d'une université* he suggests the same sort of curriculum as in the *Mémoires pour Catherine II*; this first stage of education would be both free and compulsory; once again he maintains that children should be provided with food in 'les petites écoles ouvertes à tous les enfants du peuple au moment où ils peuvent parler et marcher; là ils doivent trouver des maîtres, des livres et du pain, des maîtres qui leur montrent à lire, à écrire et les premiers principes de la religion et de l'arithmétique; des livres dont ils ne

[220] p. 137.
[221] p. 130.
[222] *OC* (*AT*), vol. III, p. 433.
[223] Ibid., p. 417.

seraient peut-être pas en état de se pourvoir; du pain qui autorise
le législateur à forcer les parent les plus pauvres d'y envoyer leurs
enfants'.[224] Whether 'enfants' here includes girls is not clear, nor
for that matter is it with d'Holbach.

Condorcet had undoubtedly a much broader vision of the aims
of this first stage of education even if the great mass of the population would not go beyond it. His ideal for the masses—women
as well as men—is given its most detailed and eloquent expression
in his last work, the *Esquisse d'un tableau historique*, where he argues
that, given the right methods,

> on peut instruire la masse entière d'un peuple de tout ce que chaque homme a
> besoin de savoir pour l'économie domestique, pour l'administration de ses
> affaires, pour le libre développement de son industrie et de ses facultés; pour
> connaître ses droits, les défendre et les exercer, pour être instruit de ses devoirs,
> pour pouvoir les bien remplir; pour juger ses actions et celles des autres,
> d'après ses propres lumières, et n'être étranger à aucun des sentiments élevés ou
> délicats qui honorent la nature humaine; pour ne point dépendre aveuglément de
> ceux à qui il est obligé de confier le soin de ses affaires ou l'exercice de ses droits,
> pour être en état de les choisir et de les surveiller, pour n'être plus la dupe de ces
> erreurs populaires qui tourmentent la vie de craintes superstitieuses et d'espér-
> ances chimériques; pour se défendre contre les préjugés avec les seules forces de
> sa raison; enfin, pour échapper aux prestiges du charlatanisme, qui tendrait des
> pièges à sa fortune, à sa santé, à la liberté de ses opinions et de sa conscience,
> sous prétexte de l'enrichir, de le guérir et de le sauver.[225]

No doubt the realization of this ideal lay far in the future, as was
the case with his view that women had a right to the same educational opportunities as men. 'L'instruction doit être la même
pour les femmes et pour les hommes', is the heading of one section
of *Sur l'instruction publique*. There he maintains that 'toute instruction se bornant à exposer des vérités, à en développer les
preuves, on ne voit pas comment la différence des sexes en exigerait
une dans le choix de ces vérités ou dans la manière de les prouver'.
'Les femmes ont le même droit que les hommes à l'instruction
publique' is the heading of another section which begins: 'Enfin,
les femmes ont les mêmes droits que les hommes; elles ont donc
celui d'obtenir les mêmes facilités pour acquérir les lumières qui
seules peuvent leur donner les moyens d'exercer réellement ces
droits avec une même indépendance et dans une égale étendue.'[226]
No doubt Condorcet was well aware that such feminist views were
unlikely to gain general acceptance for a long time to come.

---

[224] Ibid., p. 520.
[225] pp. 214-15.
[226] *Œuvres*, vol. VII, pp. 215-16, 220.

In his commentary on Voltaire he naturally rejects the hostile attitude to education for the masses which he found in the *Questions sur l'Encyclopédie*:[227]

Le temps de l'enfance, celui qui précède l'âge où un enfant peut être assujetti à un travail regulier, est plus que suffisant pour apprendre à lire, à écrire, à compter, pour acquérir même des notions élémentaires d'arpentage, de physique et d'histoire naturelle. Il ne faut pas craindre que ces connaissances dégoûtent des travaux champêtres. C'est précisément parce que presque aucun homme du peuple ne sait bien écrire que cet art devient un moyen de se procurer avec moins de peine une subsistance plus abondante que par un travail mécanique. Ce n'est que par l'instruction qu'on peut espérer d'affaiblir dans le peuple les préjugés, ses tyrans éternels auxquels presque partout les grands obéissent même en les méprisant.[228]

In his plan for a national system of education, the first stage in which, as in the later ones, both sexes would be taught together and by teachers of either sex, would last for four years, from the age of nine to thirteen. As in the later stages, the teachers would be paid out of State funds and education would be free. There would be at least one school in every village. Both reading and writing would be taught in the first year, reading from books adapted to the needs of children and not from the catechism and even less from Latin texts 'comme la conduite en a été introduite dans les pays de la communion romaine, par la superstition, toujours féconde en moyens d'abrutir les esprits'.[229] This first stage of education would have from the beginning a strong moral content, gradually including teaching the rights and duties of citizens, all this on a completely secular basis. By the end of the course the pupil would have acquired not only the three R's, but also a rudimentary knowledge of natural history and its application to agriculture, of geometry and physics and their applications to surveying and mechanics, and of drawing.

The demand put forward by *Philosophes* like Diderot, d'Holbach and Condorcet for a system of primary education which would provide for at least the minimum needs of all members of the community was not to be met for some considerable time. Since it had also been put forward in many of the *Cahiers* of 1789, including some of those drawn up by the clergy and nobility, the successive Revolutionary assemblies endeavoured—on paper— to deal with the problem. The constitution of 1791 laid down the principle of a State system, including free elementary education,

---

[227] See above, p. 250.
[228] *Œuvres*, vol. IV, p. 627.
[229] Ibid., vol. VII, p. 233.

though it prudently placed its realization in a somewhat distant future: 'Il sera créé et organisé une Instruction publique commune à tous les citoyens, gratuite à l'égard des parties d'enseignement indispensables pour tous les hommes et dont les établissements seront distribués graduellement, dans un rapport combiné avec la division du royaume.' (Titre Ier) The Legislative Assembly (it was for it that Condorcet produced his famous report) took up the problem, but, while these matters were being debated, many of the elementary schools were closed as a result of the Revolution's religious policy over Church property, tithes, and congregations as so much of education had been in the hands of the Church. During the most radical phase of the Revolution, from the meeting of the Convention in September 1792 down to the fall of Robespierre in July 1794, a State system of primary education gave rise to long discussions. These resulted in the passing of a decree on 19 December 1793 which made primary education both compulsory and free, though only for children between the ages of six and eight. Though it remained open to anyone to open a school on production of a *certificat de civisme*, the teachers in the State schools were to be paid a modest salary, based on the number of pupils. Given the circumstances of the time and the low financial rewards offered to the teachers, it is not surprising that little progress was made with carrying out this law. After the fall of Robespierre the Convention gradually went back on these sweeping changes. Although a decree of 17 November 1794 gave the teachers a fixed salary instead of making their income depend on the number of pupils, school attendance was no longer made compulsory. A further retreat came with the passing of the law of 25 October 1795 which abolished teachers' salaries, leaving them only with lodging and what they could earn in pupils' fees. In other words primary education was no longer to be free.

Neither the Directory nor Napoleon did anything effective to promote primary education, by seeing that teachers were properly trained and received a reasonable salary. Napoleon was content to leave a good deal of primary education in the hands of the religious congregations which had been permitted to re-establish themselves, but, although nuns were allowed to open large numbers of schools for girls, their education remained even more neglected than that of boys.

Some modest progress was made during the Restoration. A royal ordinance of 29 February 1816 laid it down that there should be in every *commune* a school paid for out of its funds, but without such education being compulsory. Though the State assumed the task of organizing education at this level, it did nothing to secure the proper training of the necessary teachers and was indeed content to leave an increasing part to be played by the religious congregations, as well as giving the *curé* and, behind him, the bishop a great deal of say.

A big step forward at any rate for boys, came during the July Monarchy with the passing of the *Loi Guizot* in 1833. This law did not make primary education either compulsory or free, though it did make provision for the poorer children to pay no fees; in 1837 one in three was receiving free education and by the 1870s this figure had risen to over a half. It established training colleges for teachers, and effected considerable improvements in the salaries and housing offered them. By 1848 the number of pupils had nearly doubled, though it was only after that date that rapid progress was made with the education of girls.

The arrival of the Republicans in power at the end of the 1870s brought another even more decisive change in this field. Their long struggle for the principles of 'gratuité, obligation, laïcité' in primary education was brought to a successful conclusion. In 1881 all fees in State primary schools were abolished, and in the following year attendance between the ages of six and thirteen was made compulsory. Steps had already been taken in 1879 to increase the number of training colleges for women teachers by making it compulsory for these to be set up in each department within four years. Ten years later a law was passed which made all *instituteurs* and *institutrices* civil servants (*fonctionnaires*) like the other teachers in the State system at secondary and university level; henceforth the local authorities were to be responsible only for providing the buildings and equipment. Though the *Philosophes* who a hundred years or so earlier had taken up the cause had to wait a long time for their ideas to be realized, no doubt they would have been quite satisfied with the reforms associated with the name of Jules Ferry as their proposals for this level of education were fairly modest.

The secondary education offered by various religious orders among which the Jesuits were the most prominent down to the closure of their schools in 1762 is severely criticized by a number of *Philosophes*. The measures taken by the Parlements against the Jesuits gave rise to hopes for reform and to a considerable literature on the subject of educational changes. Diderot, however, maintained in his *Mémoires pour Catherine II* that things had got worse rather than better after the expulsion of the Jesuits: 'Je croyais toucher à la réinstauration des bonnes études; et l'on a remplacé les mauvais instituteurs par d'autres qui sont pires qu'eux. Ils ont encore moins de lumières et moins de mœurs.'[230] However, the main assault of the *Philosophes* on the existing system came long before the crisis of 1762 in d'Alembert's *Encyclopédie* article, COLLÈGE, the publication of which, nine years earlier, had aroused considerable controversy.

Though d'Alembert's article reaches the not very helpful conclusion that 'l'éducation publique ne devrait être la ressource que des enfants dont les parents ne sont malheureusement pas en état de fournir à la dépense d'une éducation domestique', it certainly offers a vigorous criticism of the three stages of education offered by the Jesuit and similar colleges—humanities and rhetoric which correspond roughly to secondary education today and the final stage of philosophy, which was taken only by a minority and which overlaps with our idea of a first degree course at a university. The article is far from being entirely negative; it puts forward quite a number of proposals for reforms.

The first part of the course, the humanities, which normally lasted six years, consisted almost exclusively in learning Latin with a smattering of Greek: 'On y explique, tant bien que mal, les auteurs de l'antiquité les plus faciles à entendre; on y apprend aussi, tant bien que mal, à composer en latin; je ne sache pas qu'on y enseigne autre chose.' The course in rhetoric which followed is treated with rather heavy sarcasm: 'En rhétorique on apprend d'abord à *étendre* une pensée, à *circonduire* et *allonger* des périodes; et peu à peu l'on en vient enfin à des discours en forme, toujours ou presque toujours en langue latine. On donne à ces discours le nom d'*amplifications*, nom très convenable en effet, puisqu'ils consistent pour l'ordinaire à noyer dans deux feuilles de verbiage ce qu'on pourrait et ce qu'on devrait dire en deux lignes.' Even more scathing is his account of the course in philosophy which was supposed to include some science. Of the logic taught, for instance, he writes: 'Celle qu'on enseigne, du moins dans un grand nombre de *collèges*, est à peu près celle que le maître de philosophie se propose d'apprendre au bourgeois gentilhomme; on y enseigne à bien concevoir par le moyen des universaux, à bien juger par le moyen des catégories, et à bien construire un syllogisme par le moyen des figures, *barbara, celarent, darii, ferio, baralipton,* etc.' As for the science taught, 'on bâtit à sa mode un

[230] p. 134.

système du monde; on y explique tout ou presque tout; on y suit ou on y réfute à tort et à travers Aristote, Descartes et Newton'.

The youth who has completed the whole course lasting ten years in all leaves, writes d'Alembert, 'avec la connaissance très imparfaite d'une langue morte, avec des préceptes de rhétorique et des principes de philosophie qu'il doit tâcher d'oublier'.

How this time might be better employed he endeavours to show in the second part of the article. To spend six years acquiring an imperfect knowledge of Latin seems to him a waste of precious time; while he holds that a knowledge of Latin literature is essential, it would be sufficient if pupils were taught enough of the language to understand the works studied without trying to write it. It would be better to devote some of the time to a study of the French language and substitute French essays for Latin. A place ought to be found for the study of modern languages: 'La plupart seraient plus utiles à savoir que des langues mortes, dont les savants seuls sont à portée de faire usage.' History and with it geography ought to be brought into the curriculum. In the rhetoric course greater use should be made of examples taken from French literature; perhaps it might come after the philosophy course, since, as d'Alembert puts it, 'il faut apprendre à penser avant que d'écrire'. The fine arts and music should also be studied. Finally the philosophy course ought to be radically reformed: 'Dans la philosophie on bornerait la logique à quelques lignes; la métaphysique, à un abrégé de Locke; la morale purement philosophique, aux ouvrages de Sénèque et d'Epictète; la morale chrétienne, au sermon de Jésus-Christ sur la montagne; la physique, aux expériences et à la géométrie, qui est de toutes les logiques et physiques la meilleure.'[231] It can well be imagined that, when this article appeared in 1753, it was bitterly attacked by orthodox writers.

Voltaire seems to have given little attention to this level of education, though in the article ÉDUCATION in the *Questions sur l'Encyclopédie* there is a 'Dialogue entre un conseiller et un ex-jésuite' in which, after the ex-Jesuit has spoken bitterly about the miserable pension of 400 livres allowed him, the judge complains of the useless education given him by his order, describing it as consisting of 'du latin et des sottises'.[232] Helvétius devotes some space in *De l'esprit* to what he regards as the scandalous neglect of French in secondary education: 'Quoi de plus absurde que de perdre huit ou dix ans à l'étude d'une langue morte qu'on oublie immédiatement

---

[231] Vol. III, pp. 634a-637b.
[232] *OC*, vol. XVIII, p. 471.

après la sortie des classes, parce qu'elle n'est, dans le cours de la vie, de presque aucun usage?' More radical than d'Alembert he suggests that a knowledge of the ancient world could be obtained from translations. The time saved could be devoted to the study of such subjects as mathematics, physics, history, ethics, and poetry.[233]

Like d'Alembert, Diderot advocated education at home rather than school, at least if we are to take as his settled view his diatribe against Helvétius's claim in *De l'homme* that 'l'émulation est un des principaux avantages de l'éducation publique sur l'éducation domestique'. His attack on the system through which he himself had passed ends with the words: 'Que faire donc? Changer, du commencement jusqu'à la fin, la méthode de l'enseignement public. Ensuite? Ensuite, quand on est riche, élever son enfant chez soi.'[234]

Some twenty years after d'Alembert, at the beginning of his *Plan d'une université*, he makes very much the same criticizms of the existing system. The indictment is certainly a crushing one. Now that the Jesuit colleges had been closed, it applies particularly to the Faculty of Arts, which through its colleges had provided since the Middle Ages courses in the humanities, rhetoric, and philosophy which led to the higher faculties of theology, law, and medicine:

C'est dans les mêmes écoles qu'on étudie encore aujourd'hui, sous le nom de belles-lettres, deux langues mortes qui ne sont utiles qu'à un très petit nombre de citoyens; c'est là qu'on les étudie pendant six à sept ans sans les apprendre; que, sous le nom de rhétorique, on enseigne l'art de parler avant l'art de penser, et celui de bien dire avant que d'avoir des idées; que, sous le nom de logique, on se remplit la tête des subtilités d'Aristote et de sa très sublime et très inutile théorie du syllogisme, et qu'on délaie en cent pages obscures ce qu'on pourrait exposer clairement en quatre; que, sous le nom de morale, je ne sais ce qu'on dit, mais je sais qu'on ne dit pas un mot ni des qualités de l'esprit, ni de celles du cœur, ni des passions, ni des vices, ni des vertus, ni des devoirs, ni des lois, ni des contrats, et que si l'on demandait à l'élève, au sortir de sa classe, qu'est-ce que la vertu? il ne saurait pas répondre à cette question, qui embarrasserait peut-être le maître; que, sous le nom de métaphysique, on agite sur la durée, l'espace, l'être en général, la possibilité, l'essence, l'existence, la distinction des deux substances, des thèses aussi frivoles qu'épineuses, les premiers éléments du scepticisme et du fanatisme, le germe de la malheureuse facilité de répondre à tout, et de la confiance plus malheureuse encore qu'on a répondu à des difficultés formidables avec quelques mots indéfinis et indéfinissables sans les trouver vides de sens; que, sous le nom de physique, on s'épuise en disputes sur les éléments de la matière

---

[233] p. 633.
[234] *OC(AT)*, vol. II, p. 451.

et les systèmes du monde; pas un mot d'histoire naturelle, pas un mot de bonne chimie, très peu de chose sur le mouvement et la chute des corps; très peu d'expériences, moins encore d'anatomie, rien de géographie. A l'exception des premiers principes de l'arithmétique, de l'algèbre et de la géométrie, dont l'enseignement est dû à l'un de mes anciens maîtres, presque rien qui vaille la peine d'être retenu et qu'on n'apprît beaucoup mieux en quatre fois moins de temps.[235]

When it comes to making suggestions for the organization of secondary education in Russia, Diderot argues that, while in the age of Charlemagne and Alfred it was natural to study the classical tongues and the literature of the ancients, now that the arts and sciences have made such enormous progress and that learned works are no longer written in Latin, it would be wrong to begin this level of education with Latin and Greek which in later life will be of no use to the majority of pupils. 'Les uns se font commerçants ou militaires, d'autres suivent la cour ou le barreau; c'est-à-dire que les dix-neuf vingtièmes passent leur vie sans lire un auteur latin, et oublient ce qu'ils ont si péniblement appris.' The classical tongues, he argues, ought to be taught quite late on in the course since they are very difficult as well as being of use to so few: 'A dix-huit ans on y fait des progrès plus sûrs et plus rapides, et on en sait plus et mieux dans un an et demi qu'un enfant n'en peut apprendre en six ou sept ans.'[236]

Instead of Latin and Greek the great majority of the pupils would content themselves with the study of their own language; although the curriculum would include such subjects as history and philosophy, it would have a very strong bias towards mathematics and science. Physics, chemistry, and natural history along with anatomy would occupy a large part of the timetable.

There would be an entrance examination to test a boy's suitability for this level of education: 'On examinera s'il sait bien lire, si son caractère d'écriture est bon, s'il sait orthographier passablement, s'il connaît les chiffres de l'arithmétique, et s'il n'ignore pas les premiers principes de sa religion.'[237] There would also be entrance scholarships awarded by competitive examination. Diderot insists that the parents should be called upon to pay a fairly modest termly fee, partly to stimulate greater activity on the part of the teachers: 'Le gratis de l'enseignement public a abâtardi nos professeurs; que leur importe en effet d'avoir peu ou beaucoup

---

[235] Ibid., vol. III, pp. 435-6.
[236] Ibid., p. 471.
[237] Ibid., p. 525.

d'écoliers, de faire bien ou mal leur devoir? Ils ont moins de peine et ils sont également salariés.'

But the main reason lies in Diderot's hostility to social mobility; he argues that the payment of fees would at least reduce what is bound to be an excessive number of pupils. 'La facilité d'entrer dans les écoles publiques, l'ambition des parents, leur avarice qui leur fait préférer à tout apprentissage celui qui ne coûte rien, tire une multitude d'enfants de la profession de leurs pères, de grandes maisons de commerce s'éteignent, d'importantes manufactures tombent ou dégénèrent, des corps de métiers s'appauvrissent, et pourquoi cela? pour faire un docteur.'[238] How this hostility to social mobility is to be reconciled with his advocacy of filling even the highest posts in the state by competitive examination[239] is not explained.

A similar view was held by d'Holbach, though he expresses it in less strong terms. In *La Politique naturelle* he maintains that 'une politique éclairée fait en sorte que tout citoyen raisonnable soit content du rang où sa naissance l'a placé ... Lorsque l'état est bien constitué, il s'établit une chaîne de félicité qui s'étend du monarque au laboureur. L'homme content songe rarement à sortir de sa sphère; il aime la profession de ses pères à laquelle l'éducation l'a dès l'enfance habitué.'[240]

A very different attitude was adopted by Condorcet, at any rate during the Revolution. Writing in February 1792 when he was a member of the Legislative Assembly, in an article entitled 'Ce que c'est un cultivateur ou un artisan français', he sets out the advantages which the Revolution had brought or would bring to a man of both these classes. Among these will be a free system of education which will be open to men of talent regardless of their social origins: 'Des écoles gratuites seront ouvertes à ses enfants; s'ils en profitent, s'ils se rendent capables de remplir des places, il n'en existe aucune à laquelle, quelle qu'ait été la profession de leur père, ils ne puissent prétendre, non pas de droit seulement mais de fait, et avec une entière égalité; non comme la récompense d'un mérite extraordinaire, mais par une suite naturelle et ordinaire de l'ordre social.'[241] If this view of the future was somewhat too rosy, it does reveal quite a different attitude towards social mobility.

[238] Ibid., p. 530. See also p. 527: 'Rien n'est plus funeste à la société que ce dédain des pères pour leur profession et que ces émigrations insensées d'un état dans un autre.'

[239] See above pp. 96-7.

[240] Vol. II, pp. 165-6.

[241] *Œuvres*, vol. X, pp. 349-50.

Condorcet also reacts strongly against the preponderant place which Latin and Greek had hitherto occupied in secondary education. In *Sur l'instruction publique* he divides education after the primary stage into two parts, the first of which would be given in the *chef-lieu de district* and would last from thirteen to seventeen, while the second—provided for even smaller numbers than the first—would be available in the *chef-lieu du départment* and last from seventeen to twenty-one. As with Diderot it is to this second stage that the teaching of Latin and Greek is relegated, and the course would be restricted to two years: 'Dans une instruction destinée par la puissance publique à la généralité des citoyens, on doit se contenter de mettre les élèves en état d'entendre les ouvrages les plus faciles écrits dans ces langues, afin qu'ils puissent ensuite s'y perfectionner eux-mêmes, s'ils veulent en faire l'objet particulier de leurs études.' Study of the classics cannot be an essential part of a national system of education:

Si les esprits ont renoncé au joug de l'autorité, si désormais on doit croire ce qui est prouvé, et non ce qu'ont pensé autrefois les docteurs d'un autre pays; si l'on doit se conduire d'après la raison, et non d'après les préceptes ou l'exemple des anciens peuples; si les lois, devenant l'expression de la volonté générale, qui, elle-même, doit être le résultat de lumières communes, ne sont plus les conséquences de lois établies jadis pour des hommes qui avaient d'autres idées ou d'autres besoins, comment l'enseignement des langues anciennes serait-il une partie essentielle de l'instruction générale?

If Latin and Greek are useful for scholars and certain professions, then they should be taught to those who wish to follow such careers. As for the argument that they form the taste, Condorcet sees a danger in the study of classical models: 'Je demanderai si le danger de s'égarer à leur suite, de prendre auprès d'eux des sentiments qui ne conviennent ni à nos lumières, ni à nos institutions, ni à nos mœurs, ne doit pas l'emporter sur l'inconvénient de ne pas connaître leurs beautés.'[242]

The two stages of post-primary education must therefore have a strong bias towards mathematics and the sciences, though the curriculum would also include, at various points according to the age of the pupils, not only history and geography, but also grammar and the art of writing as well as philosophy, politics, and economics.

In order to make it possible for boys and girls of ability but from families of modest means to pass from the primary stage to the two secondary stages, Condorcet proposes that in every town in which there were schools at this level there should be established

---

[242] Ibid., vol. VII, pp. 278-9.

'deux maisons d'éducation où l'on élève aux dépens de la nation un nombre déterminé de ces enfants. En effet on doit établir une de ces maisons pour chaque sexe: c'est dans l'instruction seule et non dans l'éducation qu'il peut être utile de les réunir.' In order to avoid humiliating distinctions between rich and poor Condorcet suggests that these establishments should be open to the children of rich parents and also that it should be possible for their children to compete for the entrance scholarships to them: 'On peut donc y appeler également tous les enfants et confondre par là un honneur avec un secours; alors cette institution d'enfants élevés aux dépens de l'État devient un moyen d'émulation qui ne peut être nuisible.'[243]

The changes in secondary education suggested by certain *Philosophes* need to be considered against the broad developments which took place from 1789 onwards. Although it is difficult to estimate at all accurately the number of boys attending *collèges* before the Revolution, and although such statistics as are available for secondary education in the first half of the nineteenth century are far from reliable, it is generally accepted that it was not until the 1840s that the number of boys in *lycées* and *collèges* reached the figure which had been achieved by the 1780s at this level of education. The upheaval of the Revolutionary and Napoleonic period represented a set-back for secondary education for boys, and it certainly did nothing to improve provision for girls.

The Revolution had serious effects on secondary as well as primary education for the same reason, that it too had been largely in clerical hands. Though the teaching congregations were permitted to linger on for a longer period than the rest, finally they too were abolished. The *collèges* disappeared along with the universities to which some of them belonged as Faculties of Arts. Partly to replace them the Convention passed decrees of 25 February and 25 October 1795 setting up institutions known as *écoles centrales* which were a kind of cross between a secondary school and a university. These catered for boys between the ages of twelve and eighteen and, as they relegated Latin and Greek to a very minor role and laid much stress on mathematics and the sciences, they would no doubt have appealed to many *Philosophes*.

They were, however, shortlived as they were abolished by Napoleon in 1802 and replaced by the State *lycées*. The first article of the law of 1 May instituting these summed up their purpose thus: 'On enseignera dans les lycées les langues anciennes, la rhétorique, la logique, la morale, et les éléments des sciences

[243] Ibid., pp. 274-5.

mathématiques et physiques.'[244] While this was not interpreted so literally as to exclude French and other subjects such as history or geography, the education given there was long to continue to be close to that provided by the *collèges* of the Ancien Régime which the *Philosophes* had so vigorously denounced. Nor would they have been at all pleased at the development of so large a Church sector in secondary education outside the *Université* properly speaking with its State *lycées* and the *collèges* run by the local authorities. Condorcet, it is true, had been too good a liberal to favour a State monopoly, being convinced of the virtues of competition; but he could scarcely have welcomed the increasing hold which, from the middle of the century, the teaching congregations, including the Jesuits, came to have in this field of education. However, he at least would no doubt have welcomed the Ferry law of 1880 which at last provided a State system of secondary education for girls.

Education beyond this stage receives relatively little attention from the *Philosophes*. In his *Plan d'une université*, after developing in considerable detail his plan for a *Faculté des Arts* whose teaching in the final years would overlap with a first degree course in a university of our day, Diderot goes on to describe the three higher faculties of medicine, law, and theology for which, in the France of the Ancien Régime, the *Faculté des Arts* offered the preliminary training. There is nothing particularly original in this part of the work. In *La Politique naturelle* d'Holbach laments the fact that, while there are military academies and law schools (he makes no mention of faculties of medicine or theology), there is no provision for the higher study of diplomacy, politics, and economics: 'S'il existe des écoles, c'est tout au plus pour former des guerriers ou pour prendre une teinture superficielle de la science ténébreuse que l'on a décorée du nom de *jurisprudence*; il n'en existe aucune pour le citoyen qui veut apprendre l'art de négocier, la science du commerce, l'administration des finances, les vrais besoins des peuples; en un mot, la politique.'[245] However, he cannot be said to have done more than throw out this idea in passing.

Condorcet is the only one of the *Philosophes* to have produced some new ideas on this subject. In *Sur l'instruction publique* he distinguishes between institutions for professional training and those concerned with the advancement of learning. In the first category come those offering training for the armed forces, medicine, civil engineering, fine arts, and music; theology and law are

[244] Duvergier, vol. XIII, p. 175.
[245] Vol. II, p. 129.

deliberately excluded from the State educational system, theology for obvious reasons, law because it is the duty of legislators to draw up laws so well that jurisprudence ceases to be a necessary branch of learning. 'Or, l'enseignement de la jurisprudence, en supposant qu'il fût encore utile pendant quelque temps, deviendrait', he declares, 'le plus grand obstacle à la perfection des lois, puisqu'il produirait une famille éternelle d'hommes intéressés à en perpétuer les vices, et qu'il les éclairerait sur les moyens d'en écarter la réforme.' Advanced instruction in all branches of knowledge ('sciences' include, for instance, moral sciences and history) would be available in the capital which would be the seat of three learned societies—those for mathematics and physics, for moral sciences, and for history, languages, and literature. These would be in constant touch with the provincial academies. Instruction in all branches of knowledge would be provided for 'ceux qui sont appelés à augmenter la masse des vérités connues par des observations ou par des découvertes ...; elle est nécessaire encore pour former les maîtres qui doivent être attachés aux établissements où s'achève l'instruction commune, à ceux où l'on se prépare à des professions qui exigent des lumières étendues'. The instruction to be offered to these students would be of a very advanced type: 'On les introduira dans le sanctuaire des sciences, on les conduira pour chacune au point où elle s'arrête, et où chaque pas qu'ils pourraient faire au delà de ce qu'ils ont appris serait une découverte.'[246]

Some of these ideas could be said to foreshadow changes brought about by the Revolution. After abolishing universities the Convention passed laws setting up a series of *grandes écoles* such as the *École polytechnique* (24 September 1794) and, in its first and short-lived form, the *École normale supérieure* (24 October 1794). Three *Écoles de santé*, to become Faculties of Medicine under Napoleon, were established in Paris, Montpellier, and Strasbourg. Condorcet would no doubt have been grieved to see the revival of law schools which became the much frequented Law Faculties established by Napoleon. On the other hand the *Institut national des sciences et arts*, created by a decree of 25 October 1795, followed very closely the proposals which he had put forward, divided as it was into three 'classes', those of mathematics and physical sciences, of literature and fine art, and of moral and political sciences (this colonized by the *Idéologues*, men much influenced by him). It has often been observed that in a broad sense the *Institut* derives from Diderot's *Encyclopédie*.

[246] *Œuvres*, vol. VII, pp. 411-12, 413.

Conclusion

After extracting from the writings of the *Philosophes* their views as to the changes which were necessary in the Franch of Louis XV and Louis XVI to make it a better country to live in, we have tried to see to what extent these came about from the 1780s onwards.

Where their ideas were vague and at times contradictory, particularly with regard to the future government of France, it is impossible to arrive at clear-cut conclusions. All one can say, so far as forms of government are concerned, is that their ideal—a constitutional monarchy—failed to survive every time it was tried in France between 1789 and 1848. The First and Second Empires they would presumably have regarded as repressive regimes, while the Third Republic, based as it was on universal manhood suffrage, would not have appealed to writers who were at least agreed that only men of property with a stake in the country were entitled to a say in how it was governed.

Their views on economic and social questions were much more precise, and they would surely have approved of the changes proclaimed in the preamble to the constitution of 1791:

Il n'y a plus ni noblesse, ni pairie, ni distinctions héréditaires, ni distinctions d'ordres, ni régime féodal, ni justices patrimoniales, ni aucun des titres, dénominations et prérogatives qui en dérivaient, ni aucun ordre de chevalerie, ni aucune des corporations ou décorations, pour lesquelles on exigeait des preuves de noblesse, ou qui supposaient des distinctions de naissance, ni aucune autre supériorité, que celle des fonctionnaires publics dans l'exercice de leurs fonctions. - Il n'y a plus ni vénalité, ni hérédité d'aucun office public. - Il n'y a plus, pour aucune partie de la Nation, ni pour aucun individu, aucun privilège, ni exception au droit commun de tous les Français. - Il n'y a plus ni jurandes, ni corporations de professions, arts et métiers. - La loi ne reconnaît plus ni vœux religieux, ni aucun autre engagement qui serait contraire aux droits naturels ou à la Constitution.

No doubt, like many of the men of 1789, they would have preferred the Revolution to have stopped at that point. They would, for instance, have felt that in abolishing all feudal dues without compensation the Convention had gone too far, just as their hostility to the clergy would not have justified its sudden expropriation, let alone the persecution which followed. Yet, viewed as a whole, the Revolutionary legislation on economic and social questions which survived all the upheavals of the period from

1789 to 1799 and was for the most part embodied in the legislation of the Napoleonic period did accomplish a great many of the reforms which they had demanded.

The distinction between *noble* and *roturier* had been swept away along with the aristocracy's privileges in the matter of taxation and its monopoly of high positions in the State. The condition of the peasants had been alleviated with the abolition of the *droit de chasse* and the *corvée royale*; the abolition of feudal dues and tithes had benefited many of them. The buying and selling of official posts and their often hereditary nature had been ended. The guilds had vanished along with government intervention in trade and industry; *laissez-faire* was now the ruling principle in the economic life of the country. A new and more just system of both direct and indirect taxation had been introduced. It had been recognized that the only attainable form of equality was equality before the law, and harsh measures had been taken against able-bodied beggars and vagrants who were not prepared to work to earn their daily bread. The sketch of a system of social security produced by Condorcet was something which was only to be realized in the remote future.

More precise still were their demands for a reform of the whole legal system. The Revolution and Napoleon replaced the chaos of civil laws with a new code applicable to the whole of France, and they did their utmost to sweep away the chaos of weights and measures by the introduction of the decimal metric system. Criminal procedure was drastically reformed on the lines suggested by the *Philosophes*, and, even if Napoleon's *Code d'instruction criminelle* took some steps backwards towards the secret procedures of the Ancien Régime, more humane methods in the investigation of crime were gradually to prevail. Both forms of torture vanished even before the Revolution, and the brutal forms of execution against which the *Philosophes* had protested were quickly abolished by the Constituent Assembly. The number of crimes for which death was the penalty was greatly reduced, and, though the arbitrary sentences of the Ancien Régime courts were replaced to begin with by rigid fixed penalties, the introduction, first, of maximum and minimum penalties for a given crime and then of extenuating circumstances, did much to alleviate the harshness of the penal code. Though Napoleon increased the severity of many penalties, this reaction was to some extent undone by the changes which followed the July Revolution.

Undoubtedly the area in which the aims of the *Philosophes* were most fully realized was in the secularization of society through the removal of the straitjacket imposed by the Catholic Church on men's minds and lives. No doubt the *Philosophes* would have thought that the Civil Constitution of the Clergy voted by the Constituent Assembly went too far in its interference with the Church's organization, though the loss of a great part of its wealth in the Revolution could obviously not have caused them any tears. If the complete separation of Church and State to which some of them looked forward did not take place until the beginning of the twentieth century, in general they would have approved of the degree of control which the State exercised over the Church through Napoleon's Concordat and the Organic Articles which accompanied it. Though most of them could scarcely have approved of the violent action taken against religious congregations during the Revolution, they would not have been altogether pleased with their revival in the nineteenth century.

The religious toleration for which they had fought so eloquently began slowly to be realized in the last years of the Ancien Régime, when the first timid steps were taken towards restoring civil rights to Protestants. Early in its career the Constituent Assembly was to go much further in this direction, and, while the Concordat recognized Catholicism as 'la religion de la grande majorité des Français', Napoleon's religious settlement provided stipends not only for the Catholic secular clergy, but also for a number of Calvinist and Lutheran pastors, an arrangement which lasted down to the Separation of Church and State.

Above all, except for relatively brief periods such as the Restoration and the early years of the Second Empire, it was no longer necessary to profess or pretend to profess orthodox religious views in order to have a successful career in purely secular callings. Freedom of the press, it is true, was slow in coming since successive regimes down to the 1870s imposed all manner of restrictions on the free communication of ideas. Yet in practice a great deal of this legislation was inspired by purely political motives, and the expression of philosophical, scientific, and religious (or anti-religious) ideas was relatively unimpeded.

What seemed to secular thinkers like the *Philosophes* interference by the Catholic Church in affairs which were none of its concern was brutally reduced from the Revolution onwards. The Church's ban on loans at interest was quickly swept aside. Though the

Revolutionary Calendar with its *décade* in place of the week remained in use only until the end of 1805, the only Church festivals
recognized since by the State, apart from Sundays, are Christmas
Day, Ascension Day, the feast of the Assumption, and All Saints
Day. What is more, the Revolution took the registration of births,
deaths, and marriages out of the hands of the Catholic clergy.
Marriage was now regarded by the State from a purely secular
angle, as a civil contract. From this the Revolution moved on to
introduce divorce and, although the *Code Napoléon* made a divorce
more difficult to obtain, and the Restoration impossible, since
1884 it has again been on the statute book.

The Church's control over education was not entirely removed,
but if was greatly loosened by the development of a State system
which is neutral in matters of religion. The hopes of those *Philosophes* (not, of course, Voltaire) who, living in a society more than
half of whose members were probably illiterate, looked forward to
the State providing at least a minimum of education for the masses
were gradually to be realized in the course of the nineteenth
century. Though a large part of secondary education was long to
remain in the hands of the Catholic Church, here too the State
system which for the last hundred years or so has also catered for
girls was gradually established from the time of the founding of
Napoleon's *Université*. The various forms of higher education
established from the Revolutionary period onwards no doubt
fulfilled the aspirations of a *philosoophe* like Condorcet.

A detailed study of the writings of the *Philosophes* shows that
they were not mere theorists, constructing rationalist utopias
incapable of realization. Except in the field of politics where they
had no chance of acquiring experience through taking part in the
running of their country, both in their criticisms of the society of
their day and in their plans for reform they often showed themselves to be practical men, well aware of what was going on in the
world around them. To what extent they influenced the men who
brought about the many changes of the Revolutionary and
Napoleonic period and beyond it is not our province to inquire;
but it is clear that many of the ideas for reforms which this group
of writers advocated were realized in the hundred years or so after
the appearance of their works.

Bibliography

Acombe, F., *Anglophobia in France, 1763-1789. An Essay in the History of Constitutionalism and Nationalism*, Durham N.C., 1950.

Alembert, J. L. d', *Histoire des membres de l'Académie française morts depuis 1700 jusqu'en 1771*, 6 vols., Paris, 1785.

—— *Œuvres philosophiques, historiques et littéraires*, ed. J. F. Bastien, 18 vols., Paris, 1805.

Argens, J. B. d', *Lettres juives, ou correspondance philosophique, historique et critique entre un Juif voyageur en différents états de l'Europe et ses correspondants en divers endroits*, 6 vols., The Hague, 1738.

Aulard, A., *La Révolution française et les congrégations*, Paris, 1903.

Baker, K. M., 'Condorcet's notes for a revised edition of his reception speech to the Académie Française', *SVEC*, vol. 169, 1977.

Cahen, L., *Condorcet et la Révolution française*, Paris, 1904.

Chastellux, F. J. de, *De la félicité publique*, revised edition, 2 vols., Bouillon, 1776.

Code civil, Paris, 1804-.

Code d'instruction criminelle, Paris, 1808-.

Code de procédure pénale, Paris, 1958-.

Code pénal, Paris, 1810-.

Condorcet, J. A. N. de, *Correspondance inédite de Condorcet et de Turgot, 1770-1779*, ed. C. Henry, Paris, 1883.

—— *Esquisse d'un tableau historique des progrès de l'esprit humain*, ed. O. H. Prior, Paris 1933.

—— *Œuvres*, eds A. C. O'Connor and F. Arago, 12 vols., Paris, 1847-9.

Deyon, P., *Le Temps des prisons. Essai sur l'histoire de la délinquance et les origines du système pénitentiaire*, Lille, 1975.

Diderot, D., *Correspondance*, ed. G. Roth and J. Varloot, 16 vols., Paris, 1955-70.

—— *Mémoires pour Catherine II*, ed. P. Vernière, Paris, 1966.

—— *Œuvres complètes*, eds J. Assézat and M. Tourneux, 20 vols., Paris, 1875-7.

—— *Œuvres politiques*, ed. P. Vernière, Paris, 1963.

Diderot, D. and Alembert, J. L. d' (eds), *Encyclopédie, ou Dictionnaire raisonné des sciences, des arts et des métiers*, 28 vols., Paris and Neuchâtel, 1751-72.

Dieckmann, H., *'Le Philosophe'. Texts and Interpretation*, Saint Louis, 1948.

Dupaty, C. M. J. D., *Lettres sur la procédure criminelle de la France, dans lesquelles on montre sa conformité avec celle de l'Inquisition, et les abus qui en résultent*, en France, 1788.

—— *Mémoire justificatif pour trois hommes condamnés à la roue*, Paris, 1786.

Duvergier, J. B. (ed.), *Collection complète des lois, décrets, ordonnances, règlements et avis du Conseil d'État depuis 1788*, 148 vols., Paris, 1824-1949.

Foucault, M., *Surveiller et punir, Naissance de la prison*, Paris, 1975.

Frederick II, *Œuvres*, ed. J. D. E. Preuss, 31 vols., Berlin, 1846-57.

Godechot, J., *Les Institutions de la France sous la Révolution et l'Empire*, 2nd edition, Paris, 1968.

——(ed.) *Les Constitutions de la France depuis 1789*, Paris, 1970.

Helvétius, C. A., *De l'esprit*, Paris, 1758.

—— *De l'homme, de ses facultés intellectuelles et de son éducation*, 2 vols., London, 1773.

——*Œuvres complètes*, 14 vols., Paris, 1975.

——'Correspondance d'Helvétius avec sa femme', ed. A. Guillois, *Le Carnet historique*, 1900.

Holbach, P. T. d', *Essai sur les préjugés, ou de l'influence des opinions sur les mœurs et sur le bonheur des hommes*, London, 1770.

—— *Éthocratie, ou le gouvernement fondé sur la morale*, Amsterdam, 1776.

—— *La Morale universelle, ou les devoirs de l'homme fondés sur sa nature*, 3 vols., Amsterdam, 1776.

—— *La Politique naturelle, ou discours sur les vrais principes du gouvernement*, 2 vols., London, 1774.

—— *Système de la nature, ou des lois du monde physique et du monde moral*, 2 vols., London, 1775.

—— *Système social, ou principes naturels de la morale et de la politique. Avec un examen de l'influence du gouvernement sur les mœurs*, 3 vols., London, 1774.

Isambert, F. A. (ed.), *Recueil général des anciennes lois françaises depuis l'an 420 jusqu'à la Révolution de 1789*, 29 vols., Paris, 1821-33.

Journal encyclopédique, Liège, 1756-9; Bouillon, 1760-93.

Koebner, H., 'The Authenticity of the Letters on the *Esprit des lois* attributed to Helvétius', *Bulletin of the Institute of Historical Research*, 1951.

Lough, J., 'Who were the *Philosophes?*', *Studies in Eighteenth-Century French Literature presented to Robert Niklaus*, Exeter, 1975.

Marmontel, J. F., *Bélisaire*, Paris, 1767.

Mercier, L. S., *L'An deux mille quatre cent quarante. Rêve s'il en fût jamais*, London, 1771.

Le Moniteur universel. Réimpression de l'ancien Moniteur, 32 vols., Paris, 1858-63.

Montesquieu, C. de S., *Lettres persanes*, ed. P. Vernière, Paris, 1960.

Morellet, A., *Lettres à Lord Shelburne, depuis Marquis de Lansdowne, 1772-1803*, ed. E. Fitzmaurice, Paris, 1898.

—— *Mémoires sur le dix-huitième siècle et sur la Révolution*, 2 vols., Paris, 1821.

Naigeon, J. A., *Adresse à l'Assemblée nationale sur la liberté des opinions, sur celle de la presse, etc.*, Paris, 1790.

Raynal, G. T. F., *Histoire philosophique et politique des établissements et du commerce des Européens dans les Deux Indes*, 4 vols., Geneva, 1780.

*Réflexions d'un franciscain sur les trois premiers volumes de l'*Encyclopédie, Berlin, 1754.

Riccoboni, M. J., *Letters to David Hume, David Garrick and Sir Robert Linton*, ed. J. C. Nicholls, *SVEC*, vol. 149, 1976.

Rousseau, J. J., *Œuvres complètes*, eds B. Gagnebin and M. Raymond, Paris, 1959-.

Servan, J. M. A. *Œuvres choisies*, ed. X. de Portets, 5 vols., Paris, 1825.

Shackleton, R., *Montesquieu, A Critical Biography*, Oxford, 1961.

—— 'When did the French *Philosophes* become a Party?', *Bulletin of the John Rylands University Library of Manchester*, vol. 60, 1977.

Smith, A., *An Inquiry into the Nature and Causes of the Wealth of Nations*, 2 vols., London, 1776.

Voltaire, F. M. A., *Complete Works*, Geneva, Banbury, and Oxford, 1968-.

—— *Essai sur les mœurs et l'esprit des nations*, ed. R. Pomeau, 2 vols., Paris, 1963.

—— *Lettres philosophiques*, ed. G. Lanson, 2 vols., Paris, 1909.

——*Œuvres complètes*, ed. L. Moland, 52 vols., Paris, 1877-85.

——*Romans et contes*, eds F. Deloffre and J. Van den Heuvel, Paris, 1979.

Index